中国发展报告 2021/2022

走共同富裕之路

PATHWAY TO COMMON PROSPERITY

中国发展研究基金会 著

中国发展出版社
CHINA DEVELOPMENT PRESS

CDRF 中国发展研究基金会
China Development Research Foundation

图书在版编目（CIP）数据

中国发展报告. 2021/2022：走共同富裕之路 / 中国发展研究基金会著. —北京：中国发展出版社，2023.3

ISBN 978-7-5177-1354-8

Ⅰ. ①中… Ⅱ. ①中… Ⅲ. ①中国经济—经济发展—研究报告—2021-2022②共同富裕—研究报告—中国—2021-2022 Ⅳ. ①F124

中国国家版本馆CIP数据核字（2023）第004725号

书　　名：中国发展报告 2021/2022：走共同富裕之路
著作责任者：中国发展研究基金会
责任编辑：吴　佳　张　楠
出版发行：中国发展出版社
联系地址：北京经济技术开发区荣华中路22号亦城财富中心1号楼8层（100176）
标准书号：ISBN 978-7-5177-1354-8
经　销　者：各地新华书店
印　刷　者：北京市密东印刷有限公司
开　　本：889mm×1194mm　1/16
印　　张：15
字　　数：330千字
版　　次：2023 年3月第1版
印　　次：2023 年3月第1次印刷
定　　价：98.00元
联系电话：（010）68990625　82097226
购书热线：（010）68990682　68990686
网络订购：http://zgfzcbs.tmall.com
网购电话：（010）68990639　88333349
本社网址：http://www.develpress.com
电子邮件：15210957065@163.com

《中国发展报告2021/2022》课题组名单

顾　问：

王梦奎　国务院发展研究中心原主任，中国发展研究基金会原理事长、学术委员会主任

卢　迈　中国发展研究基金会原副理事长、原秘书长

课题组组长：

方　晋　中国发展研究基金会副理事长、秘书长

课题组协调人：

俞建拖　中国发展研究基金会副秘书长

主报告作者（按拼音排序）：

蔡　昉　中国社会科学院国家高端智库首席专家、学部委员

李　实　浙江大学共享与发展研究院院长、浙江大学资深教授

马晓河　中国宏观经济研究院原副院长、研究员

背景报告作者（按拼音排序）：

卞　靖　中国宏观经济研究院处长、研究员

蔡　萌　中央民族大学经济学院财政系副主任

何文炯　浙江大学共享与发展研究院副院长、教授

纪志宏　中国建设银行副行长

李雪松　中国社会科学院数量经济与技术经济研究所所长、研究员

陆　旸　中国社会科学院人口与劳动经济研究所研究员

罗楚亮　中国人民大学劳动人事学院教授

沈扬扬　北京师范大学经济与资源管理研究院讲师、中国收入分配研究院研究员
汪德华　中国社会科学院财经战略研究院研究员
王明姬　中国宏观经济研究院社会发展研究所人才战略室副主任
王振耀　北京师范大学中国公益研究院院长
魏后凯　中国社会科学院农村发展研究所所长、研究员
邢春冰　中国人民大学农业与农村发展学院教授
杨修娜　中国发展研究基金会研究一部项目主任、副研究员
杨　洋　中国劳动和社会保障科学研究院副研究员
岳希明　中国人民大学财政金融学院教授、教育部长江学者
张　琦　北京师范大学经济与资源管理研究院教授
郑秉文　中国社会科学院世界社保研究中心主任
周云波　南开大学经济学院副院长、教授
邹先强　中国人民大学讲师

项目成员：

杨修娜　中国发展研究基金会研究一部项目主任、副研究员
梁婧姝　中国发展研究基金会研究一部项目主任

基金会课题组成员：

李　帆　中国发展研究基金会研究一部主任、副研究员
闫晓旭　中国发展研究基金会研究一部项目主任
朱美丽　中国发展研究基金会研究二部副主任、副研究员
周　想　中国发展研究基金会公共关系部项目主任

序　言

共同富裕是社会主义的本质要求，寄托着中国人民对美好生活的向往。中国在2020年如期全面建成小康社会之后，又在接续提出的2035年基本实现社会主义现代化、21世纪中叶全面建成社会主义现代化强国的远景目标中，将逐步实现全体人民共同富裕作为重要内容，为现代化这一全人类共同理想赋予了中国式内涵。

共同富裕是中国共产党带领中国人民一以贯之的奋斗目标。习近平总书记指出，我们推动经济社会发展，归根结底是要实现全体人民共同富裕。[①]改革开放以来，中国实行“允许一部分人和地区先富起来，先富帮后富，走向共同富裕”的大政策，坚持以经济建设为中心，不断解放和发展社会生产力，不断创造和积累社会财富，不断改善人力资本结构，创造了经济快速发展和社会长期稳定两大奇迹。党的十八大以来，中国积极推动城乡、区域协调发展，决战脱贫攻坚，保障和改善民生，为促进共同富裕创造了良好条件。经过不懈努力，中国已经成长为世界第二大经济体，人均国内生产总值超过12000美元，进入中高收入国家行列，即将跨过高收入国家门槛。人民生活普遍改善，实现了从温饱不足到总体小康进而达到全面小康的跨越，在一个14亿多的人口大国历史性地解决了近1亿人的绝对贫困问题，形成4亿人口规模的中等收入群体。发展的全面性显著增强，城乡、区域经济结构不断优化，生态文明建设成效显著，社会民生事业不断改善，中国人均预期寿命已达到78.2岁，劳动年龄人口平均受教育年限达到10.9年，人类发展指数超过0.76。

但是，中国仍然处于并将长期处于社会主义初级阶段，仍然是世界最大发展中国家，发展不平衡不充分问题还十分突出。居民收入的基尼系数超过0.46，城乡之间、区域之间的居民收入差距、基本公共服务差距、社会保障待遇差距较大。国际经济政治形势不稳定不确定，人口老龄化和少子化、生态环境约束趋

① 《共同富裕与习近平经济思想》，《光明日报》，2022年4月27日。

紧、城镇化进入中后期等结构性矛盾，都对居民就业和收入分配带来一些负面影响，形成拉大收入差距的因素。就共同富裕自身来说，从基本内涵、目标定位、机遇挑战、实现路径、政策体系等方面，也还有大量的理论问题需要深化认识，亟须加强这方面的研究，以更好地指导共同富裕的实践。

基于上述考虑，中国发展研究基金会组织撰写的《中国发展报告2021/2022》以“走共同富裕之路”为主题，对共同富裕的概念内涵以及中国推进共同富裕的进展情况、实现程度进行了分析研究，对迈向富裕社会、促进城乡平衡发展、缩小区域发展差距、缩小收入分配差距、扩大中等收入群体、建设全民共享型社会福利体系等问题进行了专题分析，并提出政策建议。报告认为，共同富裕是具有鲜明中国特色的政策目标，具有全民性、全面性、全域性、差异性、共建共享性、渐进长期性等特点。报告提出了包含6个维度、34项指标的共同富裕观察指标体系，并根据指标分析了中国推进共同富裕存在的不足。在此基础上，提出建立健全中国经济增长新范式、理顺初次分配机制、强化再分配功能、合理发挥第三次分配的补充作用、缓解相对贫困和促进社会流动、扩大中等收入群体、全面推进城乡融合发展、实施新的区域均衡发展战略、构建全民共享型社会福利体系等建议。

期待这份报告的出版，对于深化有关共同富裕的理论认识，正确把握共同富裕的历史方位，完善有利于共同富裕的公共政策体系，引导国际社会完整、客观地理解中国推进共同富裕的探索实践，都有积极的促进作用。

十三届全国政协人口资源环境委员会主任
中国发展研究基金会理事长
国务院发展研究中心原主任

致 谢

经过两年的努力,《中国发展报告2021/2022：走共同富裕之路》终于呈献给读者。共同富裕是中国特色社会主义现代化的重要特征。习近平总书记在《关于〈中共中央关于制定国民经济和社会发展第十四个五年规划和二〇三五年远景目标的建议〉的说明》中指出，共同富裕是社会主义的本质要求，是人民群众的共同期盼。我们推动经济社会发展，归根结底是要实现全体人民共同富裕。这一重要论述既是对过往不平凡成就的历史总结，更是对迈向共同富裕的未来昭示，蕴含着深邃的理论洞察和明晰的实践指向。

改革开放40多年来，中国探索出了一条独特的经济发展之路，创造了增长奇迹，但长期以来地区之间、城乡之间、人群之间的收入差距、公共服务差距、社会保障差距等还相当突出，制约经济社会的高质量发展。进入新时代，中国社会主要矛盾的转化让破解“发展的不平衡不充分问题”变得更加紧迫。满足人民日益增长的美好生活需要，必须在做大蛋糕的基础上分好蛋糕，在高质量发展中促进全体人民共同富裕。

在上述背景下，中国发展研究基金会于2021年启动了这项大型综合研究。综合实证资料，本报告系统梳理了共同富裕的政策愿景与基本内涵，探索构建了我国实现共同富裕的观察指标体系，并对共同富裕的实施进展以及存在的突出短板进行研究，分析了增长与共享兼容的发展模式，详细阐述了我国城乡之间、地区之间、社会群体之间存在的差距、面临的挑战及应对之策，提出了建设全民共享型社会福利体系的构想，最后基于上述分析总结了有利于推动共同富裕的政策建议。

本报告的完成，得益于全体课题组成员的辛勤投入以及众多专家学者的鼎力支持。承担主报告写作的专家分别是：中国社会科学院国家高端智库首席专家、学部委员、第十三届全国人民代表大会常务委员会委员蔡昉，浙江大学共享与发展研究院院长、浙江大学资深教授李实，中国宏观经济研究院原副院长、研究员马晓河。他们用深厚的专业理论知识、长期积累的实践经验、对现实问题的准确把握和辛勤工作，为报告的顺利完成奠定了坚实的基础。国务院发展研究中心原主任、中国发展研究基金会原理事长王梦奎先后三次对报告进行了仔细的阅读和细致的修改，对报告的框架结构和各章内容提出了重要的指导意见。中国发展研究基金会原副理事长卢迈对报告各阶段的修改提供了重要意见，中国发展研究基金会副秘书长俞建拖全程参与了课题组织筹备并参与报告的修改。

为了使报告的分析具有坚实的研究基础和广阔的视角，中国发展研究基金会先后组织召开了多次专家座谈会和主报告讨论会，并委托来自高校和部委科研机构的研究者以及政府相关部门的政策实践者撰写了16份背景报告，这些座谈会和背景报告中的许多资料、分析和意见已经被本报告采纳。这些背景报告及作者分别是：《城乡融合发展新体制》（张琦）、《促进充分就业提高就业质量》（邢春冰）、《发挥收入再分配政策的调节力度》（岳希明、蔡萌）、《福利体系建设的国际经验》（郑秉文、杨洋）、《共同富裕的度量》（王明姬）、《共同富裕政策体系研究》（何文炯）、《全民共享型福利体系的财政基础》（汪德华）、《释放改革红利——靠改革开放促进和保持增长位于合理区间》（李雪松、陆旸）、《收入流动性与代际传承的研究》（罗楚亮、邹先强）、《缩小区域差距与对策研究》（卞靖）、《我国第三次分配的现状及其政策建议》（王振耀）、《制约共同富裕的关键挑战因素》（周云波）、《中等收入群体研究》（杨修娜）、《中国全要素生产率测算》（纪志宏）、《中国乡村振兴的进程、挑战与展望》（魏后凯）、《中国相对贫困的现状及其缓解措施》（沈扬扬）。上述背景报告的作者还参与了各个阶段的讨论并提供了很多宝贵的建议。

中国发展研究基金会为报告的完成投入了大量的人力物力，杨修娜、梁婧姝负责项目的具体组织工作，同时还承担了数据和文献的收集整理、专栏写作、辅助性研究和后期的修改完善工作，闫晓旭、周想、朱美丽参与了专栏写作，其中闫晓旭对数据收集也提供了极大帮助。

2008年，中国发展研究基金会设立了“中国政策研究基金”，以支持年度性的《中国发展报告》以及其他研究项目的进行。衷心感谢荣程普济公益基金会、东京海上日动火灾保险株式会社为中国政策研究基金提供的慷慨资助。

值此报告付梓之际，谨代表中国发展研究基金会，对全体课题组成员以及为报告的顺利完成提供支持和帮助的单位和个人表示诚挚的感谢！

中国发展研究基金会副理事长、秘书长　方晋

目　录

第一章

共同富裕：政策愿景与基本内涵

- 共同富裕的思想渊源和发展过程
- 新时代倡导共同富裕的必要性
- 新时代共同富裕的概念内涵

共同富裕是中国式现代化的重要特征。共同富裕作为一种社会理想，既有久远的中华优秀传统文化根源，又是中国共产党作为现代马克思主义政党的内在要求。中华人民共和国成立以来，共同富裕的概念及其在政策体系中的地位，是在经济社会发展实践中不断扩展和明晰的。中国已经全面建成小康社会，朝着共同富裕目标迈出了坚实的一步。在新的历史时期，有必要就推动共同富裕的战略性意义和必要性达成共识，并进一步明确其政策内涵。

第一节　共同富裕的思想渊源和发展过程

中国是一个有着悠久历史的文明古国，在古代以及近代，许多思想家都表达过对理想社会的愿景。老子的小国寡民、孔子的大同、墨子的尚同，都对后世产生了深远的影响。其中，关于大同的社会理想影响最为深远，在两千多年后依然得到思想家和政治家的呼应。

儒家经典《礼记》中，对大同社会做了这样的描绘："大道之行也，天下为公。选贤与能，讲信修睦。故人不独亲其亲，不独子其子；使老有所终，壮有所用，幼有所长，矜寡孤独废疾者皆有所养，男有分，女有归。货恶其弃于地也，不必藏于己；力恶其不出于身也，不必为己。是故谋闭而不兴，盗窃乱贼而不作，故外户而不闭。是谓大同。"①

进入近代，清王朝末期的改革家康有为在《大同书》中，也设想着建立一个无邦国、无帝王、无犯罪、无战争、无贵贱、人人自由平等、天下为公的大同社会。②

中国民主革命的先驱者孙中山先生在其论著和演讲中也多次提到大同社会。在《三民主义·民族主义》中说："我们要将来能够治国平天下，便先要恢复民族主义和民族地位。用固有的道德和平做基础，去统一世界，成一个大同之治，这便是我们四万万人的大责任。"③

这些古代和近代的"大同"理想，表达了人们对选贤任能的国家治理、和平稳定的社会秩序、平等友爱人人为公的道德风尚，以及社会成员各得其所各尽所能的诉求。不过，在生产力水平低下的古代，由于历史的局限性，这些先贤达人的理想只能是一种梦想，他

① 胡平生，张萌：《礼记》（上），中华书局，2017。传世的《礼记》是谁撰写的存在争议，有说是由西汉时期礼学家编纂，假借孔子答问；有说《礼记》是由孔子门徒共同撰写的。
② 康有为：《大同书》，上海古籍出版社，2005。
③ 孙中山：《三民主义·民族主义》，《孙中山选集》，人民出版社，1981。

们强调更多的只是“同”，而不是“富”。历史实践证明，他们不可能找到一条真正实现“大同社会”的道路。正如在中华人民共和国成立前夕，毛泽东在《论人民民主专政》一文中指出的，康有为写了《大同书》，他没有也不可能找到一条到达大同的路。[①]

“大同社会”理想中包含着成就美好生活的关键要素，具有某种普遍性的意义。因此，不仅古代和近代的中国人有“大同”的冀求，在其他文化中也有相似的表达，从古希腊柏拉图的《理想国》到16世纪英国人托马斯·莫尔的《乌托邦》，再到20世纪美国人约翰·肯尼思·加尔布雷思的《美好社会》，世界各国的人们对美好生活的追求有许多共性特征。唯其如此，古人关于大同社会的理想对于今天理解共同富裕的内涵以及科学合理地制定政策目标也有着重要启迪。

1949年中华人民共和国成立，中国的工业化和现代化建设步入了快车道。中国共产党作为一个马克思主义的政党，以消除压迫性的社会关系、解放和发展生产力、实现人的全面和自由发展为己任，致力于推动中国的现代化。立足于中国经济社会的基本国情，中国共产党的现代化目标具有鲜明的中国特色，共同富裕就是融合了中华优秀传统文化中大同思想的中国式现代化的重要内容。中国社会对“什么是现代化”“对什么进行现代化”“如何实现现代化”的认知是一个发展的过程，共同富裕作为一个政策理念被明确提出，其内涵也随着中国式现代化建设的进程逐步变得明晰和丰富。

共同富裕的概念在20世纪50年代进入中共中央的政策文件。1953年12月中共中央通过的《关于发展农业生产合作社的决议》提出，用明白易懂而为农民能够接受的道理和办法去教育和促进农民群众逐步联合组织起来……以便逐步克服工业和农业这两个经济部门发展不相适应的矛盾，并使农民能够逐步完全摆脱贫困的状况而取得共同富裕和普遍繁荣的生活。[②] 1955年毛泽东进一步指出，在逐步地实现社会主义工业化和逐步地实现对于手工业、对于资本主义工商业的社会主义改造的同时，逐步地实现对于整个农业的社会主义的改造，即实行合作化，在农村中消灭富农经济制度和个体经济制度，使全体农村人民共同富裕起来。[③]

不难看出，从中华人民共和国成立到改革开放前这段时期，共同富裕更多是一种通过农业合作化使农民生活得到普遍改善的愿景。中华人民共和国成立之初，农村人口占全国总人口的90%。按照当时人们的认识，实现现代化的关键是工业化。为了快速实现现代化，改变积弱贫穷的社会面貌，中国采取了计划经济体制，以实现快速集中地调配资源，在经济分配上更加强调“同”（均等）的一面。在经济政策议程上，工业优先于农业，重

① 毛泽东：《毛泽东选集》第四卷，人民出版社，2008。
② 《中国共产党中央委员会关于发展农业生产合作社的决议》，中国人民大学农业经济系资料室编《农村政策文件选编》（一），1979。
③ 毛泽东：《毛泽东文集》第六卷，人民出版社，1999。

工业优先于轻工业，城市优先于农村。基于人的全面发展和解放的理念，中国致力于打破压迫性的旧的社会关系结构，解放了妇女，建立了城乡基本医疗卫生保健体系，普及了基础教育。通过这些举措，中国建立了相对完整的工业体系和基础设施，实现人力资本的积累，为后续的发展奠定了重要的基础。但是，计划经济中的资源利用效率低下，经济激励不足，经济结构严重失衡等问题也突出存在，社会产品供应普遍短缺，改革开放前广大农村地区仍处于普遍的贫困状态。

改革开放后，以邓小平同志为核心的第二代中央领导集体，在理论和实践上对共同富裕的问题进行了创新性探索。1978年12月13日在中共中央工作会议闭幕会上，邓小平作了题为《解放思想，实事求是，团结一致向前看》的讲话，提出了建设社会主义新思路："在经济政策上，我认为要允许一部分地区、一部分企业、一部分工人农民，由于辛勤努力成绩大而收入先多一些，生活先好起来……带动其他地区、其他单位的人们向他们学习……使全国各族人民都能比较快地富裕起来。"① 1985年3月邓小平提出，社会主义的目的就是要全国人民共同富裕，不是两极分化。② 1986年3月他还指出，坚持走社会主义道路，根本目标是实现共同富裕，然而平均发展是不可能的。③ 在20世纪80年代中期和90年代初期，邓小平将共同富裕作为社会主义的本质和最终目的提了出来。④ 1992年初邓小平在南方谈话中，对社会主义本质进行了完整概括："社会主义的本质，是解放生产力，发展生产力，消灭剥削，消除两极分化，最终达到共同富裕。""走社会主义道路，就是要逐步实现共同富裕。共同富裕的构想是这样提出的：一部分地区有条件先发展起来，一部分地区发展慢点，先发展起来的地区带动后发展的地区，最终达到共同富裕。"⑤

作为中国改革开放的总设计师，邓小平这一系列讲话对中国共同富裕的理论指导和政策实践有重要的影响：首先，明确了共同富裕是中国特色社会主义的本质要求和最终目标；其次，用市场经济的方式推动实现共同富裕，让市场在资源配置中发挥关键作用，提出"计划多一点还是市场多一点，不是社会主义和资本主义的本质区别"，廓清了思想上的迷雾；再次，将共同富裕与分配上的平均主义区别开来，恢复和完善了经济激励机制，鼓励和支持人人通过努力实现共同富裕；最后，提出了分阶段分步骤实现共同富裕的基本构想。

1992年10月中国共产党召开的第十四次全国代表大会，确立了以江泽民同志为核心的第三代中央领导集体。共同富裕继续在政策上被强调，在减贫和区域均衡发展上都出台了重要的规划。在确立社会主义市场经济体制的基础上，提出了"鼓励先进，促进效

---

① 邓小平：《邓小平文选》第二卷，人民出版社，1994。邓小平同志的这次讲话实际上是中国共产党十一届三中全会的主题报告。

②③④⑤ 邓小平：《邓小平文选》第三卷，人民出版社，1993。

率，合理拉开收入差距”；同时，提出“防止两极分化，逐步实现共同富裕”[①]。在分配制度上，提出了效率优先的政策导向，强调要通过引入市场竞争机制，打破平均主义，承认收入差距；同时要兼顾公平，通过建立多层次的社会保障制度，防止差距过大出现两极分化。

在共同富裕的实践过程中，第三代领导集体采取了一系列战略举措。例如：1994年通过了《国家八七扶贫攻坚计划》，加大对贫困人口的扶贫；1999年开始实施西部大开发，推动西部地区的发展和走向共同富裕。党的十六大报告指出，制定和贯彻党的方针政策，基本着眼点是要代表最广大人民的根本利益，正确反映和兼顾不同方面群众的利益，使全体人民朝着共同富裕的方向稳步前进。[②]党的十六大提出21世纪头20年建设惠及十几亿人口的小康社会，明确了共同富裕的阶段性目标。

建立社会主义市场经济体制，引入市场竞争机制，实施效率优先、兼顾公平的收入分配政策，极大地激发了各级政府和劳动者的积极性。由此，中国经济继续快速增长，全国人民生活水平进一步提高。然而，在东部沿海地区、南部地区经济较快发展的同时，其他地区经济发展则相对缓慢，城乡、地区发展差距出现了扩大的趋势。

进入21世纪，以胡锦涛同志为总书记的党中央提出科学发展观，不仅从理论上丰富了共同富裕的内涵，而且在实践中对共同富裕进行了富有成效的探索。胡锦涛在党的十七大报告中提出，要始终把实现好、维护好、发展好最广大人民的根本利益作为党和国家一切工作的出发点和落脚点，尊重人民主体地位，发挥人民首创精神，保障人民各项权益，走共同富裕道路，促进人的全面发展，做到发展为了人民、发展依靠人民、发展成果由人民共享。[③]

在推进共同富裕的实践过程中，通过统筹城乡发展、区域发展、经济社会发展、人与自然和谐发展、国内发展与对外开放，开辟出促进公平、缩小差距的新路径。特别是在实施统筹城乡发展过程中，提出了建设社会主义新农村的战略任务，一系列支农惠农政策提高了农业的综合生产能力，加强了农村基础设施和公共服务，改善了农村生存环境，提高了农村居民的生活质量，大幅度地减少了农村贫困人口，为推进农村共同富裕创造了条件。

实施“五个统筹”[④]，建立“五有”和谐社会，建设社会主义新农村，增强了城乡、区域发展的协调性，这一时期经济继续保持在高速增长的轨道上，全国居民人均收入与经济增长也实现了基本同步。但必须看到，区域发展不平衡不充分、城乡居民收入差距大的矛盾

① 江泽民：《江泽民文选》第一卷，人民出版社，2006。
② 江泽民：《江泽民文选》第三卷，人民出版社，2006。
③ 中共中央文献研究室：《十六大以来重要文献选编》上卷，中央文献出版社，2009。
④ 指“统筹城乡发展、统筹区域发展、统筹经济社会发展、统筹人与自然和谐发展、统筹国内发展和对外开放”。

依然突出。

党的十八大以来，以习近平同志为核心的党中央准确把握发展阶段新变化，把逐步实现全体人民共同富裕摆在更加重要的位置上。2020年10月，党的十九届五中全会召开，明确了到2030年基本实现社会主义现代化远景目标，其中首次提出“全体人民共同富裕取得更为明显的实质性进展”。共同富裕在中国政策议程上的地位由此更加凸显，目标和路径更加清晰，进入实质性推进阶段。

这一时期，共同富裕的思想内涵更加丰富，内容更加完整，脉络更加清晰，实践推进更具体、更精准。习近平总书记在不同时期、多种场合对共同富裕的思想内涵进行了阐释。2021年10月习近平总书记在《求是》杂志发表重要文章《扎实推进共同富裕》，提出共同富裕是社会主义的本质要求，是中国式现代化的重要特征。我们说的共同富裕是全体人民共同富裕，是人民群众物质生活和精神生活都富裕，不是少数人的富裕，也不是整齐划一的平均主义。他强调，共同富裕是一个长远目标，需要一个过程，不可能一蹴而就，对其长期性、艰巨性、复杂性要有充分估计，办好这件事，等不得，也急不得。①

在推动实现共同富裕的过程中，中国进行了多举措、全面系统的战略安排。首先组织实施了人类历史上规模最大、力度最强的脱贫攻坚战，经过8年持续奋斗，在现行标准下实现了农村绝对贫困人口全部脱贫，832个贫困县全部摘帽，消除了绝对贫困和区域性整体贫困，近1亿贫困人口实现了脱贫。2020年如期实现了全面建成小康社会的目标。特别是在探索实现共同富裕的路径上，中国坚持新发展理念，构建新发展格局，推进高质量发展，优化区域经济布局，促进区域协调发展，全面推进乡村振兴，完善新型城镇化战略，提升城镇化发展质量。这些都为推动共同富裕打下坚实基础，积累和创造了多方面条件。

目前，共同富裕已经进入新阶段。在顶层设计上，共同富裕将在《促进共同富裕行动纲要》②指导下整体有序向前推进。在实现目标上，共同富裕正在从“鼓励一部分地区、一部分人先富裕起来”的目标转向先富带后富，实现全部地区、所有人的共同富裕。在实现内容上，共同富裕正在努力使全体人民从“五有”拓展到在“幼有所育、学有所教、劳有所得、病有所医、老有所养、住有所居、弱有所扶”③等“七有”方面不断取得新进展。在实现路径上，先行支持浙江高质量发展建设共同富裕示范区④，为全国推动共同富裕提供省域范例。

---

① 习近平：《扎实推动共同富裕》，《求是》2021年第20期。

② 在《中华人民共和国国民经济和社会发展第十四个五年规划和2035年远景目标纲要》中明确提出，要“制定促进共同富裕行动纲要”。

③ 中共中央文献研究室：《十八大以来重要文献选编》（上），中央文献出版社，2014。

④《中华人民共和国国民经济和社会发展第十四个五年规划和2035年远景目标纲要》，《光明日报》，2021年3月13日。

专栏1　浙江高质量发展建设共同富裕示范区

2021年5月20日，中共中央、国务院公布了《关于支持浙江高质量发展建设共同富裕示范区的意见》，浙江成为中国首个以省域为单位的共同富裕示范区。促进全体人民共同富裕是一项艰巨而长期的任务，需要选取部分条件相对具备的地区先行先试、作出示范。浙江省富裕程度较高、省内城乡和地区发展均衡性较好，在探索解决不平衡不充分的发展问题方面取得了明显成效，具备开展共同富裕示范区建设的基础和优势。

浙江的经济发展水平和居民富裕程度较高。2021年，浙江常住人口6540万人，人口规模与法国相当。当年人均地区生产总值达到了11.39万元，按年度平均汇率折算约为1.77万美元，与克罗地亚和波兰相当；城乡居民人均可支配收入5.75万元，在国内仅次于上海和北京两个直辖市，是全国平均水平的1.63倍。

改革开放以来，浙江在城乡和区域均衡发展上取得了积极的进展。浙江省城乡居民收入比为1.96，显著低于全国的2.56。省内最高和最低地市居民收入倍差为1.67，是全国唯一所有设区市居民收入都超过全国平均水平的省份。此外，浙江的改革创新意识较为浓烈，便于大胆探索和及时总结提炼共同富裕示范区建设的成功经验和制度模式。

自被确立为共同富裕示范区以来，浙江制定了共同富裕示范区建设绩效考评办法，动态监测评价工作进展。截至2022年2月，省级部门聚焦重点领域已出台64个专项政策意见，形成了“共性+个性”的政策工具箱。总体看，浙江已初步构建形成了共同富裕示范区建设的目标体系、工作体系、政策体系和评价体系。比如，浙江即将出台扩大中等收入群体和提高低收入者收入水平的行动方案，提出到2025年浙江力争家庭年可支配收入10万～50万元群体比例要达到80%、20万～60万元群体比例要达到45%的目标。再比如，多举措帮扶外来务工人员、新就业形态劳动者等重点群体，外来务工人员将与本地户籍人员享受同等的就业服务和政策，不管是就业失业登记、职业培训补贴、创业担保贷款，还是失业保险待遇，都一视同仁。

支持浙江高质量发展建设共同富裕示范区，具有重大的历史意义和现实意义。有利于通过实践进一步丰富共同富裕思想内涵；有利于探索破解新时代社会主要矛盾的有效途径；有利于为全国推动共同富裕提供省域范例；有利于打造新时代全面展示中国特色社会主义制度优越性的重要窗口。

资料来源：

https：//export.shobserver.com/baijiahao/html/375785.html；

https：//baijiahao.baidu.com/s?id=1725011614931526430&wfr=spider&for=pc.

中国特色社会主义进入新时代，走共同富裕道路，是满足人民日益增长的美好生活需要的有效途径，也是全面建设社会主义现代化国家的必然要求。中国的共同富裕道路探索和实践，还会为发展中国家提供现代化建设的中国经验。

第二节　新时代倡导共同富裕的必要性

在稳定解决了十几亿人口的基本生存需要问题之后，面对人民日益增长的美好生活需要，党和政府对人民的关切作出积极回应，提出实现全体人民的共同富裕，全面建设社会主义现代化国家。同世界各国现代化的一般特征比较，我国现代化有着鲜明的自身特征，这就是把共同富裕作为中国式现代化的内在要求。①②从《中华人民共和国国民经济和社会发展第十四个五年规划和2035年远景目标纲要》（以下简称“‘十四五’规划和2035年远景目标纲要”）所提出的基本实现现代化的内容看，首先，我国的现代化强调的是涵盖巨大人口规模的现代化，是全体人民共同富裕的现代化；其次，在现代化内容上，既包括了物质文明和精神文明相协调的现代化，也包括了人与自然和谐共生的现代化；最后，在实现路径上，强调的是走和平发展道路的现代化。可见，我国的现代化体现了以人为中心的发展思想，将“人民生活更加美好，人的全面发展、全体人民共同富裕取得更为明显的实质性进展”作为最终目标。推动全体人民共同富裕，就是社会主义现代化建设的重要内容和内在要求。

实现共同富裕，是全面建设社会主义现代化国家的重要标志。按照世界银行标准，中国已进入上中等收入国家行列，下一步将向高收入国家行列迈进。为此，党的十九届五中全会确立了到2035年我国要基本实现社会主义现代化的远景目标，“人均国内生产总值达到中等发达国家水平”，“经济总量和城乡居民人均收入将再迈上新的大台阶”，“中等收

① 贾丽萍：《把握共同富裕的时代意蕴和本质特征》，《光明日报》，2022年8月17日。

② 黄群慧：《共同富裕是中国式现代化的重要特征》，《光明日报》，2021年9月7日。

入群体显著扩大，基本公共服务实现均等化，城乡区域发展差距和居民生活水平差距显著缩小”，“人民生活更加美好，人的全面发展、全体人民共同富裕取得更为明显的实质性进展”。[①]

这些目标既是我国实现共同富裕的主要内容，又是基本实现社会主义现代化的重要标志。实现共同富裕与全面建设社会主义现代化国家相统一，形成了有中国特色的现代化道路。

首先，从人均国内生产总值（GDP）水平看，到2035年我国人均GDP要达到中等发达国家水平。这意味着届时中国将发展成为世界中等水平的现代化国家，也是中等水平的富裕型国家，预计中国的人均GDP将达到25000～30000美元。

其次，从经济总量和居民收入目标分析，到2035年经济总量和城乡居民人均收入将再迈上新的大台阶。这意味着我国GDP和城乡居民收入水平至少要比2020年翻一番，中国经济总量增长需要与个人经济富裕同步。随着中国经济增长阶段转换和经济结构的调整，社会人口形势出现重大转折，要维持经济总量和个人收入的长期稳定上升，面临巨大挑战。需要以共同富裕为手段，促进人的全面发展，激发社会活力，释放内部的增长潜能。

再次，从社会阶层结构演变分析，“中等收入群体显著扩大”，意味着有了一个庞大的中等收入群体。在社会阶层结构中，中间大两头小的“橄榄型”结构，有利于经济社会发展。因为中等收入群体工作体面，收入有保障，有良好的生活质量和教育背景，内心理性稳定感强，渴求安全，善于学习和创新，有能力带动需求结构升级，推动社会不断进步。更重要的是，一个庞大的中等收入群体会在财富分配和资源占有不均的贫富两大阶层之间形成一个缓冲地带，对社会稳定起到积极的调节作用。[②]

最后，从公平和正义角度分析，“基本公共服务实现均等化，城乡区域发展差距和居民生活水平差距显著缩小”，意味着到2035年，中国在基础教育、公共医疗、社会保障等基本公共服务资源分配上基本实现了公平、公正，城乡区域发展差距和居民生活水平差距也缩小到合理水平。这些方面的变化不但是社会主义现代化的本质要求，也是共同富裕要实现的基本目标。更有意义的是，如果到2035年能实现基本公共服务均等化，显著缩小城乡、地区差距和居民生活水平差距，中国将成为实现真正具有公平正义的共同富裕型国家。

共同富裕道路的探索和实践，还可能为其他国家缩小贫富差距问题提供中国经验。200多年来，工业革命以及世界市场的形成带来了史无前例的经济增长和财富增加，但并没有解决阶层固化和收入财富分配差距扩大等问题。法国经济学家托马斯·皮凯蒂的研究发现，从18世纪工业革命至今的财富分配数据看，世界财富不平等和收入分配不平等在加剧，这已经成为一个全球性现象。从20世纪七八十年代开始，世界收入不平等再度加剧，

① 《中华人民共和国国民经济和社会发展第十四个五年规划和2035年远景目标纲要》，《光明日报》，2021年3月13日。
② 马晓河：《转型中国："跨越中等收入陷阱"》，中国社会科学出版社，2020。

自由市场经济并不能完全解决财富分配不平等的问题。[①]中国所倡导的使市场在资源配置中起决定性作用，更好发挥政府作用以及推动共同富裕的实践，有可能为应对贫富差距问题提供新的政策路径。

第三节　新时代共同富裕的概念内涵

共同富裕具有鲜明的新时代中国特色，要科学理解其概念内涵，不但要了解共同富裕产生的历史背景，还要考虑到实现共同富裕所针对的群体对象、实现内容、覆盖的空间区域，同时还要考虑实现共同富裕所需要的环境、条件以及方法途径。

基于以上考虑，本章将共同富裕定义为：在经济高质量发展的基础上，按照共同参与财富创造、公平分享发展成果的原则，实现所有社会成员全体性富裕；通过经济、政治、文化、社会、生态等方面的协调发展，实现物质生活和非物质生活的全面性富裕；通过不断缩小城乡、区域、群体差距，实现全域性富裕；通过创造尊重劳动、保护创新的社会氛围，实现有差异性富裕；通过人人参与共同富裕建设过程并共享发展成果，实现“共建共享”的富裕；通过构建推进共同富裕的长效保障机制，实现渐进长期性共同富裕。概括起来，新时代的共同富裕具有全体性、全面性、全域性、差异性、共建共享性和渐进长期性特征。

全体性。共同富裕强调的是普遍富裕，它涵盖了全体社会成员。改革开放以来，我国在经济社会发展中消除了绝对贫困，全面建成小康社会，解决了人民生活中“有没有”的问题。下一步我国在实现现代化的进程中，就是要解决人民生活“好不好”的问题。走共同富裕的道路，就是要让社会成员都有平等参与发展的机会，也有分享经济社会发展成果的机会。鼓励和支持全体社会成员人人都能通过努力，提高收入水平，实现生活的富足和富裕。

全面性。共同富裕包含物质富裕和精神富裕，涵盖人民生活中的方方面面。人的全面发展是共同富裕的基本原则和关键内容，反映出人民对美好生活的追求是多样的，包括经济、政治、文化、社会、生态文明等多个方面。共同富裕追求的不仅仅是物质生活的富裕，还有精神文化生活的富足。在实现共同富裕的道路上，物质富裕与非物质富裕是统一的。如果只有物质富裕，没有包括精神生活在内的非物质富裕，这样的富裕是不完整的，

---

① 托马斯·皮凯蒂：《21世纪资本论》，巴曙松译，中信出版社，2014。

也是不可持续的。但是，如果没有物质富裕，非物质富裕也失去了经济基础。因此，共同富裕不仅仅是财富的增加，还包括非物质方面需求的满足和提高。共同富裕也不仅是个人家庭的富裕，还包括支持共同富裕的公共服务基础能力要增强，水平要提高。所以，公共服务总量做足、结构做优也是实现共同富裕的必备条件。

全域性。共同富裕强调的是在逐步缩小城乡、地区发展差距基础上的富裕，它覆盖了全国所有地区。从鼓励一部分地区、一部分人先富裕起来到解决城乡、地区发展差距和居民收入差距问题，意味着共同富裕发生了阶段性变化。在消除绝对贫困后，我国还存在着大量低收入者，一部分居住于发达地区，大多集中在偏远落后地区、欠发达地区和农村地区。同发达地区相比，这些地区经济发展相对缓慢，居民人均收入增长不快，基础设施和公共服务薄弱，生产生活环境明显落后于其他地区。在推进共同富裕的过程中，重点需要提供帮助的就是这部分地区及人群。实现共同富裕，就必须加强偏远地区、欠发达地区、农村地区的发展，只有将这些地区经济社会水平搞上去了，这些低收入者才有条件实现富裕。因此，缩小地区、城乡发展差距，实现共同富裕，关键在于解决偏远落后地区、欠发达地区和农村地区的发展不平衡不充分问题。只有解决好城乡、地区之间的发展差距问题，共同富裕才能在城乡、地区之间实现全覆盖。

差异性。共同富裕是承认和尊重每个人发展能力的富裕，强调不搞平均主义，体现的是勤劳致富、各得其所的精神。由于发展起点有先后，区域资源禀赋有多寡，个人能力有高低，这就决定了在实现共同富裕的道路上，区域、城乡、群体之间实现富裕的程度有高有低，实现富裕的时间有快有慢。因此，共同富裕并不等于同等富裕，也不等于同步富裕，而是在区域、群体之间存在着差别的富裕。差别富裕与贫富差距有所不同，贫富差距是“有没有”的问题，差别富裕是在解决了“有没有”之后的“好不好”问题，是实现社会成员物质生活富裕和精神生活富裕基础上的差距。存在差别富裕有利于创造尊重劳动、保护创新的社会氛围，能调动每个社会成员的积极能动性，为做大做好蛋糕发挥每个人的作用。如果片面追求同等富裕和同步富裕，搞平均主义，企图通过吃“大锅饭”平均分配财富达到共同富裕，经济社会发展将失去活力，最终落入“共同贫困”的陷阱。

共建共享性。共同富裕是人人参与建设、共同分享的富裕，具有共建共享性。共同富裕强调的是社会全体成员只有努力共同创造财富，才能公平分享经济社会发展成果，它首先体现的是发展责任，其次才是分享权利。共同富裕不是不劳而获的富裕，也不是“坐、等、要、靠”的富裕，而必须是所有人共同参与经济建设、共同创造财富的富裕。“共同参与”“共同创造”意味着在实现共同富裕的道路上，人人都有责任先为“共同分享”去做蛋糕、做大蛋糕。共同分享的富裕要求经济社会发展成果要由人民享有，是人民应有的权利。这意味着在做大做好蛋糕的同时还要分好蛋糕，强调的是社会公平和正义性。共同建设是共同分享的前提和基础，没有共同建设，共同分享就会成为无水之源。与此同时，共同分享又是共同建设的目的。缺乏共同分享就不可能实现共同富裕。

渐进长期性。实现共同富裕不可能一蹴而就，需要一个长期奋斗的过程，这个过程是动态渐进式的。我国正处于并将长期处于社会主义初期阶段，这就决定了不可能在很短时间实现共同富裕。因为，实现共同富裕需要国民经济总量再上一个新的大台阶，经济发展质量跃升到新高度，就决定了为实现共同富裕做大做好蛋糕既是一个渐进积累过程，也是一个长期目标。还有，就共同富裕实现难度看，今后要统筹解决城乡、区域间发展不平衡不充分问题，不断缩小居民收入差距，实现全体社会成员的物质和非物质方面的富裕，也需要一个比较长的奋斗过程。比如实现城乡基础设施同城化和区域一体化、公共服务均等化、低收入者致富能力的提升，等等，都需要整体协调、渐进式推进。另外，实现共同富裕所需要的制度保障，即经济体制机制改革和社会主义基本经济制度的完善，也不可能在短期内完成，必须周密部署，长远谋划，精准施策。还有，国际环境的不确定性和复杂性，也要求我们对实现共同富裕必须做好长期奋斗的准备。①②

① 《完整准确全面贯彻新发展理念 确保“十四五”时期我国发展开好局起好步》，《光明日报》，2021年1月30日。
② 《中华人民共和国国民经济和社会发展第十四个五年规划和2035年远景目标纲要》，《光明日报》，2021年3月13日。

第二章

共同富裕的进展与挑战

- 共同富裕的观察指标体系
- 共同富裕的进展与短板
- 制约共同富裕的关键挑战因素

客观评价我国共同富裕的进展情况和实现程度，对推进共同富裕具有现实意义。本章力图在参考现有共同富裕指标体系研究成果基础上，基于国内外关于生活质量的分析框架，探索构建我国实现共同富裕的观察指标体系，并对共同富裕的实现程度以及存在的突出短板进行分析，为推进共同富裕提供科学的政策依据。

第一节　共同富裕的观察指标体系

设立共同富裕指标体系，可以对现阶段我国共同富裕现状、发展趋势进行客观评价，找出共同富裕存在的差距，助力全国层面和各地区扎实推进共同富裕进程。

专栏2　共同富裕指标体系

共同富裕是一个具有鲜明中国特色的政策概念。为了解共同富裕进程、评价共同富裕实现程度、分析共同富裕影响因素，一些学者和研究机构尝试构建共同富裕指标体系（见表2-1）。现有的相关研究成果大致可以分为两类：

一类是未估算共同富裕的综合指数，只是从不同方面来观察我国共同富裕的进程和制约因素等。浙江省人民政府发布了共同富裕示范区建设指标目标体系，该指标体系由56个具体指标组成，并出台绩效考评办法，初步形成了共同富裕示范区建设的目标体系、工作体系、政策体系和评价体系。学术界刘培林等（2021）、刘元春等（2022）从富裕水平和共享水平的角度提出了简化的指标体系。胡鞍钢、周绍杰（2022）提出了包含生产力、发展机会、收入分配、发展保障、人民福利5个一级指标、25个二级指标的共同富裕观测指标体系。

另一类是通过各种方法对共同富裕的指标进行量化评分并加总，估算共同富裕综合指数。这方面的文献主要来自学术界，比如李金昌、余卫（2022）从过程性指标、结果性指标两个维度构建共同富裕指标体系；万海远、陈基平（2022）提出的指标体系涵盖物质福利、公共服务、人的发展、精神文明4个维度；浙江大学和浙江工商大学团队（2021）提出的指标体系涵盖发展性、共享性、可持续性3个维度。

共同富裕研究仍处于探索期，在明晰内涵、科学测算、指标构成等方面仍需要深入探讨，不断完善。

表2-1　共同富裕指标体系研究回顾

文献	测度体系的维度	具体指标
第一类文献：未估算共同富裕的综合指数		
刘培林等（2021）	1.总体富裕程度	7个二级指标，未提供三级指标
	2.发展成果共享程度	3个二级指标，未提供三级指标
刘元春等（2022）	1.共同	6个二级指标
	2.富裕	
胡鞍钢、周绍杰（2022）	1.生产力	4个二级指标
	2.发展机会	3个二级指标
	3.收入分配	3个二级指标
	4.发展保障	11个二级指标
	5.人民福利	4个二级指标
浙江省人民政府（2022.5.20）	1.高质量发展高品质生活	56个指标
	2.城乡区域协调发展	
	3.收入分配制度改革	
	4.文明和谐美丽家园	
第二类文献：估算共同富裕的综合指数		
李金昌、余卫（2022）	6个过程性一级指标：	13个二级指标，36个三级指标
	1.经济质效并增	
	2.发展协调平衡	
	3.精神生活丰富	
	4.全域美丽建设	
	5.社会和谐和睦	
	6.公共服务优享	
	3个结果性一级指标：	14个二级指标，20个三级指标
	1.共享性	
	2.富裕度	
	3.可持续性	
万海远、陈基平（2022）	1.物质福利	3个二级指标，17个三级指标
	2.公共服务	3个二级指标，33个三级指标
	3.人的发展	3个二级指标，13个三级指标
	4.精神文明	3个二级指标，21个三级指标

续表

文献	测度体系的维度	具体指标
浙江大学和浙江工商大学（2021）	1.发展性 2.共享性 3.可持续性	14个二级指标，81个三级指标

资料来源：胡鞍钢和周绍杰（2022）、李金昌和余卫（2022）、刘培林等（2021）、刘元春等（2022）、万海远和陈基平（2022）以及浙江大学、浙江工商大学、浙江省人民政府发布的有关指标和指数模型。

共同富裕是对社会群体生活质量和状态的评价。在国际上关于生活质量评价的研究已经有较长的历史，形成了较为成熟和完善的分析框架，有广泛的应用基础，国内在该领域也有很多探索。结合第一章关于共同富裕内涵的讨论，本章提出基于生活质量研究框架的共同富裕观察指标体系。该体系以人的发展为中心，包含5个维度、33项观察指标，涵盖关键的生活质量指标及其重要影响因素。各维度下的指标分为“富裕性”与“共同性”两类：“富裕性”指标反映的是全社会在相关维度上享有的发展水平以及拥有的资源和服务，“共同性”指标关注城乡差异、区域差异、行业和人群差异。指标体系的维度和具体指标如下。

经济生活。经济生活指标反映的是经济发展水平以及居民从中所获得的经济福祉。经济生活维度下的富裕性指标包括：①人均GDP，反映社会在当期的人均产出水平；②人均可支配收入，反映居民从经济体系中获取的经济利益和支付能力；③恩格尔系数，反映居民消费的结构和质量特征。经济生活维度下的共同性指标包括：①居民收入基尼系数，这是广为使用的关于全体居民收入分配差距的度量；②城乡居民收入比，反映的是城乡之间在经济发展和居民经济收益上的差别；③省份人均GDP基尼系数，度量省际经济发展水平的差距，相对于常用的较为直观的高收入省份与低收入省份人均收入比，该指标的好处是不会忽略中等收入省份变化的影响；④城镇行业平均工资差距，反映的是行业间的经济不平等状况。

卫生健康。健康是人类美好生活的基础，也是积极有效开展其他活动的前提，世界各国都将健康作为衡量人类福祉的关键维度。卫生健康维度下包括4个富裕性指标：①人均预期寿命，反映社会长期和综合的健康结果；②5岁以下儿童死亡率，反映儿童这一脆弱群体生存发展的风险；③孕产妇死亡率，反映对女性生命健康的保护水平；④每千人卫生技术人员数，反映支撑国民健康水平的医疗卫生人力资本水平。该维度下重点考察3个共同性指标：①省际人均预期寿命差距，反映地区之间健康结果的差异；②城乡每千人卫生技术人员数比，反映城乡在医疗卫生人力资本存量上的差距；③省际每千人卫生技术人员数差距，反映地区之间在医疗卫生人力资本存量上的差距。

教育文化。教育和健康一样，是人的基本能力和福祉的重要组成部分，并对人在其他方面的发展具有重要的影响。教育和文化共同塑造了人的精神生活水平和状态。在教育文化维度下，包含5个富裕性指标：①15岁及以上人口平均受教育年限，反映一个社会总体的受教育水平；②高等教育毛入学率，反映高等教育发展水平，也是教育结构、教育质量的反映；③生均教育经费投入，反映政府对教育事业的投入水平；④人均文教娱乐消费支出，反映居民实际享有的文教娱乐消费水平；⑤互联网普及率，反映区域居民互联网服务的覆盖率。该维度下的共同性指标包括：①省际生均教育经费支出基尼系数，反映地区之间的教育投入差距；②省际每千名学生专任高级教师数差距，反映地区之间教育人力资本投入质量和数量的差距；③城乡人均文教娱乐消费支出比，反映城乡在文化发展和消费上的差距。

社会保障。从19世纪中后期德国发展社会保险制度，到英国在20世纪40年代建立福利国家制度，再到当前世界各国普遍建立社会保障体系，社会保障已经成为现代社会居民生活中不可分割的重要组成部分，医疗、养老、工伤、生育、就业等个人生活的重大事项，都需要得到社会保障体系的支撑。社会保障维度下的富裕性指标包括：①养老保险覆盖率，反映人类生命周期较晚阶段的保障覆盖；②城镇职工基本养老金支出，反映养老的待遇水平；③城乡基本医保覆盖率，涉及全体城乡人口，反映医疗保障的覆盖面。该维度下的共同性指标有2项：①城乡最低保障水平比，反映城乡在对最弱势群体提供生活保障力度上的差别；②城镇职工与城乡居民养老保险待遇比，主要反映城乡以及部门间养老保障待遇的差别。

生态环境。自然环境为人类社会带来多样的价值，不仅提供生存和发展所需的物质资源，也带来精神上的愉悦，生态环境状况对人类身心健康也有重要影响。在生态环境维度中，包含的富裕性指标如下：①全国地级以上城市空气优良天数比例，反映的是综合的空气质量状况；②森林覆盖率，该指标对生物多样性以及应对气候变化都有重要意义；③地表水达到或优于Ⅲ类水质比例，反映水体污染的综合情况；④单位GDP温室气体排放，反映我国应对气候变化的进展。该维度下的共同性指标包括：①对生活污水进行处理的乡的比例，反映城乡在水环境和安全上的差距；②省际人均空气污染物排放差异。

国际和国内有关生活质量指标体系的研究涵盖的维度和指标十分广泛，本章有侧重地选择了和人的发展结果具有较强相关性和重要性的维度和指标。这一指标体系为监测共同富裕的进程提供了方向和视角，但不将上述指标进行评分和加总获得总的共同富裕进度指数。

要对共同富裕的进展进行评估，不仅要有共同富裕指标体系，还需要对有关指标的目标值进行设定，从而识别现有发展水平和目标水平的差距，分析这些差距的成因，便于进行政策上的调整。对于目标值的设定，本章将有关的指标分为两类：一类设定了目标参考值，这类指标反映了相关维度发展的总体结果，且学术界和社会对该指标的水平高低及其福利含义有较为一致的判断，譬如人均GDP水平；另一类只用于观测趋势，用于反映相关维度中某些特定方面的发展状况，譬如经济生活维度中行业工资差距，人们关注行业工资差距并认识到差距过大对社会公平不利，但是由于研究和公共讨论的不足，无法就该指标的最优水平达成比较一致的共识，因此倾向于保持对该指标发展趋势的观察。本章的共同富裕观察指标体系及目标参考值设定如表2-2所示：

表2-2 共同富裕观察指标体系与2035年目标参考值

一级指标	二级指标	三级指标	水平	2035年目标参考值
经济生活	富裕性	人均GDP	80976元（12551美元）	25000美元
		人均可支配收入	35128元（5457美元）	11000美元
		恩格尔系数	29.8%	大于20%
	共同性	居民收入基尼系数	0.468	大于0.40
		城乡居民收入比	2.5	2.0
		省份人均GDP基尼系数	0.194	–
		城镇行业平均工资差距	3.66	–
卫生健康	富裕性	人均预期寿命	77.3岁	80岁
		5岁以下儿童死亡率	7.5‰	4.0‰
		孕产妇死亡率	16.9/10万	小于10/10万
		每千人卫生技术人员数	7.57人	–
	共同性	省际人均预期寿命差距	2.20标准差	–
		城乡每千人卫生技术人员数比	2.21	大于2.0
		省际每千人卫生技术人员数差距	1.14标准差	–
教育文化	富裕性	15岁及以上人口平均受教育年限	9.91年	大于11.5
		高等教育毛入学率	58.42%	–
		生均教育经费投入	20054.73元	–
		人均文教娱乐消费支出	2599元	–
		互联网普及率	70.4%	85%

续表

一级指标	二级指标	三级指标	水平	2035年目标参考值
教育文化	共同性	省际生均教育经费支出基尼系数	分项计算	–
		省际每千名学生专任高级教师数差距	11.94标准差	–
		城乡人均文教娱乐消费支出比	1.98	–
社会保障	富裕性	养老保险覆盖率	96%	98%
		城镇职工基本养老金支出	2900元/月	
		城乡基本医保覆盖率	>96%	98%
	共同性	城乡最低生活保障水平比	1.952	–
		城镇职工与城乡居民养老保险待遇比	15.29	–
生态环境	富裕性	全国地级以上城市空气优良天数比例	87.5%	95%
		森林覆盖率	23%	26%
		地表水达到或优于III类水质比例	84.9%	95%
		单位GDP温室气体排放	1.12吨/万元	0.5吨/万元左右
	共同性	对生活污水进行处理的乡的比例	34.87%	>80%
		省际人均空气污染物排放差异	分项计算	–

资料来源：作者根据历年《中国统计年鉴》，世界银行数据库，OECD数据库整理计算得出。

第二节　共同富裕的进展与短板

基于以上共同富裕指标体系以及参考目标设定，可以对我国共同富裕取得的进展以及存在的短板进行分析讨论。从总体上看，改革开放以来我国共同富裕取得了全方位的进步。2020年，我国顺利完成了全面建成小康社会的历史性任务，向共同富裕又迈出了坚实的一步。但是，由于发展起点低、人口规模大、经济区位差异悬殊以及经济社会发展所处的历史阶段等原因，在共同富裕方面还存在诸多突出问题。

1.经济生活

改革开放释放了中国经济的活力，加上改革开放前在国民经济体系以及人力资本积累上的良好基础，在过去40多年里，中国经济得到了飞速的发展，人民生活普遍改善。从富裕性指标看，改革开放以来，我国人均GDP从1978年的385元增加到2021年的80976元，实际增长超过200倍。按同时期美元计价，从1978年的156美元增加到2021年的12551美元，名义增长近80倍，接近世界银行所定义的高收入国家门槛。据多数学者预测，中国在“十四五”规划期末即2025年，跻身于高收入国家行列将是大概率事件。但是，要使中国人

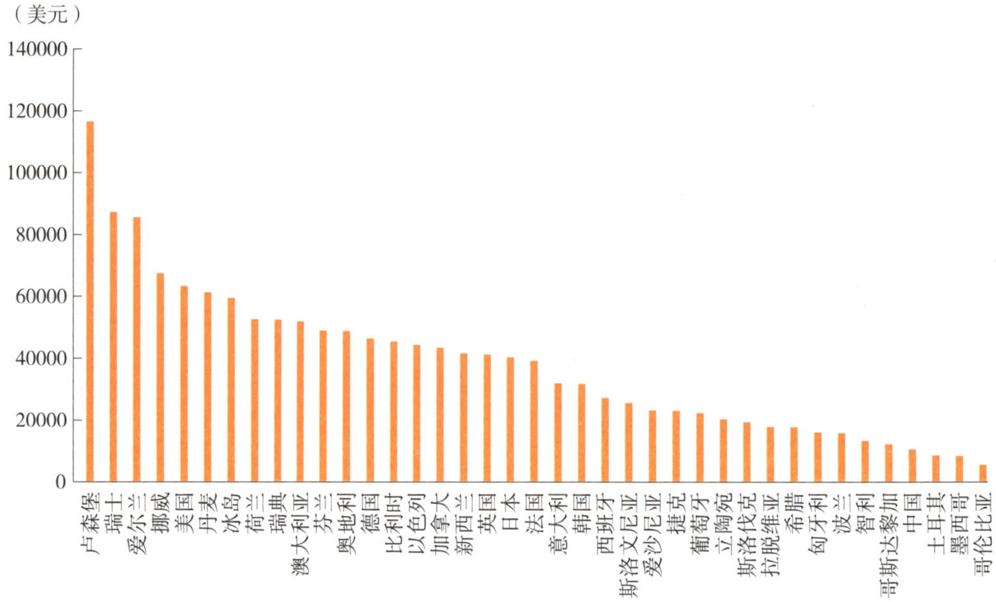

图2-1 中国与OECD国家2020年人均GDP（现价美元）

资料来源：世界银行数据库。

均GDP在2035年达到OECD国家中等偏下的水平（25000美元左右）（见图2-1），需要年均经济增长率至少保持在5%～6%，这并不是轻而易举的，需要长期坚持以经济发展为中心的基本路线，致力于社会经济发展。①

经济快速发展带动了城乡居民收入的增长。从1978年到2021年，按当年价格计算，全国居民人均可支配收入由171元增加到35128元，同期居民人均消费支出从151元增加到24100元。居民的消费结构也持续得到改善，恩格尔系数稳步降低，从63.9%下降到29.8%。②恩格尔系数下降，意味着人们在满足了食品营养需要之后，对非食品的需求支出较快增长，这是走向共同富裕的重要变化特征。从长远变化趋势看，随着社会成员富裕程度的提高，我国居民的恩格尔系数还将持续下降。目前，大多数发达国家的恩格尔系数都在20%以下。

从共同性指标看，当前存在的突出问题是居民收入差距过大。改革开放以来，我国居民收入分配差距经历了20世纪80年代初期的短暂下降后，长期呈扩大的趋势，2008年居民收入基尼系数达到0.491。此后，基尼系数有所下降，近年来保持在0.465左右的高位上（见图2-2）。在国际上，基尼系数超过0.40通常被视为警戒线，2018年OECD国家的基尼系数平均水平在0.35左右（见图2-3）。到2035年，如果要在共同富裕上取得实质性进展，将基尼系数降低至0.40以下是一个合理的目标。但是考虑到2012—2021年我国基尼系数仅仅减少

① 根据世界银行数据库提供的资料，按照2020年美元现价，高收入国家2000年人均GDP为25777美元，当年意大利和法国人均GDP分别为22270美元、22364美元。同样，按照2020年美元现价，1987年日本人均GDP为20749美元、1995年加拿大人均GDP为20914美元、2010年韩国人均GDP为23087美元。

② 2019年，我国居民恩格尔系数为28.2%，受新冠疫情影响，2020年、2021年食物支出占消费支出的比例有所增加。

0.01，实现这一目标并不容易，需要在分配体系上作出实质性的调整。

基尼系数反映的是全体人群的收入分配差距。总体的经济差距又是城乡、地区、行业以及性别差距等因素共同作用的结果。城乡差距是推动总体收入分配扩大的最重要因素，我国城乡收入比从1978年的2.56一度缩小到1983年的1.82，此后总体呈现逐步扩大的态势。2007年达到历史高点的3.14，此后在一系列惠农以及脱贫攻坚政策的支持下持续缩小，

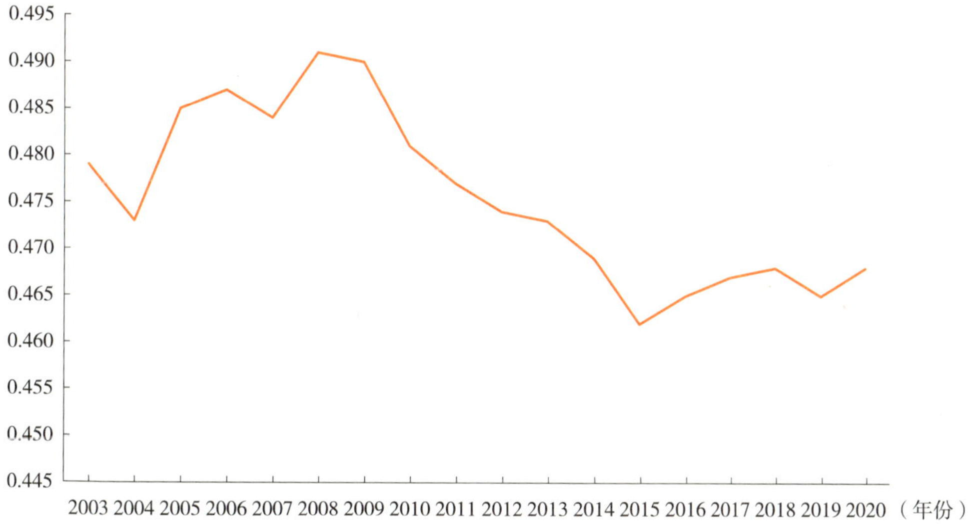

图2-2　中国2003—2020年基尼系数变化

资料来源：2004—2021年《中国统计年鉴》。

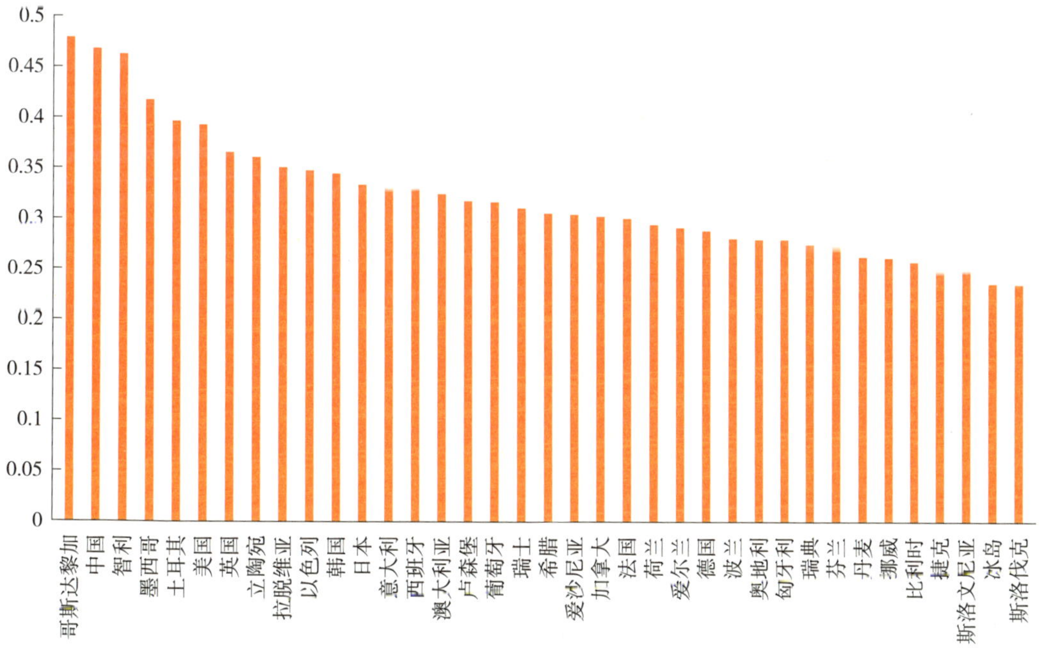

图2-3　中国与部分OECD国家2018年基尼系数

资料来源：OECD官网，2019年《中国统计年鉴》。

2021年为2.50。随着城镇化的推进以及乡村振兴战略的实施，到2035年将城乡居民收入比降到2.0以下是有较大可能的。我国国土面积广阔，地情多样，地区差距较大，不过自2005年之后，省际经济发展相对差距开始稳步缩小，省际人均GDP的基尼系数从0.267缩小到0.194，这对推进共同富裕是一个利好。从行业收入差距看，我国城镇单位工资最高和最低行业之比在2005年时曾达到4.72倍，2020年仍在3.6倍左右的高位，是推进共同富裕需要着力解决的问题。

2.卫生健康

得益于我国相对健全的医疗卫生体系，居民的健康水平长期高于同等收入水平的国家。2019年中国居民人均预期寿命达到77.3岁，比2010年增加了约3.47岁，平均每年增加0.35岁。尽管人均预期寿命的增长不是线性的，但是随着国民生活水平的提高、医疗卫生技术的提升以及医疗保障水平的改善，到2035年中国人均预期寿命有望达到2019年OECD平均水平（81岁）。

儿童健康水平持续改善，接近发达国家平均水平。从5岁以下儿童死亡率看，2020年我国每千例活产儿的死亡率下降到7.5‰（见图2-4），约为2005年的1/3，年均下降1个千分点，非常接近于OECD同期的平均水平（6.75‰），预计到2030年左右可以达到目前OECD国家的平均水平。

孕产妇死亡率也是反映健康结果以及妇女发展状况的重要指标。自《中国妇女发展纲要（2011—2020年）》发布以来，中国全力保障母婴安全，积极推进妇幼健康全程服务，孕

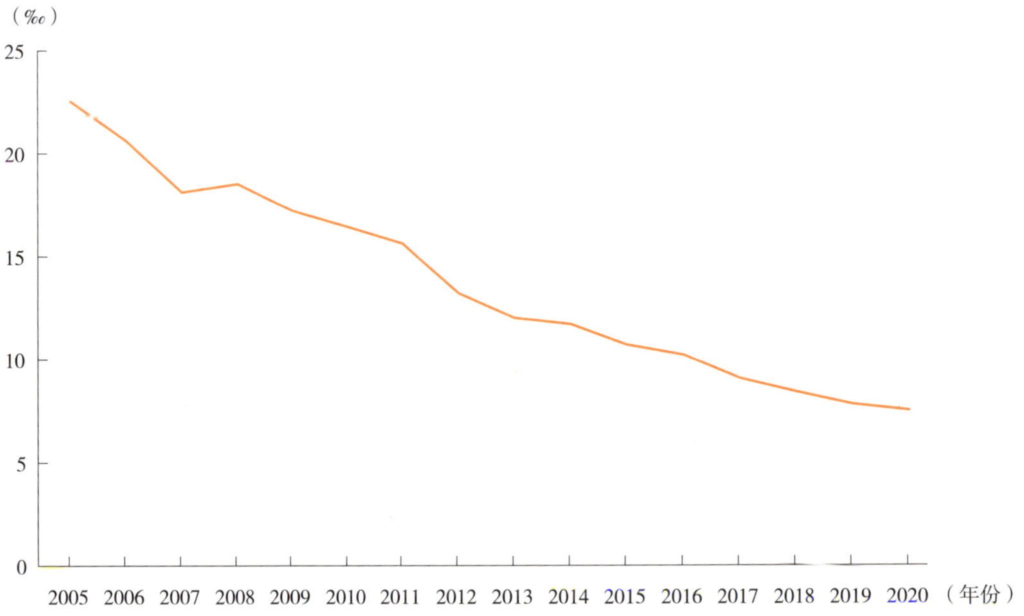

图2-4　5岁以下儿童死亡率

资料来源：2006—2021年《中国统计年鉴》。

产妇死亡率持续下降，2020年孕产妇死亡率为16.9/10万，比2010年降低43.7%，已经低于OECD国家的平均水平（18%）。根据《"健康中国2030"规划纲要》，2030年我国孕产妇死亡率力争降到12/10万，到2035年有望将该指标降至10/10万以下。

中国居民的医疗卫生资源稳步增加。国民健康水平的提升离不开医疗卫生资源的投入。2005年以来，每千人口的卫生技术人员数也从3.57人增加到7.57人（见图2-5）。同期，我国每千人医疗卫生机构床位数从3.57张增加到6.44张，增加近一倍（见图2-6）。

从健康结果和医疗卫生资源投入看，我国的健康公平性有显著的提高，但城乡和地区

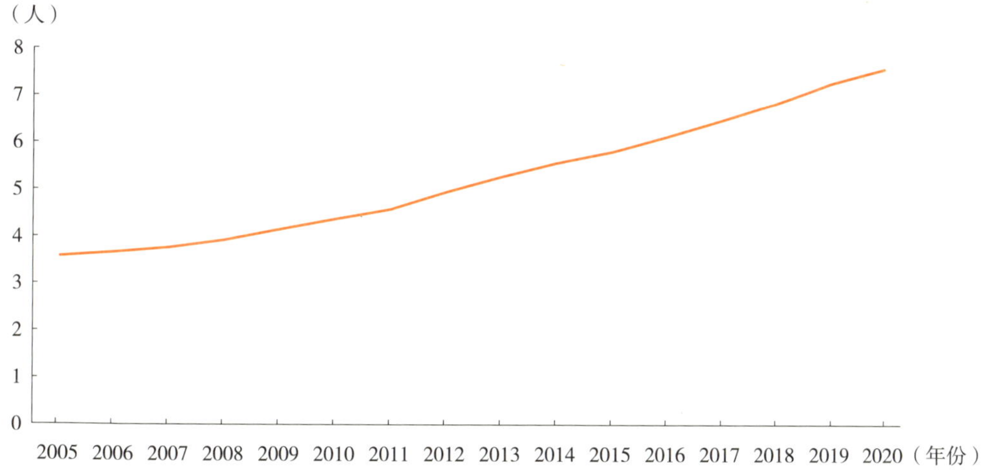

图2-5　每千人口卫生技术人员数

资料来源：2006—2021年《中国统计年鉴》。

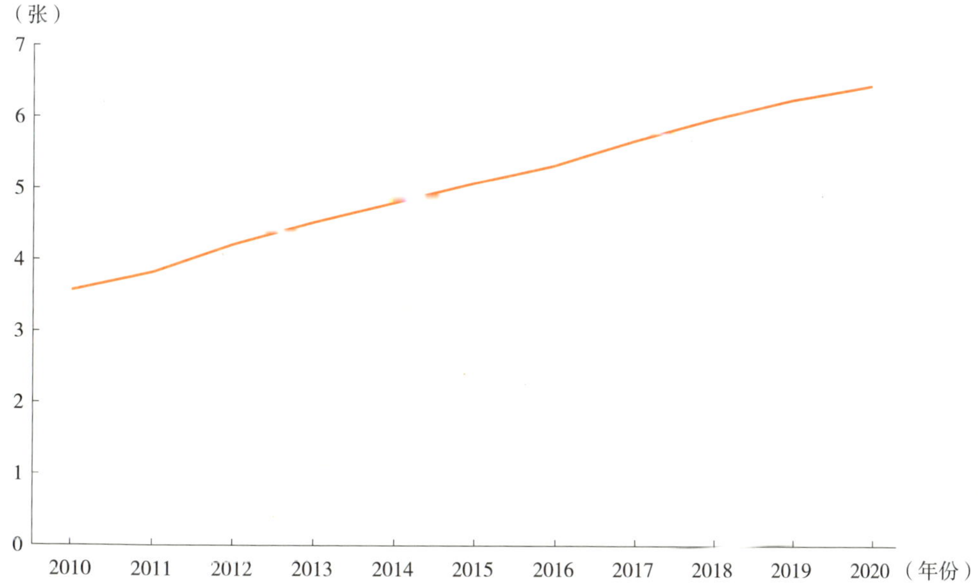

图2-6　每千人医疗机构床位数

资料来源：2011—2021年《中国统计年鉴》。

差距仍然较大。从健康结果看，人均预期寿命的地区差距持续缩小，最高省份与最低省份的人均预期寿命差距从1990年的15.56年缩小到2020年的10.32年。从城乡医疗卫生资源投入看，城乡每千人医疗机构床位数之比从2013年的0.79下降到0.64，这可能反映出医疗资源投入没有跟上城镇化的步伐；城乡居民每千人拥有的卫生技术人员的比值经历了2005—2015年的持续上升后，开始有所下降，2020年该比值为2.21（见图2–7）。从地区医疗资源投入看，省际每千人口的卫生技术人员数也在波动中下降，最高和最低省份之比一度达到5.5（2008年），此后逐步下降至2020年的2左右。如果考虑全部省份的差异，可以发现区域在医疗卫生人力资源上的差距下降要更加困难，在许多年份甚至还有所上升（见图2–8）。

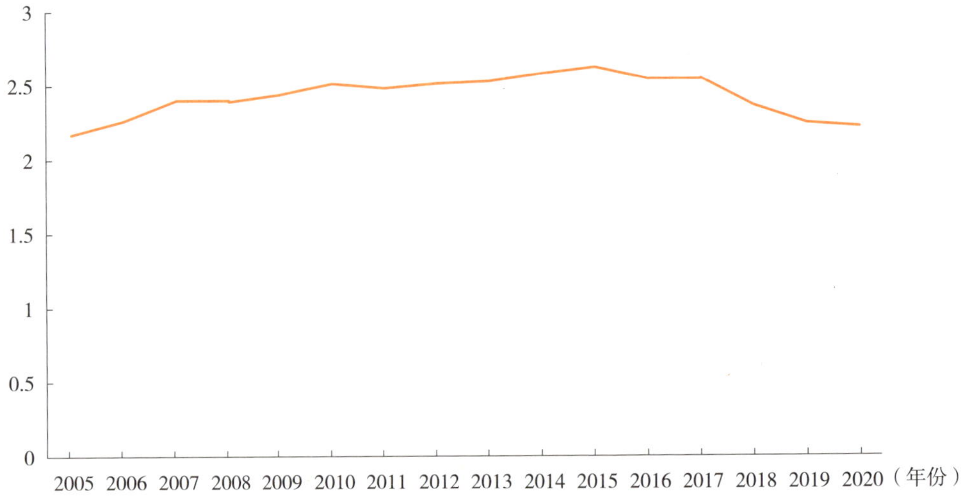

图2–7 城乡每千人拥有卫生技术人员数的比值

资料来源：2006—2021年《中国统计年鉴》。

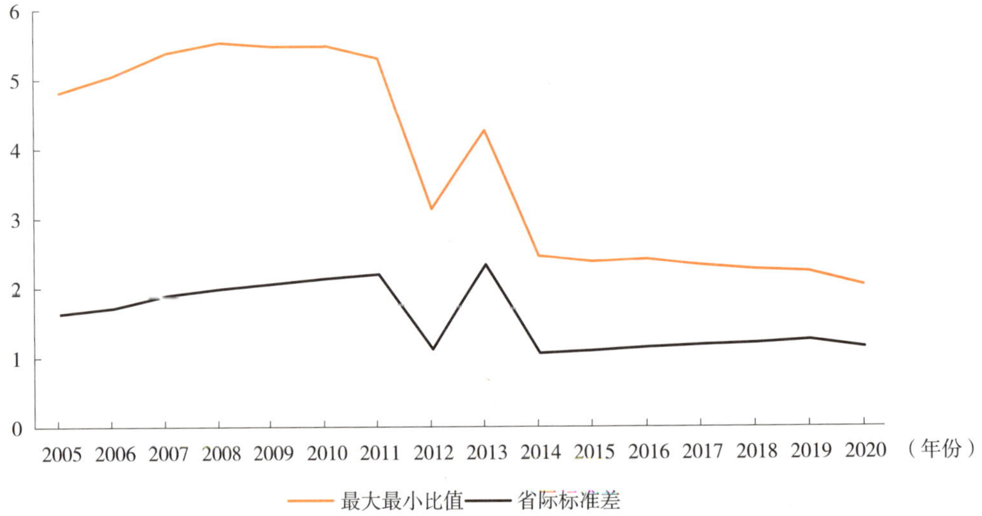

图2–8 省际千人拥有卫生技术人员数差异比较

资料来源：2006—2021年《中国统计年鉴》。

3.教育文化

教育水平是衡量人的发展以及社会文明程度的重要指标。中华人民共和国成立以来，通过大规模开展扫盲运动和普及基础教育，国民受教育水平快速提升，全社会的教育水平总体高于同等收入水平国家。改革开放后，随着国家对教育投入的加大，国民教育水平进一步提升。据第七次全国人口普查数据，2020年中国15岁以上人口的平均受教育年限增加到9.91年，10年间增加了近1年。不过与发达国家相比，差距仍然显著。据联合国教科文组织的统计，中国25岁以上人口平均受教育年限为8.1年，2019年OECD国家大部分在12年以上（见图2–9）。

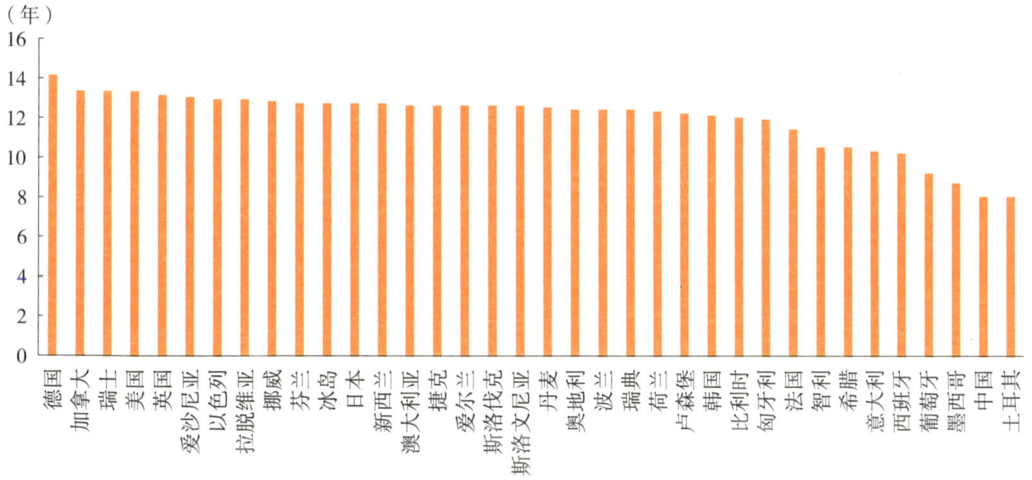

图2–9 中国与部分OECD国家2019年平均受教育年限

资料来源：UNESCO Institute for Statistics（2020），Barro and Lee（2018），ICF Macro Demographic and Health Surveys，UNICEF Multiple Indicator Cluster Surveys and OECD（2019b）

高等教育发展对一个国家的教育体系以及创新发展具有十分重要的意义。当前，我国已经建成了世界上最大规模的高等教育体系，高等教育毛入学率已经超过50%，进入大众化阶段，为我国新时代经济社会的发展奠定了重要的人才基础。不过，要在2035年达到OECD国家中等偏下的水平（70%），还需要保持每年1个百分点左右的增长。

生均教育经费反映全社会对教育的投入状况。21世纪以来，我国教育经费投入力度不断加大。2012年后财政性教育经费占GDP的比例一直保持在4%以上，与GDP保持了同步增长。得益于此，我国生均教育经费水平也不断提升，2019年超过20000元（见图2–10），相当于当年我国人均GDP的1/4。但是，受制于经济增速的持续放缓，以及社会公共服务支出的刚性约束，未来生均教育经费投入的增长将面临严峻的挑战，需要在完善结构、提高经费使用绩效等方面下更大的功夫。

在文化方面，除了个别年份之外，居民的教育文化娱乐支出都在稳步增加。1998

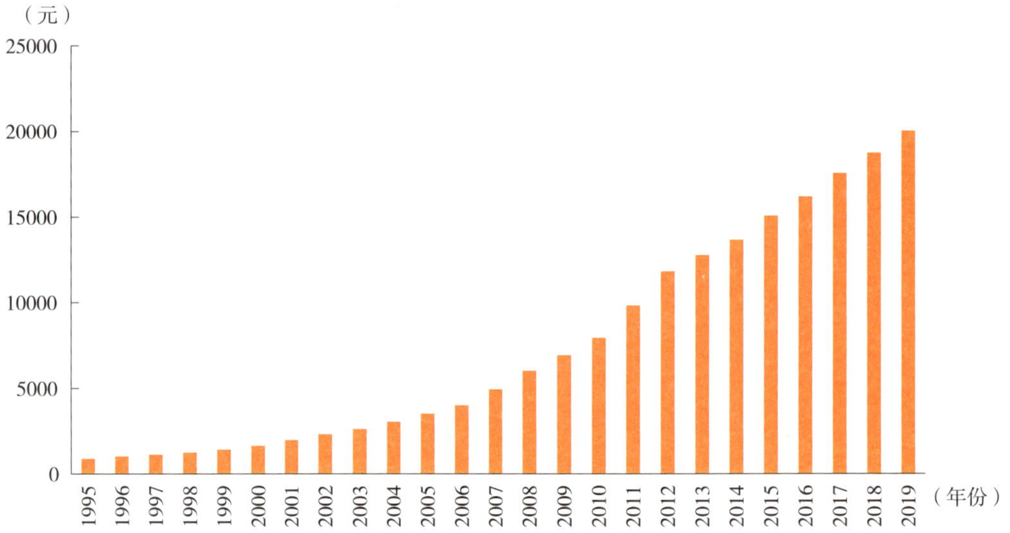

图2-10　生均教育经费变化

资料来源：1996—2020年《中国教育经费统计年鉴》。

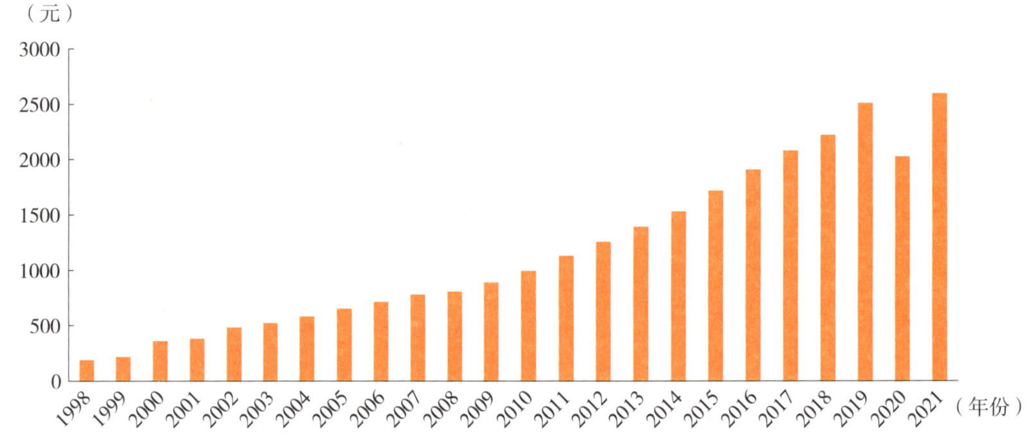

图2-11　居民人均教育文化娱乐支出

资料来源：1999—2022年《中国统计年鉴》。

年我国居民人均的教育文化娱乐支出为195元，2021年增加到2599元，支出增加13倍（见图2-11）。随着通信技术的发展，越来越多的居民通过互联网来获取资讯以及消费各类文化娱乐服务，中国的互联网普及率也从2002年的不到5%增长到2020年的70.4%，成为世界上互联网用户数规模最大的国家（见图2-12）。目前OECD国家互联网普及率平均为85%，从2015—2020年中国互联网普及率平均每年增加4个百分点看，有望在“十四五”时期末达到OECD国家的平均水平。

在教育文化方面，有一些值得注意的现象。积极的一面是，随着九年义务教育制度的不断完善，地方小学和初中生均教育经费差距自2012年以来呈持续缩小的态势，而且省际基尼系数水平也比较低（略高于0.2）。但是，省际幼儿园的生均教育经费差距十分突出并

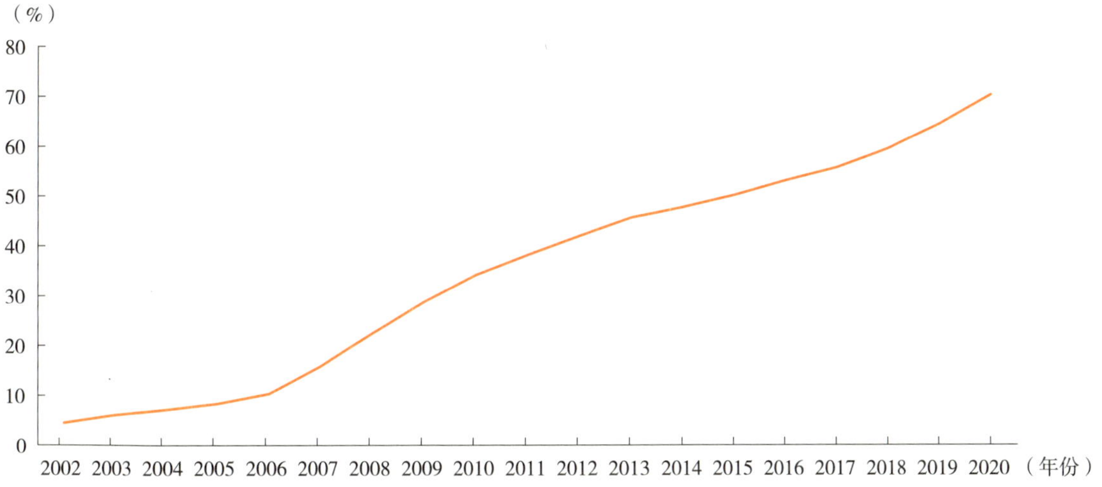

图2-12　中国互联网普及率

资料来源：Wind数据库。

且缩小有限，基尼系数从0.35下降到0.3左右（见图2-13）。省际高中的生均财政投入差距较大并在较高位波动（基尼系数在0.28左右）。值得注意的是，省际高等教育生均教育经费2013年以来持续扩大，高等教育投入不平等扩大的趋势值得关注（见图2-14）。不仅如此，各省份高等教育的师资力量差距在过去10年也持续拉大。

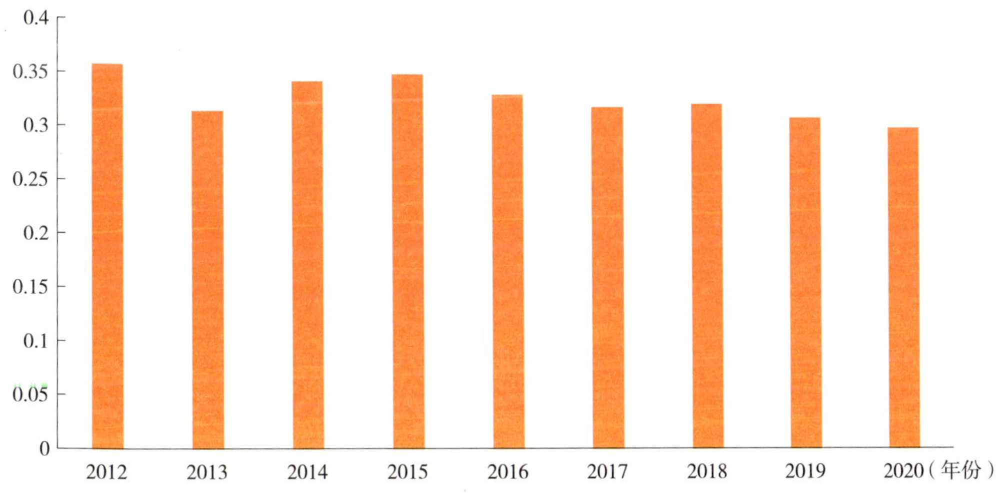

图2-13　省际生均教育经费支出（地方幼儿园）基尼系数

资料来源：2013—2021年《中国教育经费统计年鉴》。

总体上看，城乡和地区居民之间的教育文化娱乐消费差距在持续缩小。城乡居民教育文化娱乐消费支出比从2002年的3.56下降到2020年的2以下，该项支出差距要小于城乡居民收入的差距（见图2-15）。此外，各省份居民的教育文化娱乐消费支出差距在过去8年也稳步缩小（见图2-16）。

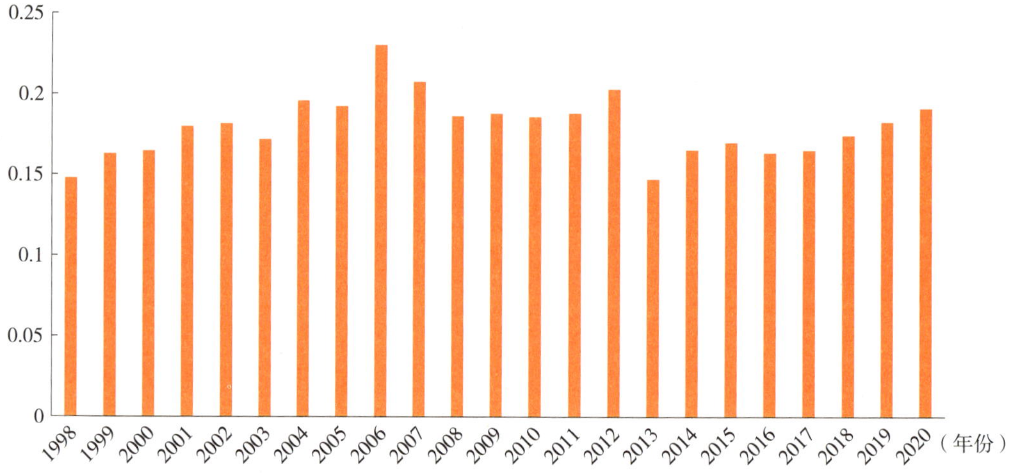

图2-14　省际生均教育经费支出（高等学校）基尼系数

资料来源：1999—2021年《中国教育经费统计年鉴》。

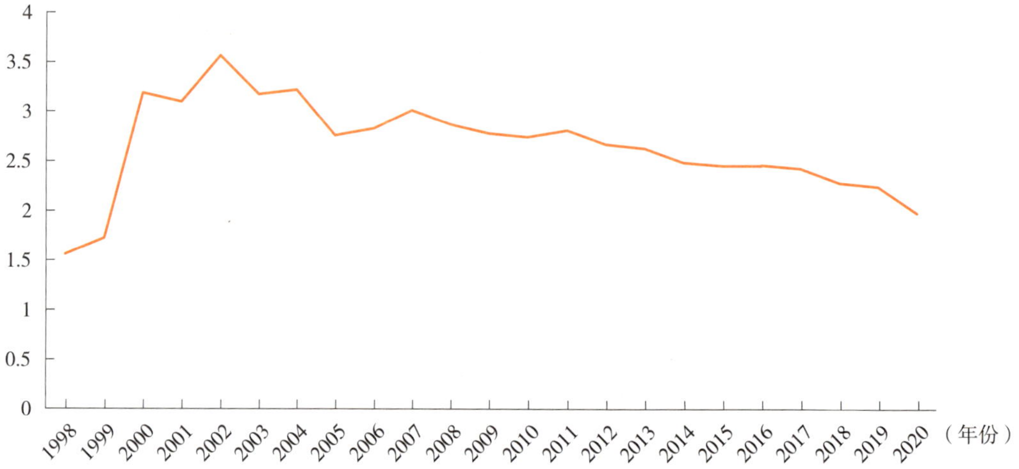

图2-15　城乡居民人均教育文化娱乐支出比值

资料来源：1999—2021年《中国统计年鉴》。

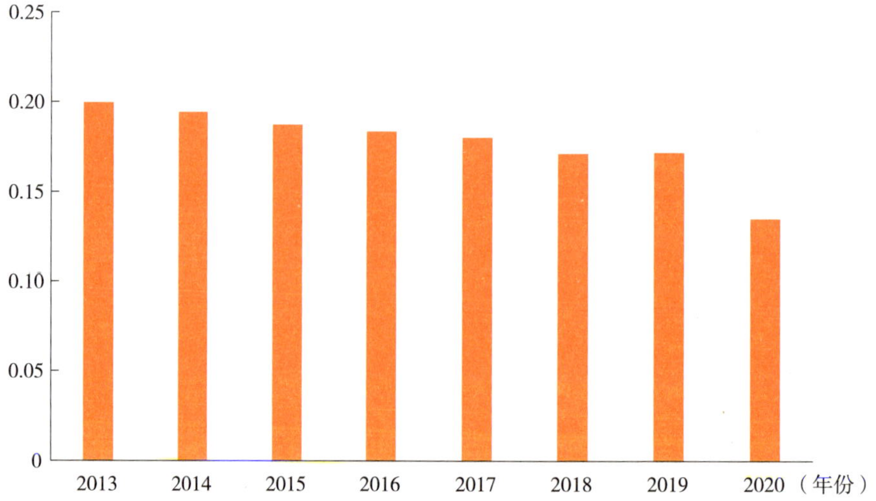

图2-16　各省份人均教育文化娱乐消费支出基尼系数

资料来源：2014—2021年《中国统计年鉴》。

4.社会保障

社会保障是改善民生、维护社会公平、增进人民福祉的基本制度，是广大人民群众共建共享改革发展成果、实现全面性共同富裕的重要制度保障。其中，养老保险制度为老年人基本生活提供基础性保障。2010年以来，我国基本养老保险参保率逐年提升，从2010年的74%提高到2019年的96%，增加22个百分点，基本养老保险已实现制度全覆盖；2020年参保人数达9.99亿人，约有3亿人按时足额领到基本养老金。目前主要的挑战是养老金的待遇水平总体还比较低，而且收支平衡压力较大。2020年全年城镇职工基本养老保险基金总收入44376亿元，基金支出51301亿元，收支赤字超过7000亿元；全年城镇职工离退休人员12762万人，人均领取的城镇职工基本养老保险金约为4万元。

21世纪以来，我国城乡居民基本医疗保障体系得到长足的发展。2019年全民基本医保制度已经覆盖13亿城乡居民，城乡基本医保的覆盖率稳定保持在96%以上（见图2-17）。2021年，全国基本医疗保险（含生育保险）基金总收入28727.58亿元[①]，比上年增长15.6%；全国基本医疗保险（含生育保险）基金总支出24043.10亿元，比上年增长14.3%。

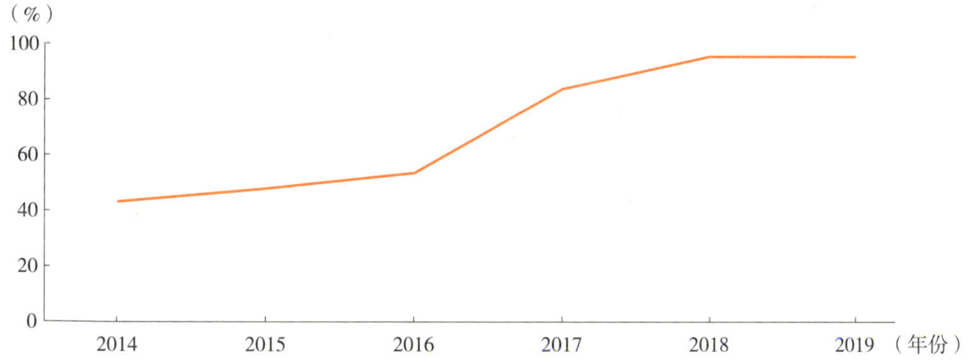

图2-17　城乡基本医保覆盖率

资料来源：2015—2020年《中国统计年鉴》。

工伤保险和失业保险也为居民生活提供重要的底线保障。据人力资源和社会保障部统计，2020年末全国共有2.68亿人参加工伤保险，187.6万人次享受工伤保险待遇，参保人数较上年增加1285万人，同比增长5.04%；2020年度工伤保险基金共计收入486.3亿元，支出820.3亿元。2020年末全国参加失业保险人数为 21689万人，比上年末增加1147万人；2020年末全国领取失业保险金人数为 270 万人，失业保险金月人均水平1506元，相当于城镇私营单位就业人员平均工资的30%。

我国也建立了覆盖城乡的最低生活保障制度。截至2020年底，全国共有城市低保对象805.1万人。全国城镇低保平均保障标准每人每月677.6元，全年支出城市低保资金537.3亿

---

① 生育保险基金收入2018年后合并到基本医疗保险中，不再单独统计。

元；有农村低保对象1985.0万户、3620.8万人。全国农村低保平均保障标准每人每月496.9元，全年支出农村低保资金1426.3亿元。

在社会保障领域已经取得了不少进步，但社会保障体系的分割以及城乡、城镇内部的差距仍存在巨大的挑战。首先，城镇和农村居民最低生活保障绝对和相对水平稳步提升，但差距仍然很大。2010年，城镇职工低保标准为城镇居民可支配收入的15.8%，2020年增加到18.5%。同期，农村低保标准由农村人均纯收入的23.7%增加到34.8%。2010—2020年，城镇低保与农村低保标准比从2.15倍下降到1.36倍，其中城镇低保标准增长了1.7倍，农村低保标准增长了3.2倍。城乡最低生活保障制度起到了缩小城乡收入差距的作用，为最脆弱的群体提供了保障。但是也存在覆盖面不足的问题。其次，工伤保险、失业保险和生育保险都是城镇居民可以参与和享受的险种。此外，在城镇职工和城乡居民基本养老保险以及基本医疗保险上，也存在缴费以及待遇水平差别显著的问题，但是相关的统计还有待完善和分析。

5.生态环境

21世纪以来特别是党的十八届三中全会以来，中国能源资源利用效率持续提升，生态环境得到了大幅度的改善。

从森林覆盖率看，在过去近20年的时间里，中国的森林覆盖率提高了约3个百分点（见图2-18）。第九次全国森林资源清查显示，中国森林面积32.73亿亩，每公顷森林蓄积78.17立方米，人工林面积12亿亩，成为全球森林资源增长最多和人工林面积最大、贡献度最大的国家，对全球植被增量的贡献比例居世界首位。不过，目前中国的森林覆盖率（23%）与世界平均水平（32%）相比还有较大的差距。

图2-18　2003—2020年森林覆盖率变化趋势

资料来源：2004—2021年《中国统计年鉴》。

2012年以来，中国打响了碧水蓝天保卫战。经过大力的空气治理，空气质量有明显的好转。2020年全国337个地级及以上城市中，202个城市环境空气质量达标，占全部城市数的59.9%，比2019年上升13.3个百分点。2021年地级及以上城市空气质量优良天数比率从2017年的78%增加到87.5%（见图2–19）。水污染治理也取得了积极进展，地表水质达到或优于Ⅲ类水的比率从2014年的63.1%增加到2021年的84.9%（见图2–20）。

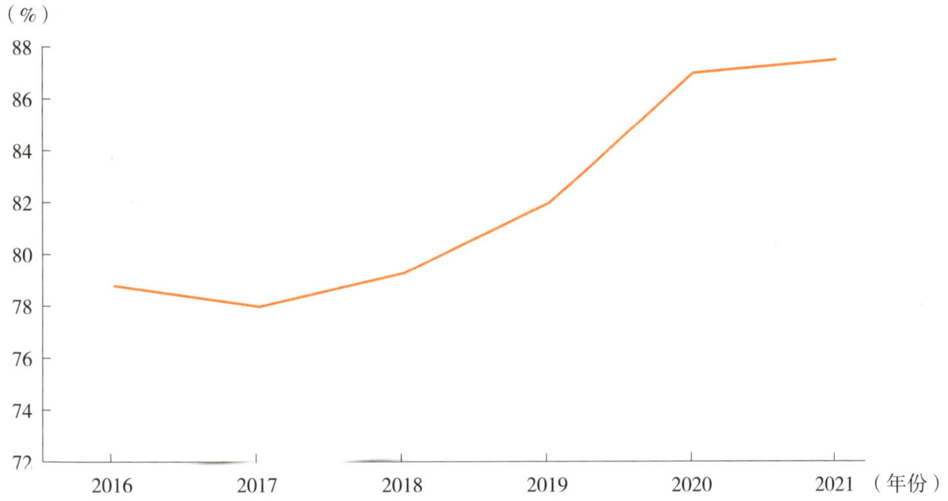

图2–19　地级及以上城市优良天数比率

资料来源：2017—2022年《中国生态环境状况公报》。

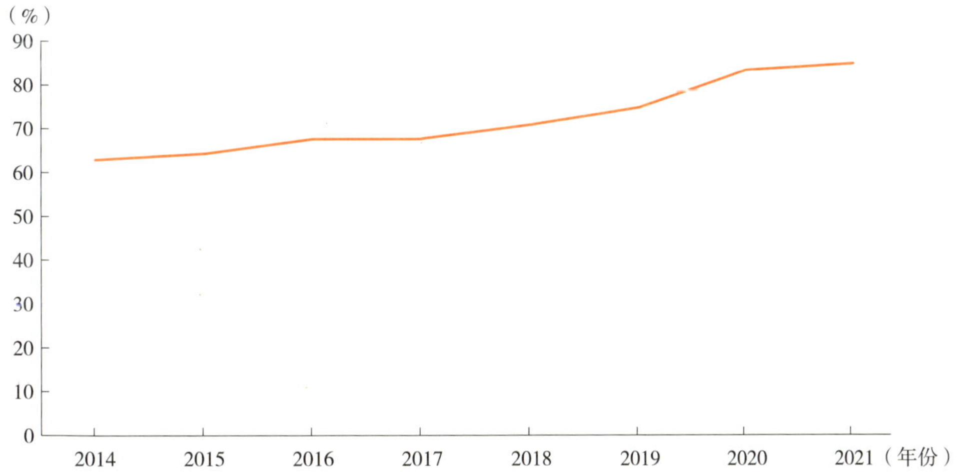

图2–20　地表水达到或优于III类水质比率

资料来源：2015—2022年《中国生态环境状况公报》。

数据显示，我国2010年单位GDP碳排放为每万元2.06吨，2019年下降至1.12吨。截至2020年底，我国单位GDP二氧化碳排放比2005年下降48.4%，超过了我国向国际社会承诺的40%～45%的目标。但是，中国目前是世界上最大的温室气体排放国，由于经济发展水平仍比较低，人口基数大，未来碳排放总量还将持续增长，要实现到2030年前碳达峰、2060年前碳中和的目标，需要付出艰苦的努力。

我国氮氧化物、二氧化硫等空气污染物的排放强度在持续减少，而且地区之间的差距也在缩小。譬如，省际人均二氧化硫排放标准差从2004年的134.43缩小到2020年的26.48，人均氮氧化物的排放标准差同期从135.10缩小到40.69。但是，从具体城市的空气质量看，不同地区之间仍存在显著的差异。此外，从农村生活污水处理看，2020年仅有1/3左右的乡对生活污水进行处理（见图2–21）。

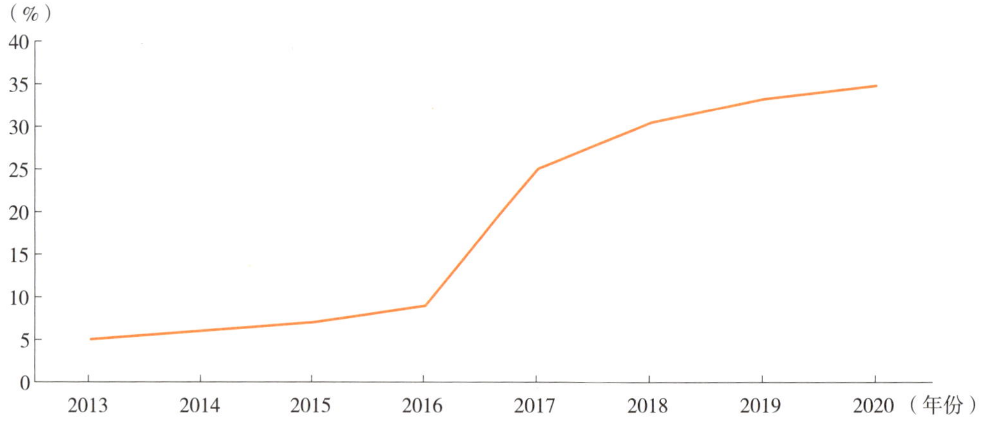

图2–21 对生活污水进行处理的乡的比率

资料来源：2014—2021年《城乡建设统计年鉴》。

第三节 制约共同富裕的关键挑战因素

基本实现社会主义现代化，实现共同富裕，需要良好的内外部发展环境。然而，当今世界正处于百年未有之大变局中，国际形势发生巨变，国内结构性矛盾进一步凸显，使得我国在实现共同富裕的道路上，面临诸多挑战。

一、国际政治经济格局的重大变化加大了实现共同富裕的难度和风险

20世纪末以来，经济全球化加速了生产要素在全球范围内的自由流动和优化配置，提升了贸易的自由化、投资的便利化以及高科技的发展，促进了各国之间的相互渗透、相互依存、相互影响。这一时期，从全球化得益最多的是中等收入国家，特别是新兴经济体。表2–3是2000—2020年不同收入类型国家和世界主要经济体的经济发展数据比较。

从表中可以看出，过去20年发达的高收入国家年均经济增长1.53%，中等收入国家年均经济增长5.36%，低收入国家年均经济增长3.64%。显然，不同收入类型国家经济增长速度

表2-3　2000—2020年不同收入类型经济体国内生产总值变化

经济体	年均经济增长（%）（不变价）	绝对值（万亿美元）		占比（%）		占比变动（百分点）
		2000年	2020年	2000年	2020年	
高收入国家	1.53	36.760	49.840	76.34	60.91	-15.43
中等收入国家	5.36	10.990	31.230	22.83	38.16	15.33
低收入国家	3.64	0.235	0.479	0.49	0.59	0.10
美国	1.71	13.740	19.290	28.53	23.58	-4.95
欧盟	1.06	11.260	13.890	23.39	16.97	-6.42
日本	0.48	3.990	4.380	8.29	5.35	-2.94
中国	8.68	2.770	14.630	5.75	17.88	12.13
印度	5.86	0.800	2.500	1.66	3.08	1.42
巴西	1.95	1.190	1.750	2.47	2.14	-0.33
俄罗斯	3.04	0.780	1.420	1.62	1.74	0.12
南非	2.10	0.222	0.335	0.46	0.41	-0.05
世界	2.69	48.150	81.830	100.00	100.00	100.00

注：表中数据均为2015年美元价格。
资料来源：世界银行数据库。

的不同，使得国内生产总值在不同收入类型国家间的分布发生了结构性变化，2000—2020年，发达的高收入国家创造的国内生产总值占世界比重由76.34%下降到2020年的60.91%，下降了15.43个百分点，而同期内中等收入国家生产的国内生产总值占世界比重由22.83%上升到38.16%，提升了15.33个百分点，低收入国家的国内生产总值占比变化不大。这就意味着过去20年间，世界经济格局变化主要发生在高收入国家和中等收入国家之间，高收入国家在世界的经济地位下降几乎是由中等收入国家完全替代了。高收入国家中经济地位下降最快的几个经济体分别是美国、欧盟、日本，其国内生产总值占世界比重分别从2000年的28.53%、23.39%和8.29%，下降到2020年的23.58%、16.97%和5.35%，分别下降了4.95、6.42和2.94个百分点。在中等收入国家中经济地位上升比较快的国家有中国、印度等，其国内生产总值占世界比重分别从2000年的5.75%、1.66%，上升到2020年的17.88%、3.08%，分别上升了12.13、1.42个百分点。也就是说，2000年以来，高收入国家的经济份额下降中有78.6%是由中国替代的，其中美欧日三大经济体国内生产总值份额下降的85%被中国替代。

面对世界经济格局的重大调整，对国际规则制定具有决定性影响的美欧等发达国家，试图改变现有规则，维护自身既有利益并寻求新的利益。首先，实施内外有别的区域自由贸易协定，在区域内实行更加自由化的贸易规则和更加便利化的投资政策，但对外具有明显的保护性、排他性、封闭性。比如新版“美国—墨西哥—加拿大协定”（简称“美墨加协定”）就引入了旨在排斥中国的“毒丸”条款，规定“任何一方与非市场经济国家签订自由贸易协议时，应允许其他各方在发出6个月的通知后终止本协议”。截至2021年底，全球累计生效的区域贸易协定（RTA）数量为353个，而2000年前生效的区域贸易协定数量仅为82个。其次，单边掀起贸易摩擦。比如美国特朗普政府对中国、欧盟、日本等先后发起贸易摩擦，以高关税限制对方产品进入美国。又如乌克兰危机爆发后，美欧对俄罗斯的贸易制裁引起世界能源、芯片、小麦及面粉、食用油价格暴涨。再次，采取新的技术壁垒。比如2018年美国就提出征收碳边境税，2021年7月14日欧盟正式推出碳边境调节机制（税），在2023—2025年过渡期对电力、钢铁、铝、水泥、化肥等进口商品收集碳排放数据，2026年开始收排放费。最后，把经济问题政治化。一些国家把国家安全问题泛化，在关键产品、技术和重要零部件方面实行禁购令，用“断供”方式打击竞争对手，同时还鼓励本国企业从中国回撤，或向外转移。

特别是近几年，新冠疫情暴发、大国之间的贸易制裁以及乌克兰危机，使得世界经济在不同价值观和制度阵营之间出现分化重组。全球产业链、供应链受此影响，呈现出了更加内向化、伙伴化、多中心化、多元化的倾向。这将对中国形成明显的供给侧冲击，给我国利用两种资源、两个市场实现高质量发展、走共同富裕道路带来不利影响。

第一，给中国产业结构转型升级带来阻力。在国际产业分工中，中国一直处在以劳动密集型为主导的中低端制造业领域，当中国要从中等收入国家迈进高收入国家行列过程中，产业结构必然要由中低端向中高端转换。美国实施科技封锁直接影响这种产业转型进程，减缓中国发展方式的转换速度，加大了实现高质量发展的难度。第二，进出口贸易和资本流动将受到进一步限制。美国通过提高对中国的贸易关税，加大了中国的贸易成本，降低了中国的出口竞争力，压缩了中国利用国际市场实现供求平衡关系的空间。同时，产业链供应链的“去中国化”，还使得中国在国际市场上实现投资便利化受阻，对中国产业链的国际地位带来威胁。第三，美国将中国定义为以国家为中心的经济模式，并协调强化同盟友的关系，从经济、科技、金融等领域采取遏制措施，压缩了中国的国际发展空间。所有这些都无疑会加大我国未来经济迈上新的大台阶的阻力，给我国实现由全面小康社会迈向共同富裕的社会形态转型增加了难度和风险。

二、推进共同富裕面临的经济增长难题

实现共同富裕意味着经济必须保持一定的增长速度，使经济产出达到较高水平，这样才能让社会成员有足够的就业空间并达到物质生活的富足。按照“十四五”规划和2035年

远景目标纲要安排，到2035年我国经济总量将再迈上新的大台阶，人均GDP达到中等发达国家的水平。届时我国的GDP总量需要在2020年基础上实现翻番，年均增长速度至少要保持在5%左右。

但是，当前和今后一个时期，我国经济增长面临的巨大难题是经济增长率提前出现了趋势性下降。图2-22显示，自2010年中国进入上中等收入国家行列以后，我国经济增速就出现了波动下降，如果将2020年和2021年新冠疫情期间的经济增长率按两年平均值调整后，这种下降趋势就更加直观（见图2-23）。

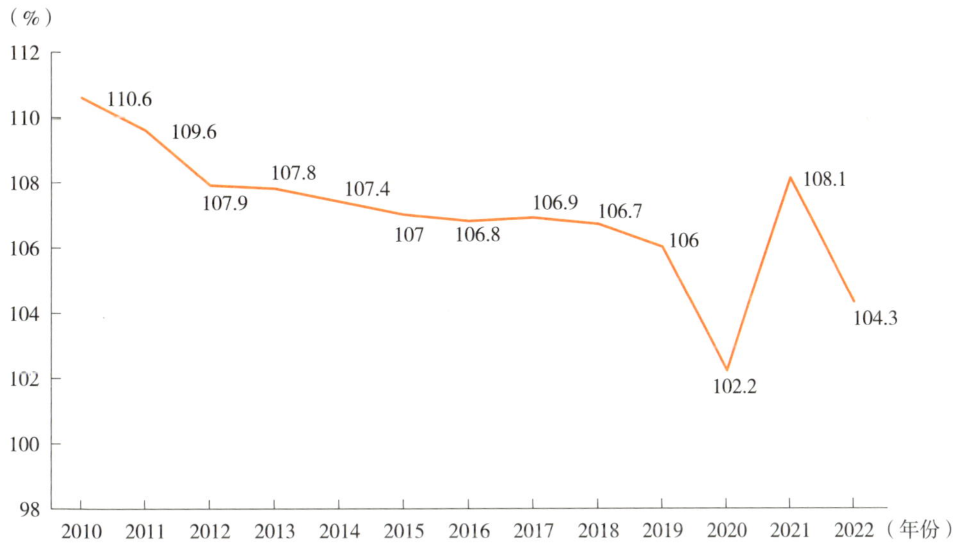

图2-22　2010年以来中国GDP年均增长率变动曲线

注：2022年增长率是IMF预测值。

资料来源：《2022中国统计摘要》。

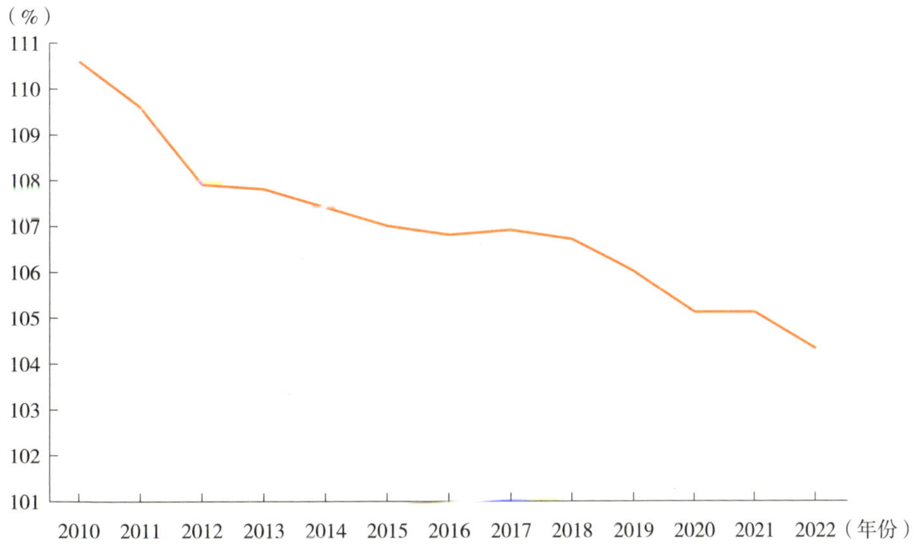

图2-23　2010年以来调整后的中国GDP年均增长率曲线

资料来源：《2022中国统计摘要》。

从世界各国发展经验看，一个经济体从低收入到中等收入（包括中低收入和上中等收入），再到高收入阶段，经济增长速度一般都会经历由低到高，再由高到低的发展过程，呈现出一个倒U形变动趋势。从成功迈向发达的高收入国家的增长经验看，当一国（或地区）人均GDP在低收入阶段时，经济增长开始加速；在中低收入阶段，经济增长速度进一步提高；到达上中等收入阶段，经济增长速度达到最高，在临近高收入国家门槛乃至迈进高收入国家行列后，经济增长率便出现趋势性下降。

同属东亚发达经济体的日本和韩国，在迈进高收入国家行列后，经济增速出现了明显的下滑。图2-24是日本和韩国以GDP为代表的经济增长曲线图。日本、韩国分别于20世纪70年代、90年代迈进高收入国家行列。图中显示，日本经济增长率于1970年后开始出现趋势性下降，GDP年均增长率由此前的9.8%下降到4.5%，此后又连续下降。韩国也如此，1990年以前韩国经济一直保持高速增长，从1990年以后按5年计算的GDP年均增长率就由此前的10.58%一直下降到1.96%。

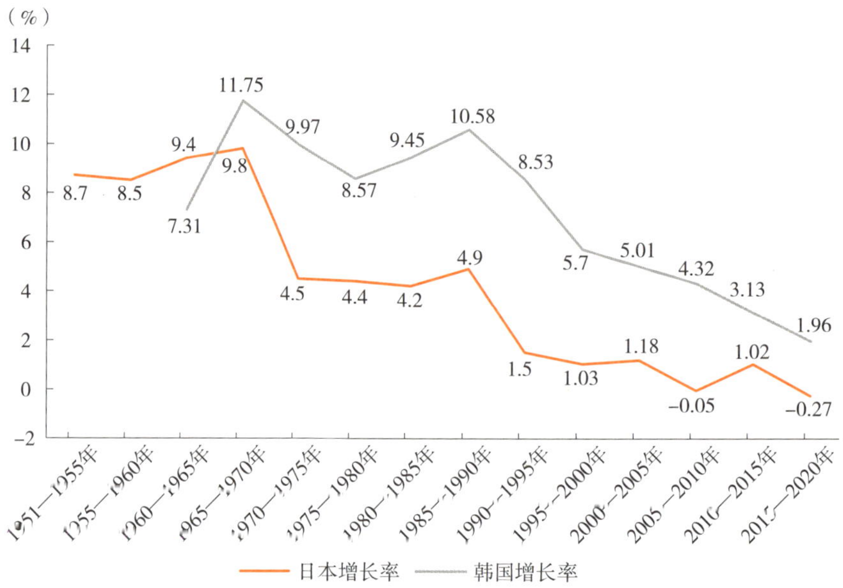

图2-24 日本、韩国GDP增长率变化曲线

注：GDP年增长率是以2015年美元不变价格按5年平均计算的年均增长率。

资料来源：世界银行数据库，日本1951—1960年数据来自马晓河《转型中国："跨越中等收入陷阱"》，中国社会科学出版社，2020。

从全球看，不同水平经济体的经济增速在不同历史时期也具有显著的阶段性。表2-4展示了1980—2020年以10年和40年为时间尺度计算的世界不同收入类型国家的年均GDP增长率。从中可以发现，按40年计算出的年均GDP增长率，从高到低依次是上中等收入国家、中低等收入国家、低收入国家、高收入国家；按10年计算出的年均GDP增长率，在绝大多数年份里，GDP年均增长率排序依次是上中等收入国家、中低等收入国家、低收入国家、高收入国家。另外一个发现是，受世界经济周期的影响，低收入、中低等收入、上中等收入国家经济增长率都经历了一个先上升后下降的过程。唯独高收入国家经济增长却打破了这种变动趋势，以10年为基期的年均经济增长率始终是下降的。从20世纪80年代3.13%的年均增长率趋势性下降到1.31%。部分原因可能是高收入国家的经济已经完成了结构转型，经济增长空间趋向稳定饱和。

表2-4　不同收入类型国家的年均GDP增长率比较（%）

国家类型	1980—1990年	1990—2000年	2000—2010年	2010—2020年	1980—2020年
低收入国家	1.60	3.02	5.46	1.84	3.01
中低等收入国家	3.38	3.73	6.33	4.34	4.41
上中等收入国家	3.38	3.60	6.59	4.50	4.54
高收入国家	3.13	2.82	1.90	1.31	2.25

注：按照2015年不变美元价格计算。
资料来源：世界银行数据库。

同世界主要国家的一般发展经验做比较，我国GDP年均增长率出现趋势性下降要比日韩等国家提前一个阶段。根据上述分析，当我国于2010年进入上中等收入国家行列后，经济发展本应继续维持高增长率，但实际情况是经济增长出现了连续10多年的下降。固然，这一时期我国经济增长下降受世界经济周期影响是一个重要变量，但是，国内结构性矛盾是导致经济增长提前下降的主要成因。

先看需求结构，长期以来，我国投资率一直偏高，最终消费率始终处于低位。这里，我们选择3个时点做一国际比较。从表2-5可以看出，不论我国处在哪一收入阶段，我国的投资率都远高于同等收入类型国家，而最终消费率却远低于同等收入类型国家。投资增长意味着供给的增加，消费增长意味着供给被消耗。投资长期保持高增长，在社会消费受到超常挤压下，带来了公共基础设施的提前饱和与高级化，同时，投资高增长加速了产业产出能力的不断扩张。但是，当路水电气网房、机场、码头、港口等基础设施建设都完成以后，当大规模的产业产出能力基本形成以后，投资空间就进入收缩阶段，此时如果不扩大最终消费需求，仍继续依靠高投资率拉动经济增长，必然会带来经济增长和经济效率的双下降。从国家统计局提供的数据分析，“八五”时期，我国全社会固定资产投资与形成的GDP值之比为1∶0.999，到“十一五”时期降为1∶0.871，“十三五”时期进一步降到1∶0.786。因此，同以前相比，相同的投资规模带来的GDP是不断减少的，形成的社会福利是下降的。今后，如果我国的需求结构继续保持高投资率，随着投资空间不断变小和效率持续下滑，经济增长率可能会进一步下降。

表2-5 不同收入类型国家的最终消费率和投资率比较（%）

年份	不同收入类型国家	最终消费率	投资率
2005	中低收入国家	73.66	30.16
	中国	54.3	40.3
2015	上中等收入国家	67.66	30.15
	中国	53.7	43.0
2020	上中等收入国家	63.1	35.4
	高收入国家	76.8	22.3
	中国	54.5	43.0

资料来源：世界银行数据库，《2022中国统计摘要》。

再看供给结构，在长期高投资的驱动下，我国形成了供给大于需求的经济格局，要想平衡供求之间的关系，由于供给在投资刺激下刚性增长，超出国内需求那一部分供给只能依赖国际市场实现平衡。但是，当前和今后的难题是，一方面在美国单边贸易制裁和东南亚制造业不断替代的情况下，国际市场对中国的需求受限，另一方面在全球产业链供应链“内向化”“价值观和政治制度伙伴化”作用下，我国中高端制造业受到“断芯”“脱钩”冲击，向上转型发展阻力重重，而原有的中低端制造业受外需萎缩、内需不足的环境制约。因此，今后如果制造业结构转型升级的矛盾不能得到及时化解，我国经济增长率向下的风险将会继续加大。

另外，当经济增长出现趋势性下降后，在高增长时期积累起来的矛盾和风险开始浮出水面，不稳定、不安全的因素呈现点状交叉频繁突发。如果不能实施有效的改革，只能不惜代价地投入更多的公共资源去化解这些矛盾和风险。由此，我国用于经济增长的资源将被迫压缩，而用于应对各种风险和突发事件的资源却比以往大大增加了，经济增长的能力也可能被弱化。

三、城乡、地区、群体间收入差距过大给实现全体性、全域性共同富裕带来挑战

我国的收入差距过大既表现在群体之间，也表现在城乡、区域之间，这给实现共同富裕涵盖全体、覆盖全域带来挑战。过大的收入分配差距本身是共同富裕所要消除的问题，收入分配差距的持续和积累也是社会阶层固化、社会流动减少的重要结构性因素。

从不同群体收入水平看，群体之间收入差距呈现出扩大趋势。根据全国居民按收入五

等份分组的数据来看，2020年低收入户、中低收入户、中等收入户、中高收入户、高收入户的人均可支配收入分别为7868.8元、16442.7元、26248.9元、41171.7元、80293.8元，高收入户是低收入户的10.2倍（见图2-25），但高收入户人均收入同低收入户人均收入绝对差额由49322.3元扩大到72425元，扩大了46.8%。[①]反映收入差距的基尼系数更能说明问题。国家统计局公布的数据显示，我国2008—2017年的基尼系数大致分布在0.46～0.49之间，2018年全国基尼系数0.474，明显高于国际警戒线0.40，属于居民收入差距悬殊比较大的国家。

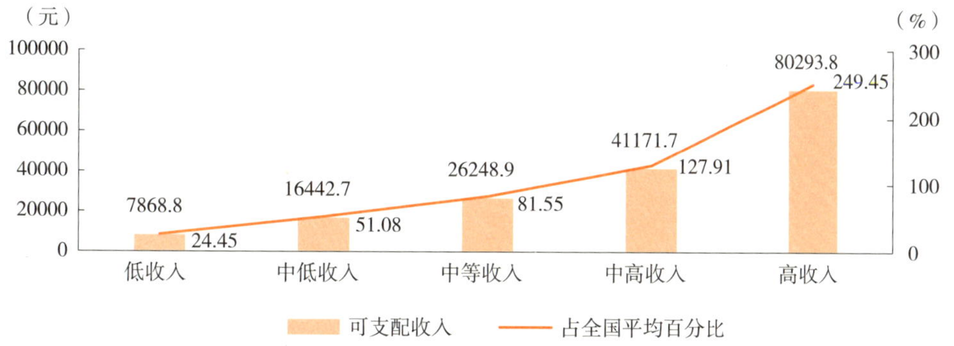

图2-25　2020年全国居民五等份收入分组统计图

资料来源：《2021中国统计摘要》。

家庭总收入扣除消费支出后，便形成了财富积累。我国财富差距也有扩大趋势。1978年以来，我国前1%和前10%人群所占财富份额明显提高，2020年财富排名前1%居民占总财富的比例升至30.6%。2020年5月中国人民银行发布2019年对3万余户城镇居民家庭资产负债的情况调查，当年城镇家庭总资产均值为317.9万元，其中收入最高10%的家庭户均总资产1204.8万元，是最低收入20%的家庭户均资产的13.7倍。收入最高10%的家庭总资产占全部样本家庭资产的47.5%，而收入最低20%的家庭所拥有的资产仅占全部样本家庭资产的2.6%。[②]

地区之间、城乡之间收入差距直接决定了经济发展水平，东部沿海地区经济发展迅速，中西部地区和东北地区经济发展相对缓慢，城市经济发展迅速、农村经济发展相对滞后，都是导致收入差距过大的直接原因。分配结构不合理也是形成收入差距问题的主要原因之一。在国民收入初次分配中劳动者劳动要素报酬增长缓慢，劳动报酬占国民收入比重不高，还存在着下降的现象。通过国际比较发现，我国劳动报酬在国民收入初次分配中占比处于世界较低水平。与同期美国联邦储蓄银行数据相比，从2000年到2017年，我国初次分配结构中劳动者报酬占比低于美国同期水平10个百分点左右（见图2-26）。按照刘易斯

① 数据来源：《2021中国统计摘要》。

② 中国人民银行调查统计司：《2019年城镇居民家庭资产负债情况调查》，《中国金融》2020年第9期。

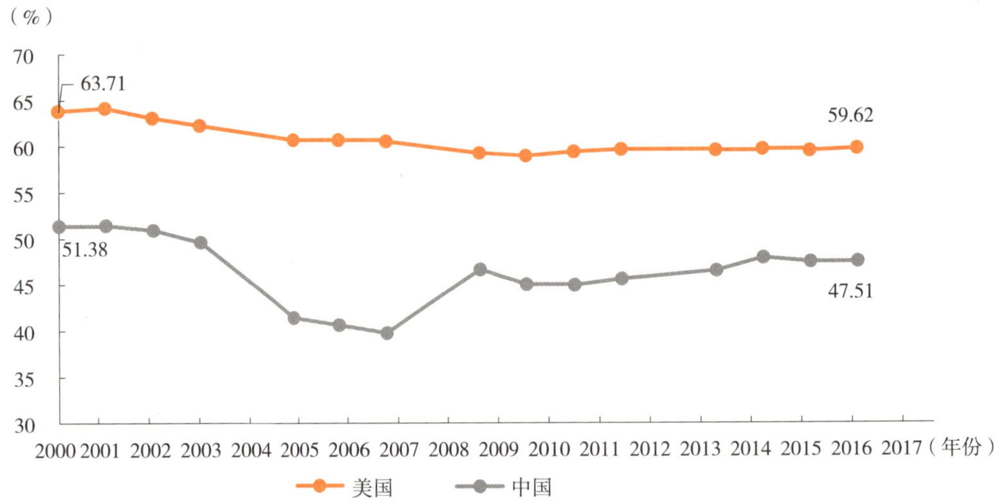

图2-26 中美两国劳动者报酬占初次分配的比重

资料来源：中经网统计数据库、世界银行官网2000—2017年数据。

的二元经济结构理论，合理的劳动报酬率应当与劳动产出的弹性系数大致相当，因此合理的劳动报酬份额应当在国民收入初次分配中保持在60%左右。但事实上，近年来我国国民收入初次分配中劳动报酬所占份额长期徘徊在45%左右。

国民收入再分配作为调节收入分配关系重要手段，可以防止收入差距过大甚至缩小收入差距。但是，比较我国再分配与初次分配中各分配主体所得占GDP比重，发现结果不容乐观。由表2-6可以看出，2006—2020年我国初次收入分配格局中居民收入占比与再分配格局中居民收入占比偏差不太大，2020年受新冠疫情影响，政府降税减费，增加民生支出，才使居民在再分配格局中比重临时上升。从总体上看，我国再分配对居民收入分配的调节作用并不明显。

表2-6 2006—2020年全国收入分配格局（部门收入）（%）

年份	初次分配格局			再分配格局		
	居民	政府	企业	居民	政府	企业
2006	59.0	18.6	22.4	58.7	22.8	18.5
2007	57.9	19.5	22.6	57.5	24.1	18.4
2008	57.2	17.5	25.3	57.1	21.3	21.6
2009	60.7	14.6	24.7	60.5	18.3	21.2
2010	60.5	15.0	24.5	60.4	18.4	21.2
2011	60.6	15.4	24.0	60.8	19.2	20.0
2012	61.6	15.6	22.7	62.0	19.5	18.5

续表

年份	初次分配格局			再分配格局		
	居民	政府	企业	居民	政府	企业
2013	60.7	15.2	24.1	61.3	18.9	19.8
2014	60.1	15.2	24.7	60.6	18.9	20.5
2015	60.9	14.9	24.2	61.6	18.5	19.8
2016	61.3	14.5	24.3	62.1	17.9	20.0
2017	60.6	14.0	25.4	60.8	18.0	21.2
2018	61.2	12.8	26.0	59.4	18.7	21.8
2019	61.4	12.7	25.9	60.3	17.8	21.9
2020	62.0	11.1	26.9	62.2	14.9	22.9

资料来源：2007—2021年《中国统计年鉴》和《2022中国统计摘要》。

四、人口结构变化给共同富裕需要做大和切好蛋糕带来挑战

老龄化社会的提前到来，为我国实现共同富裕做大做好蛋糕和切好蛋糕带来难题。自2000年以来，我国60岁以上老年人口比例超过10%，按照联合国的定义已进入老龄化社会。根据《2015年全国1%人口抽样调查主要数据公报》，我国60岁及以上人口在总人口中所占比重为16.15%，65岁及以上人口总量占比10.47%。2020年，65岁及以上人口达到1.91亿人，占人口比重的13.5%（见图2–27）。预计我国人口老龄化程度将在21世纪中叶达到

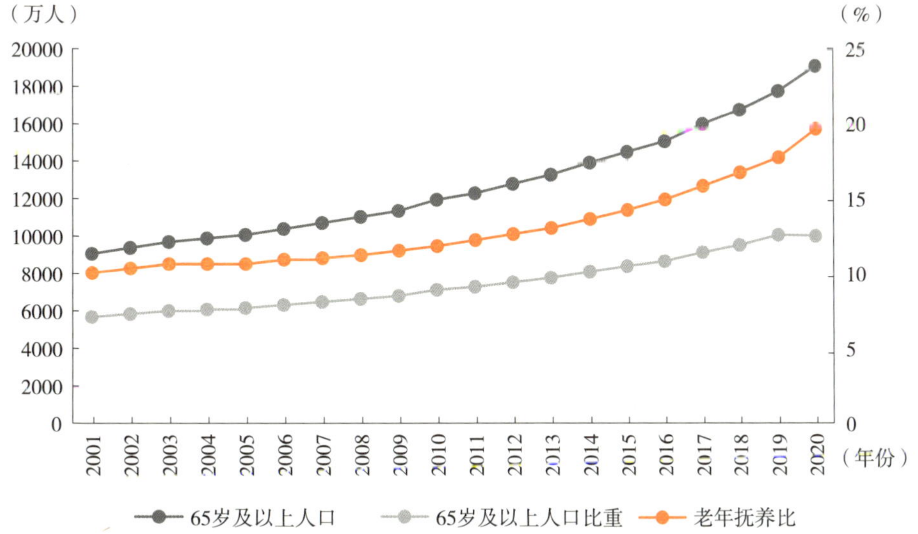

图2–27　中国65岁及以上老年人数量、所占比重以及老年抚养比

资料来源：国家统计局2001—2020年数据。

30%左右。与发达国家上百年的人口转变过程相比，我们仅用40年。进入21世纪以来，我国人口老龄化程度日益加深。同时，现阶段人口老龄化呈现出增长速度快、未富先老、分布不均衡等特点，对经济社会的负面影响逐渐显现。许多发达国家的经验表明，人口老龄化意味着创造财富的劳动力将不断减少，而消费财富资源的人口却将不断增长，这对中国实现共同富裕提出严峻挑战。

我国人口老龄化的鲜明特点是未富先老。从经济总量看，我国开始进入人口老龄化阶段时人均GDP仅1000美元，而发达国家在同一阶段人均GDP已达5000～10000美元；从劳动力结构方面看，人口老龄化削减了劳动力，提高了社会老年抚养的比重。面对未富先老，社会成员中做蛋糕的人减少了，而分蛋糕的人增加了，这同我国实现共同富裕需要做大蛋糕产生了矛盾。

共同富裕需要不断做大蛋糕，做大蛋糕又需要一定规模的劳动力。而一定规模的劳动力供给，又必须要有社会保持相应的总和生育率。20世纪90年代中期以来，我国的总和生育率总体呈现下降趋势。尽管2016年国家实行“全面两孩”政策，2021年推出“全面三孩”政策，但生育率水平的反应却非常“温和”。中国人口的生育形势不容乐观，长期低生育率蕴含的人口内在负惯性势能一旦释放，生育率不断下降将很难逆转。

五、社会阶层固化给实现全体性共同富裕带来挑战

共同富裕意味着全体社会成员实现物质和非物质的双富裕。在全体社会成员中，不断扩大中等收入群体才能为实现共同富裕形成强力支撑。但是，一个时期以来，社会阶层固化给中等收入群体成长带来了阻力。

一方面，我国的低收入和中低收入人口规模过大，在社会阶层流动阻力加大情况下，他们向上一级收入阶层流动的机会在减少，致使中等收入群体成长过于缓慢。一些研究估计和分析了中国家庭代际收入弹性以及代际职业特征，发现代际流动性有减少的趋势。[①]在现有体制下，我国行业、地区、部门、阶层间制度壁垒较多，底层居民横向、纵向流动都受到极大限制，即使他们想冲破这些羁绊，最后也会被无形之门撞回“原点”。另外，随着中国社会利益格局多样化，各种社会关系网，包括裙带关系网错综复杂，低收入者和中低收入群众被边缘化的现象比较突出。改革开放为低收入者和中低收入群众改变身份提供了多种多样的机遇，他们中成千上万的人跨入了中等收入群体行列。但21世纪以来，低收入者及中低收入群众改变身份越来越困难，摆在新一代低收入者和中低收入群众面前的制度交易成本比上一代大大增加。为数不多的官方通道（比如高考）变得拥挤不堪，社会上各

① 本书第六章对此有更详细的讨论和介绍。

种“网”、种种“门”、层层“圈”都挡住了他们向上跃迁的步伐。[①]

另一方面，已经成长为中等收入群体的，由于在上学、看病、养老、住房等方面的支出压力不断加大，也使他们获得感、安全感降低，随时都存在着向下滑落的风险。此外，处在高收入阶层的人群由于失去来自底层精英的竞争而创新动力变弱，一些人先富起来之后在带动后富方面不能发挥最大效应。阶层固化使构建“橄榄型”社会结构进程受阻，容易造成社会的断裂，形成巨大的政治风险。当阶层固化到一定程度时，社会底层人员无法通过正常流动渠道改变自身困境，容易试图通过非常手段实现自身价值。英国社会学家、哲学家弗兰克·帕金认为社会流动是最重要最具有政治意义的社会安全阀，是实现政治稳定的根源。当前我国正处于全面深化改革的关键时期，阶层固化增强了阶层之间的疏离与隔阂，使得中低收入群众本应享有的政治、经济和文化等权利被弱化，甚至生存条件也会受到某种侵蚀。这些现象蔓延容易导致社会对立与冲突，并以民族主义情绪、社会泄愤、诚信缺失、疯狂拜金、网络声讨或谩骂等形式出现。当阶层之间的紧张程度积聚到某临界点时，就会增大社会震荡的风险。因此，消解社会阶层固化对于保持国家政治稳定和实现共同富裕具有重要的战略意义。

六、资源环境约束给实现全面性富裕带来挑战

在推进经济高质量发展转型中，良好的资源环境不仅是经济发展的内生变量，也是实现全面性共同富裕的基石。2011年《世界能源统计年鉴》显示，2010年中国的能源消费总量位列全球第一，约占全球消费总量的20.3%。中国经济增长呈现出的“高投资、高能耗、高排放”特点严重影响了经济社会发展和人民群众健康。根据《中国环境报》，中国环境污染物的来源主要为工业污染，占环境污染总量的比例高达70%以上。从能源消费结构看，中国是高碳化的能源结构，2019年，中国煤炭消费占一次能源消费总量的比重高达57.7%，而同年世界平均为27%、OECD国家为13.7%、美国为11.98%、日本为26.27%、英国为3.34%。显然，以煤炭为主的高碳化能源消费结构，给中国转变发展方式、不断满足人民日益增长的美好生活需要带来了挑战。

2020年9月22日，国家主席习近平在第七十五届联合国大会一般性辩论上向国际社会作出郑重承诺，中国二氧化碳排放力争于2030年前达到峰值，努力争取2060年前实现碳中和。[②]随后，这一“3060目标”被纳入“十四五”规划建议，中央经济工作会议也首次将做好碳达峰、碳中和工作列为年度重点任务之一。

---

① 马晓河：《转型中国：跨越“中等收入陷阱”》，中国社会科学出版社，2020。
② 《习近平在第七十五届联合国大会一般性辩论上发表重要讲话》，《光明日报》，2020年9月23日。

面对“双碳”目标，中国亟须坚持绿色发展理念，重点转向低碳循环、节能降耗、环境治理和生态保护方面来。为此，既要保持经济稳定增长，为实现共同富裕夯实经济基础，又要完成“双碳”目标承诺，为实现绿色发展铸就新发展格局，是一项富有挑战的艰巨任务。

七、体制改革进入深水区带来的挑战

深化体制改革是促进经济社会发展、实现共同富裕的重要途径。在各领域、各方面体制机制改革的深入推进下，我国经济发展和各项社会事业已经取得了诸多成就，为实现共同富裕奠定了坚实基础。但是，我国目前在体制改革中仍面临着诸多不容忽视的问题，在一定程度上阻碍改革进程、消减改革成效，会使现有体制以及体制改革中的结构性矛盾进一步凸显，不利于经济发展，成为制约我国实现共同富裕的重要因素。

首先，要素市场化改革滞后影响共同富裕。目前，我国要素市场化改革与共同富裕的要求仍存在较大差距。在金融资本要素市场化改革方面，金融服务对象目前仍以国有企业、大企业和政府性投融资为主，对小微企业、民营企业、农业农村等薄弱环节服务不足。这制约了相对弱势企业和领域的发展，使其与强势部门的发展差距进一步拉大，加剧了财富集聚，不利于共同富裕的实现。

我国土地要素市场化改革长期滞后，尚未形成城乡统一的建设用地市场。目前，农村经营性建设用地除部分试点外仍难以进入一级市场，在流转中无法实现同地同价。同时，农村宅基地产权权能仍不完整，农村居民缺乏自由的处分权，无法进行抵押，在农村社会保障未能完善健全的背景下，现阶段宅基地尚未充分显示土地要素的福利保障属性。这直接制约了农民财产性收入的增长，加剧了城乡居民收入差距的扩大，不利于共同富裕的实现。

其次，社会保障制度不完善，不利于共同富裕。目前，我国虽已建立了广泛的社会保障覆盖网络，但完善程度与发达国家相比还存在较大差距，保障能力非常有限；而且社会保障在城乡间发展不均衡，农村地区及偏远地区，尚无法公平地享受到完善的社会保障。在社会医疗保险方面，我国虽基本实现了社会医疗保险的全面覆盖，但农村居民主要医疗保障形式较为单一，大多为农村合作医疗，报销比例仍较低，应对大病保障的作用受限，这使得一些农村低收入家庭面对大病时捉襟见肘。对于农村低收入家庭来说，由于医疗自费比例较高，无法负担高额的医疗费用，容易出现“有病不医”“因病返贫”的现象。在社会养老保险方面，城镇与农村存在明显的差距，农村老人获得的基本养老金数额较低，进城农民工的养老保险与城镇职工存在明显差距。还有城乡养老公共服务存在的其他差距，都可能使农民群体中有相当一部分人在实现全面性共同富裕中掉队。

再次，教育体制改革缓慢使得城乡、地区、不同群体在迈向共同富裕道路上缺乏起点公平性。教育公平是实现共同富裕的基础。我国目前的义务教育服务供给存在城乡、省份间不均等问题，中西部地区和农村地区仍是义务教育的薄弱环节。一是公共教育财政分配不均。2019年，全国普通小学、普通初中生均公共预算教育经费最高值分别是最低值的5.02倍和5.87倍，即使从全国范围来看，最高值、最低值与全国平均值的差距也较大。二是办学条件等硬件设施资源占有不均，主要表现为城乡间办学用房、固定资产、教育信息化设备等方面的差距。《中国教育统计年鉴2019》数据显示，城镇普通初中教学及辅助用房面积、固定资产总额以及教学用计算机台数分别是农村地区的5.18倍、5.62倍和5.54倍。义务教育过程中存在教育“遗忘”和“差别”对待等问题，农村留守儿童的全面发展教育受到忽视，缺乏心理健康、生命以及安全教育，同时外来务工人员随迁子女在城镇学校也存在被“差别”对待问题，出现诸如文化、制度、经济、资源等排斥现象。义务教育阶段具有极高的个人收益和社会收益，教育起点及过程的不公平会使得低收入家庭子女基础知识积累不足，人力资本成长缓慢，压缩了这些家庭代际身份改变的空间，使得他们从低收入阶层成长为中等收入阶层的机会变小，给我国实现全体社会成员共同富裕带来负面影响。

综合来看，尽管中国经济社会发展已经取得一系列重大进步，但是内部经济社会的发展结构和发展条件都在变化，外部发展环境也发生了深刻改变，实现共同富裕目标面临的挑战是艰巨的。要在发展中实现共享，稳步实现共同富裕目标，需要坚持社会主义基本经济制度，通过持续的改革进一步解放和发展生产力，释放增长动能，同时要建立和完善有利于共同富裕的社会政策体系，普遍提高人民的生活水平和生活质量，促进发展成果的公平分配以及社会阶层的良性流动。

第三章

迈向富裕社会

- “十四五”时期和2035年增长目标
- 经济增长保持在合理区间
- 居民收入与GDP同步增长
- 增长与共享兼容的发展模式
- 新发展格局下的共享发展
- 从供需两侧释放改革红利

共同富裕既是目标又是手段。中国正在向高收入阶段迈进，努力建设富裕社会。中国式富裕社会的根本特征，是全体人民共同富裕。在新发展阶段，中国面临的机遇仍然大于挑战，高质量发展是解决中国一切问题的基础和关键。这需要进一步深化改革和扩大对外开放，为赢得新的发展机遇、实现共同富裕提供坚实保障。

第一节 “十四五”时期和2035年增长目标①

党的十九届五中全会采取以定性表述为主、蕴含定量的方式，确立了以人均国内生产总值（GDP）为标志的经济发展预期目标，即在“十四五”时期末进入高收入国家行列，到2035年达到中等发达国家水平。根据世界银行为2021年和2022年设立的分组标准，这相当于中国的人均GDP在“十四五”时期末跨越高收入国家门槛（12695美元），2035年进入高收入国家三等分的中间组别（23000美元左右）。如果今后10余年的人口增长率大体为零，那么GDP总量和人均水平的增长率要求基本上是一样的。因此，要实现十九届五中全会提出的目标，基本要求是GDP总量和人均水平在2020—2035年翻一番，即GDP年均增长至少4.73%。

根据世界银行2020年的数据，目前全球有79个高收入经济体，剔除其中不具有主权国家地位的经济体后，有63个高收入国家。其中人均GDP排名位于中间1/3的国家，即排名在第21位至第42位的国家，其人均GDP介于2.24万～4.82万美元区间，可视为高收入国家的中等水平。也就是说，2035年中国人均GDP达到2.24万美元以上（2020年不变价），就跨越了当前定义的中等水平高收入国家的门槛。

在改革开放的高速增长时期（即2010年以前），支撑经济高速增长的生产要素供给能力和配置水平高且稳定，以外推的方法对一定时期的增长速度进行预测是可行的。然而，在从高速增长向高质量发展转变的过程中，生产要素禀赋发生了重大的变化，也影响到要素配置的效率。在这种经济增长常态转变的情况下，对增长速度的预测不再能采取外推的方法，而需要根据生产要素的供给潜力和生产率提高的可能性进行估算，进而对未来的潜在增长率进行预测。

2011年以来，中国15～59岁劳动年龄人口进入负增长的轨道，产生了一连串的供给侧效应，弱化了经济增长潜在能力。这类效应包括：相对于原有的产业结构和技术构成，劳

① 本节内容参考蔡昉，王美艳：《如何解除人口老龄化对消费需求的束缚》，《财贸经济》2021年第5期。

动力供给数量呈现出不足的现象；随着新成长劳动力数量减少、增速减慢，劳动者整体的人力资本改善也相应减速；机器（资本）对人（劳动）过快和过度的替代导致资本报酬递减，投资回报率下降；劳动力转移速度减慢缩小了资源重新配置空间，生产率提高速度也相应减慢。所有这些因素，都意味着经济增长潜在能力或潜在增长率的下降。

根据上述变化，可以依据两种不同的假设预测2035年之前中国经济的潜在增长率变化情形。基础预测即除了生产要素供给和配置的自然变化趋势之外，不发生其他重大变化情况下的潜在增长率。根据这个预测，2021年中国的潜在增长率将为5.70%，2022年约为5.48%，到2035年会逐步放缓至3.87%。分时间段来看，“十四五”时期中国的平均潜在增长率为5.44%，2031—2035年（“十六五”时期）将降低至4.10%[①]。

从基础预测情形来看，中国在发展新常态下的潜在增长率可以支撑合理的增长区间，实现“十四五”时期末和2035年预定的人均GDP目标，达到基本实现现代化的要求。预计以2020年不变价计算的人均GDP，在2025年将达到14351美元，在2035年将达到22513美元，届时中国有望稳定地成为高收入国家的一员，大体相当于葡萄牙（2020年人均GDP为22440美元）在当前高收入国家中的位置。按照这个标准，中国到2035年已经可以被视为进入中等发达国家行列，且尚有余地争取更高的水平。

中国的改革开放仍在推进。在未来15年，中国还将进一步扩大对外开放和深化关键领域的改革，这会改善生产要素供给和配置效率，提高潜在增长率。因此，我们还可以对未来的人均GDP作出一个“更大力度改革，更高增长速度”的假设，得到一个改善情形下的预测。按照这个预测，2025年和2035年中国人均GDP可以分别达到14557美元和23642美元，更加稳健地达到预期的发展目标，基本实现社会主义现代化。

第二节　经济增长保持在合理区间

估算潜在增长率并对未来一段时期进行预测，不可避免地会受到诸多可预见和不可预见因素的干扰。从供给侧来看，在一定假设下估算的潜在增长率并不是确定的，影响生产要素供给和生产率提高的因素都会发生新的变化。从需求侧来看，出口、投资和消费“三驾马车”能否支撑潜在增长率的实现，也有诸多不确定性。这两方面的不确定性，都与中国人口的变化趋势密切相关。特别是，第七次全国人口普查数据的发布，使人们在以往判

① 数据来源：李雪松，陆旸《释放改革红利——靠改革开放促进和保持增长位于合理区间》背景报告。

断的基础上，对人口老龄化特别是未富先老挑战的严峻性和紧迫性，有新的认识和判断，增强忧患意识和底线思维。

根据第七次全国人口普查的结果，2020年中国总人口达到14.1亿人，比2010年第六次人口普查增加7087万人。数据显示两个趋势：第一，总人口的增长速度越来越慢，2020年人口自然增长率创下1960年以来的历史新低；第二，老龄化程度越来越高。如果用65岁及以上人口作为老龄人口的标准，2020年该年龄组人口达到了1.9亿人，占全部人口的比例为13.5%。这个老龄化比例比发达国家低5.9个百分点，比其他欠发达国家高7.5个百分点，显示了中国未富先老的特征。

总和生育率已经下降到1.3的低水平，是这次普查传递的最重要信息。总和生育率是一个妇女终身生育的孩子数，一般认为一个妇女或者一对夫妻生2.1个孩子能达到人口更替水平。如果生育率低于这个水平，人口增长在经历一个惯性之后就会到达峰值并转负。①一般认为，总和生育率在2.1以下即为低生育率，在1.5以下即为很低生育率，一旦低于1.3便被认为极低生育率，意味着陷入低生育陷阱，很难反弹。如此低的生育率，也使我们更加确切地预期到中国人口变化的趋势。

对任何国家来说，人口老龄化的过程都会经历两个重要的转折点，每一次都将给经济增长带来冲击（见图3-1）。第一个转折点是劳动年龄人口达到峰值。中国人口的第一个

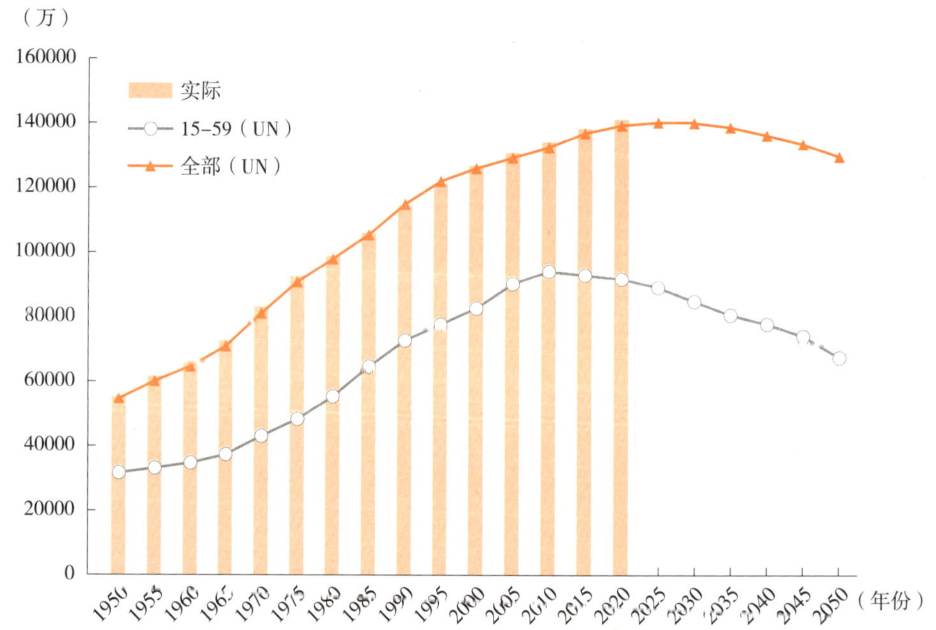

图3-1 中国人口变化的两个转折点

资料来源：United Nations，Department of Economic and Social Affairs，Population Division（2015）. *World Population Prospects：The 2015 Revision*，DVD Edition；United Nations，Department of Economic and Social Affairs，Population Division（2019）. *World Population Prospects 2019*，Online Edition. Rev. 1.

① 2000年第四次人口普查，直接可以估算的总和生育率是1.22；2005年进行了1%抽样人口调查（也称“小普查”），算出的总和生育率是1.34；根据2010年第六次人口普查数据计算的总和生育率是1.19。上述这些总和生育率数据当时都被认为存在着误差，因此得到了修正。

转折点已经于2010年发生，以15～59岁人口达到峰值并开始负增长为标志。第二个转折点是总人口达到峰值。由于目前尚没有根据最新人口数据进行的预测，可以暂且采用联合国2015年预测数进行展望，中国人口的第二个转折点预计在2025年之前发生，以总人口达到峰值并开始负增长为标志。

最新数据表明，2021年中国人口的自然增长率仅为0.34‰，系中华人民共和国成立以来（除1960年之外）的最低水平，已经接近于零增长，意味着即将进入人口负增长时代。与此相伴的是老龄化加深。根据国际常用的定义，随着65岁及以上人口占比（即老龄化率）达到7%，中国在2000年即已进入老龄化社会（aging society）；随着2021年老龄化率进一步提高到14.2%，中国进入到老龄社会（aged society）[①]。

劳动年龄人口负增长所导致的直接结果是劳动力短缺，同时也带来人力资本改善速度减缓、资本回报率下降，以及因劳动力转移规模减小造成的资源重新配置效率增速减慢等影响。这些因素对中国经济供给侧的影响，直接表现为潜在增长能力的降低。中国经济增长率从2012年以来，便呈现逐年减速的趋势。第一个人口转折点发生后，在改革开放前30年支撑高速增长的因素，都会发生不利的变化，即人口红利开始加速消失，成为经济增长减速的重要原因。

我们采用增长核算框架下的估算方法，对改革开放以来GDP增长率各贡献因素进行了分解（见图3-2），其中包括物质资本投入（资本）、劳动投入（劳动时间）、人力资本投入（人

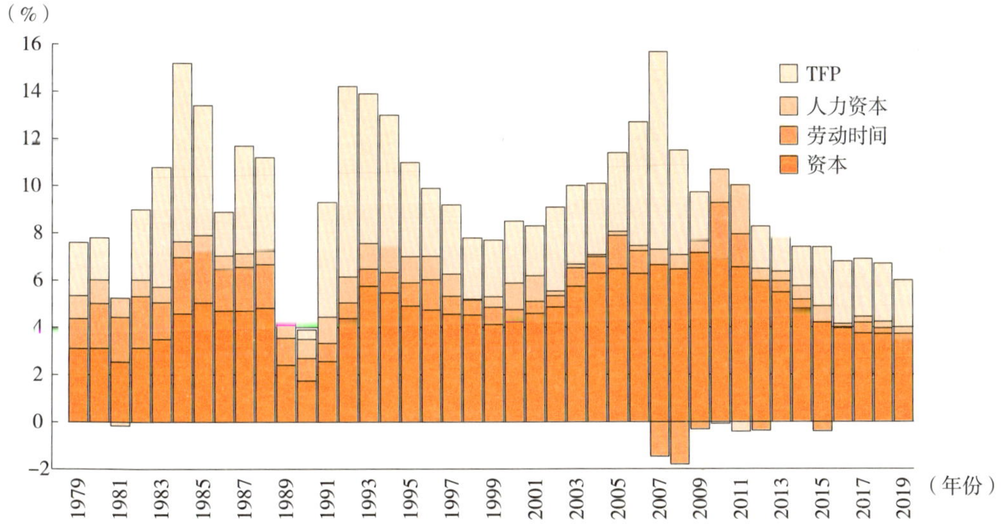

图3-2　中国经济增长的因素分解及变化

资料来源：根据纪志宏《中国全要素生产率测算》背景报告提供的数据绘制。

① United Nations, Department of Economic and Social Affairs (UNDESA), 1956, The Aging of Populations and Its Economic and Social Implications, Population Studies, No. 26, United Nations, Department of Economic and Social Affairs, New York; Okamura, Yoshifumi, 2016, Presentation at a side event to the High Level Political Forum "Mainstreaming Gender and Aging in the SDGs", 13 July.

力资本）和全要素生产率（TFP）。按照这些因素的供给侧影响，我们可以把中国经济增长分为两个时期。在2012年减速前的人口红利时期，即1979—2011年，GDP各年度增长率的简单平均值为10.0%，在2012—2019年的人口红利消失时期，这个简单平均的增长率为7.1%。

把第二个时期与之前的时期进行比较，我们可以看到，不仅经济增长的减速十分明显，而且每一个具体的供给侧因素都对减速作出了贡献，因此增长减速是趋势性的，不能用周期性或需求侧因素来解释。与此同时，在人口红利消失的增长减速时期，需求侧因素即出口、投资和消费的增长虽然也随之减速，但并没有对经济增长速度产生制约，保障了潜在增长率的实现。例如，根据研究测算，2011—2019年，反映供给侧能力的各年度潜在增长率简单平均值为6.6%，而同期各年度实际增长率的简单平均值为7.1%。[①] 但是，需求侧不构成增长制约的这种情形，并不是永恒的，随着第二个人口转折点的来临，即中国人口达到峰值进而走进负增长时代，这一情形将会发生重要的变化。

总体而言，世界经济处于长期停滞的新常态、逆全球化加速及供应链脱钩的国际经济环境，以及中国经济增长减速、新旧动能转换和产业结构调整的阶段性特征，都使得出口和投资需求支撑经济增长的作用下降。因此，中国的需求侧越来越倚重消费特别是居民消费的提高。从国际比较来看，中国的消费率（最终消费总额占GDP比重）显著偏低，以及居民收入增长较快，都构成中国消费需求提高的巨大潜力。然而，随着以总人口达到峰值为特征的第二个人口转折点的来临，居民消费需求的增长将受到显著的抑制。

第二个人口转折点通过3种效应影响消费。第一是人口总量效应。从个体角度来说，消费固然是收入的函数。但是，在家庭共济的条件下，每个人无论是否工作都要消费，即便没有劳动收入的家庭成员，也同等进行一般性的生活消费。因此，在其他条件不变的假设下，人口总量增加消费就扩大，人口总量减少消费就萎缩。第二是年龄结构效应。一般规律是，消费水平随着年龄增长而下降。不仅如此，随着老龄化的加深，劳动年龄人口或就业人口，也因负担着养老保险缴费和预防性储蓄的责任而减少消费。第三是收入分配效应。在存在较大收入差距的条件下，社会总收入的较大部分，为边际消费倾向低的富裕群体获得，与此同时，相对贫困的群体收入尚不足以充分满足自身的消费需求，都导致消费率的降低。

在对消费造成不利影响的3种效应中，人口数量和年龄结构变化的因素，从趋势上是无法逆转的。但是，收入分配效应却是可以改变的，而且还能产生有益的溢出效应，抵消人口数量和年龄结构的不利影响。一方面，通过改善收入分配状况，可以直接减小收入差距对居民消费的不利影响。从中国自身的发展经验和国际比较来看，这方面有足够多的政策

① Cai，Fang and Yang Lu（2013），The End of China’s Demographic Dividend：The Perspective of Potential GDP Growth，in Ross Garnaut，Cai Fang and Ligang Song，eds.，China：A New Model for Growth and Development，Canberra：ANU E Press，pp. 55-74.

工具可供采用。另一方面，可以通过制度安排和政策调整，特别是加大再分配力度和基本公共服务供给的满足度，消除其他人口因素对消费的不利影响。

如果说保持和提高潜在增长能力需要在供给侧继续发力的话，实现经济增长潜力需要更加注重需求侧管理，实现高水平的供求动态平衡。在新发展阶段，中国经济增长潜力依然巨大，包括人力资源总量丰富且质量持续提升、市场空间广阔和发展韧性强劲等多方面的优势和条件，分别体现在供给侧的经济增长新动能、需求侧支撑经济增长的拉动力等方面。在供给侧，需要推动供给结构升级，建设现代化产业体系；在需求侧，需要推动需求结构升级，建设强大国内市场，特别要推动实物消费升级和服务消费扩容。在区域发展层面，特别要推动要素市场化配置以及都市圈、城市群建设，优化要素的空间配置效率。

总之，为了实现“十四五”规划和2035年远景目标，要推动高质量发展，加快构建新发展格局。通过对重点领域有关目标和指标设定，促进经济总量和综合国力再迈上新的大台阶。

第三节　居民收入与GDP同步增长

宏观经济活动所创造的GDP总量并不完全为居民所获得，相应地，人均GDP也并不等于居民人均可支配收入。每年国民经济活动产生的总收入，分别在各种生产要素的所有者之间分配，即劳动者、个人或家庭、生产单位和政府根据自身的要素贡献和职能，获得国民收入中的一个特定份额。这也意味着，如果使居民更充分地分享经济增长的成果，需要努力做到使居民收入增长与GDP增长保持最大的一致性，使劳动者报酬和住户可支配收入在全社会可支配总收入中占有合理的比重。

我们可以通过国民经济核算数据，观察再分配后中国国民可支配总收入的构成情况，特别是其中居民收入的比重及其变化趋势。国民可支配总收入通常在非金融企业部门、金融机构、政府部门和住户部门之间进行分配，其中住户部门的收入水平和份额，表明居民分享国民经济总成果的程度。除了住户在国民可支配总收入中的分配情况之外，我们还可以观察其中的劳动者报酬，以及根据单独的住户调查得到居民可支配收入。

从图3–3可以看出，无论是住户部门和劳动者报酬在国民总可支配收入中的份额，还是居民可支配收入与国民总可支配收入的比率，都在21世纪第一个10年中经历过下降的过程，而在最近10年有了明显的回升。这个变化既体现了国家更加关注民生的各项政策的实施效果，也反映了经济发展阶段变化的效应，特别是劳动力短缺导致普通劳动者工资上涨以及低收入家庭收入提高，既缩小了收入差距，也提高了城乡居民收入份额。由此可见，这3个份额的提高，可以说是两种效应相互促进的结果。

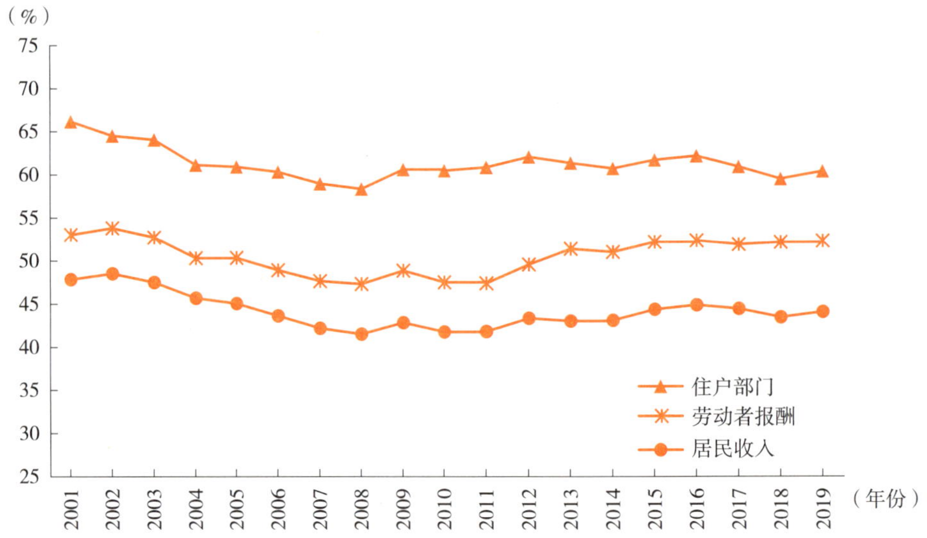

图3-3 住户部门、劳动者报酬和居民收入占可支配总收入比重变化

资料来源：根据国家统计局2001—2019年相关数据计算。

从国际比较来看，中国国民收入中的住户部门、劳动者报酬和居民收入占比仍然偏低，也说明在这个层面进行收入分配调整，仍有很大的空间。这种国民经济分配结构，既说明中国居民对经济发展结果的分享程度仍然不高，也会对未来经济增长构成需求侧制约。由于居民消费率可以反映需求因素对经济增长的贡献率，我们可以通过对这一指标进行国际比较，认识由此产生的需求侧制约。根据世界银行数据，2019年家庭消费支出占GDP比重，中国处在很低的水平，仅为39.2%，与世界平均水平56.6%、高收入国家平均水平58.8%和中等偏上收入国家平均水平49.0%相比，都有十分显著的差距。

党的十九大报告指出，坚持在经济增长的同时实现居民收入同步增长、在劳动生产率提高的同时实现劳动报酬同步提高。这“两个同步”既是关于全体人民分享经济发展成果的要求，也体现了改善民生尽力而为和量力而行的辩证关系，是促进全体人民共同富裕的必由之路。一方面，体现以人民为中心的发展思想，即生产率提高和经济增长取得的成果，最终要由全体人民共享；另一方面，只有在经济发展奠定扎实的物质基础之上，改善民生才是可持续的。高质量发展与共同富裕之间相辅相成和相互促进的辩证关系，正体现在这种同步增长中。

改革开放40多年来，中国创造了史无前例的经济发展奇迹和成果分享奇迹，体现在经济总量和人均水平的高速增长以及人民生活水平的大幅提高。1978—2020年，中国GDP实际增长39倍，在人均GDP增长的基础上，居民人均可支配收入也保持了总体同步，即两者均增长26倍。虽然城乡居民收入与人均GDP的增长速度总体来说保持同步，但是在不同的时期，两者之间的同步性存在着差异。在20世纪80年代和90年代，GDP增长一度比居民收入增长更快，进入21世纪以来得到逐步改善。特别是党的十八大以来，城乡居民收入增长明显跑赢了GDP增长，农村居民收入增长快于城镇居民收入增长。这个变化与中国总体收入分配得到改善以及城乡收入差距缩小是同步发生的（见图3-4）。

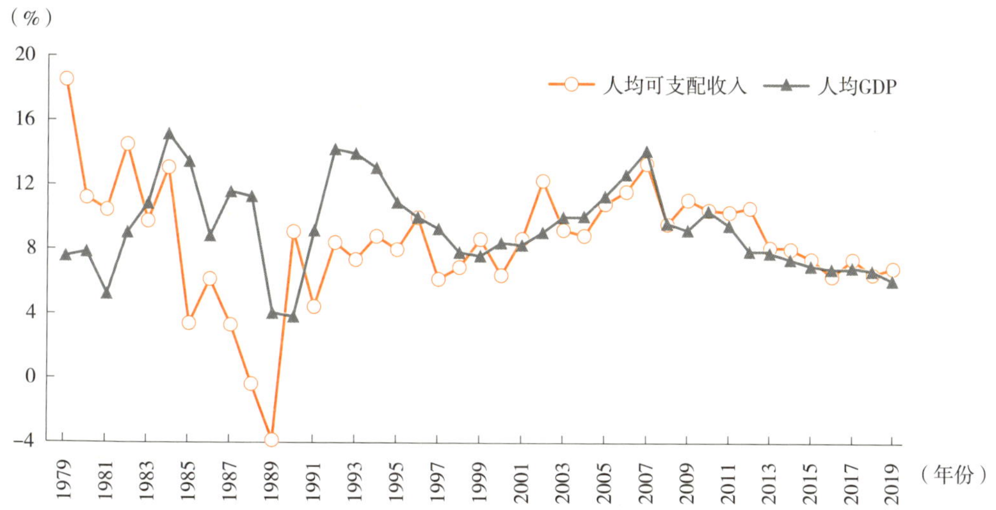

图3-4　人均GDP与居民可支配收入的增长率

资料来源：国家统计局网站1979—2019年数据。

可以根据城乡居民可支配收入的年度增长率与GDP的年度增长率之比观察居民收入增长领先GDP增长的程度。在1979—1989年、1989—1999年、1999—2009年以及2009—2019年4个10年期间，该比率分别为0.86、0.73、1.00和1.08，也就是说两个增长率之间的同步性随时间的变化而明显增强。党的十八大以来，经济发展进入新常态，在经济中高速增长的情况下，中国政府加大了改善民生和农村脱贫攻坚的政策力度，于2020年历史性地解决了绝对贫困问题，在共同富裕的道路上迈出实质性的步伐。

在高度评价打赢脱贫攻坚战和取得民生改善显著成就的同时，也要充分认识中国仍然处在社会主义初级阶段，人民日益增长的美好生活需要和不平衡不充分的发展之间的矛盾，仍然是中国社会的主要矛盾。解决这一主要矛盾，是一个长期、持续、久久为功的任务，是每一步发展中都要紧紧扣住的主题。因此，在实现新发展目标的新发展阶段中，高质量发展必须是经济增长与居民收入增长的最大化一致。也就是说，居民可支配收入的增长速度要尽可能与人均GDP增长速度相一致。

如果在未来10余年中，城乡居民人均可支配收入的实际增长率可以保持与GDP潜在增长率相同，计算可知，中国在2020年人均可支配收入32189元的基础上，2025年可以提高到43091元到43709元之间，到2035年可以达到67598元到70988元之间。一旦实现这样的收入与经济同步增长，在“十四五”时期结束以及到2035年，中国居民的生活标准，总体上分别达到进入高收入国家和中等发达国家行列的水平。

第四节　增长与共享兼容的发展模式

经济增长的过程就是做大蛋糕的过程。科技革命及其带动的产业革命、经济全球化，都是促进经济增长、做大蛋糕的途径与手段。世界经济以及各地区和各国经济，都得益于上述过程而实现了产品和服务总量的扩大。然而，做大的蛋糕并非时时处处都得到了令人满意的分配。即便更大的份额分配到居民，也并不意味着这个份额在居民之间自动得到合理的分配。事实上，世界上有不少的国家，其经济增长没有惠及所有人群。

新自由主义经济学笃信经济增长中存在着所谓“涓流效应”，这种理论的始作俑者是美国经济学家米尔顿·弗里德曼。[①]弗里德曼等人认为，在自由市场制度下，合理的收入分配伦理，就应该是让每个人都按其生产手段参与经济活动的方式，获得相应的产出份额。国家不需要给予贫困阶层、弱势群体或贫困地区特别的优待，经济增长的收益会自动地流向低收入阶层。国家的作用仅限于界定和执行产权。也就是说，政府的职能就是使社会中每个人依据自己拥有的要素进行经济活动，各尽所能、各得其所。鉴于资本收益大于劳动收益是一个规律性的现象，按照上述分配原则，即使存在某种涓流效应，也必然导致收入不平等的结果。

受20世纪80年代以来占据经济学主流地位的新自由主义思潮的影响，英国、美国等发达国家以及拉丁美洲等发展中国家进行了具有市场原教旨主义色彩的实践，对收入差距扩大的结果负有很大的责任。新自由主义经济学及其政策主张在诸多国家产生影响，经济增长在这些国家的表现并不相同，但是收入分配状况恶化却是普遍存在的现象，并且常常产生严重的结果。例如，拉丁美洲的一些国家，过大的收入差距成为长期徘徊于“中等收入陷阱”的典型表现。在美国和英国，收入两极化以及与此相关的社会流动性降低，导致社会分化和政治分裂的恶果。

以皮凯蒂为代表的许多经济学家，以及许多国家领导人甚至教皇，都纷纷质疑和主张

① Milton Friedman，Capitalism and Freedom，Chicago · London：The University of Chicago Press，1962，pp. 161-162.

摒弃涓流经济学。与此同时，也仍然有一部分学者、政治家自觉不自觉地相信涓流效应的存在，或者在政策制定中暗含着涓流效应的假设。这种假设包括做大蛋糕可以自然而然地解决分好蛋糕的问题、初次分配足以解决收入差距问题，以及中等收入群体可以随着经济增长而自动成长并壮大。

在经济增长过程中，发展成果的普遍分享主要取决于两个相互交织的因素。第一，不同的经济发展模式，在发展成果得到普遍分享方面具有不尽相同的效果。第二，发展理念是否更加关注分配和分享问题，导致政策、制度和机制的分享保障程度大相径庭。如果两个因素得以良好衔接、互相促进，便可以形成一个增长与共享兼容的发展模式。回顾中国改革开放以来的经济增长及其分享经验，并且结合发展阶段的变化展望今后的任务，可以更好地理解促进全体人民共同富裕的重要意义和现实紧迫性。

中国在实现经济高速增长的时期，面临着特定的国内和国际背景。从国内背景看，中国恰好处于3个重要转变过程中，即从计划经济向市场经济的体制改革、从二元经济向现代经济的增长模式转变，以及从高生育率向低生育率的人口转变。从国际背景看，这个时期也是经济全球化一个崭新高潮，以及新一轮科技革命和产业变革方兴未艾的时期。充分利用全球化机遇，通过改革解除对生产要素流动，特别是劳动力流动的体制障碍，促进剩余劳动力转移，把人口红利转化为制造业比较优势和国际竞争力，中国实现了经济增长与就业扩大、资源重新配置与城乡居民收入提高两个统一。正是由于这个时期经济发展具有的共享特征，中国创造出经济快速增长和社会长期稳定两大奇迹。

随着人口红利的迅速消失和劳动力转移速度放慢，主要依靠生产要素投入驱动增长的发展方式不再具有可持续性，要求转向创新发展模式，这意味着中国经济发展的国内背景发生了变化。与此同时，自国际金融危机以来经济全球化遭遇挫折，新冠疫情全球大流行更凸显全球产业链和供应链的脆弱性，中国经济发展的国际背景也在发生着变化。在这种情况下，如何既保持经济增长的合理速度，同时使经济发展更加具有共享性，是中国面临的挑战。如果说在较早的发展阶段，中国经济着重需要解决的问题是做大蛋糕或提高“均值”的问题，如今则需要转向更加注重分好蛋糕或减小“方差”的问题。遵循新发展理念、构建新发展格局、不断促进共同富裕，就是应对这一挑战的根本遵循。

第五节　新发展格局下的共享发展

以打赢脱贫攻坚战、消除绝对贫困现象为重要标志，中国实现了全面建成小康社会的第一个百年奋斗目标。从“十四五”期间开始，中国进入新发展阶段。在新发展阶段，全体人民共同富裕应该取得更明显的实质性进展，并体现在提升人民生活品质的各方面。中国实现了从站起来、富起来到强起来的历史性跨越，拥有了实现新的更高目标的雄厚物质基础；完成新发展阶段的战略部署和发展目标，贯彻新发展理念是必须遵循的理论逻辑；构建新发展格局则是现实逻辑决定的必然选择。

经济学中一些经典的发展阶段划分及内涵阐释，为我们理解中国新发展阶段的一般性和独特性提供了参照系。美国经济学家罗斯托（W.W.Rostow）把现代化过程中，国家的经济增长划分为5个阶段，相继为传统社会、创造起飞条件、起飞、迈向成熟和高水平大众消费。[①] 也有人认为他在后来的著作中补充了第6个阶段，特征是追求更高生活质量。中国已经经历的发展阶段，分别与罗斯托划分的几个阶段有所对应。特别是从中国进入的新发展阶段来看，从需求侧为保持经济增长创造条件，同时满足人民日益增长的美好生活需要，无疑越来越具有大众消费和提高生活质量的特征。

美国经济学家约翰·肯尼思·加尔布雷思创造出“富裕社会”的概念，固然是针对美国这样的发达国家所处发展阶段和面临问题，对于正在迈入高收入国家行列的国家也具有一定的借鉴意义。加尔布雷思认为，一个国家在摆脱了长期存在的普遍贫困状况，进入富裕社会之后，通常会出现丰裕的社会财富和私人生产与匮乏的公共服务供给之间的巨大落差。特别是，由于公共支出与私人投资之间存在着巨大的不平衡，导致公共生活质量与私人生活质量之间的差别，造成就业和收入缺乏保障、收入差距扩大、公共服务不足、环境恶化等社会不平衡现象。很显然，解决富裕社会的社会性贫困问题，需要政府以再分配的手段，提供更多的公共产品和公共服务，以消除种种社会不平衡现象。[②]

美国管理学家迈克尔·波特把国家的经济发展划分为4个阶段，分别为要素驱动阶段、投资驱动阶段、创新驱动阶段和财富驱动阶段。他认为在财富驱动阶段上，前3个发展阶段特有的增长动力和竞争优势都将式微，因而很容易陷入一种衰退的状态。他特别指出在这个发展阶段上，会产生一系列与增长速度减慢相关的两难取舍问题，如经济发展目标和社会价值目标的矛盾、经济增量不足与福利支出扩大之间的矛盾、服务业与制造业比重消长的现象，以及创业与兼并、国内投资与海外投资之间的矛盾，等等。也就是说，虽然这个发展阶段以财富得到大量积累为特点，发展面临的挑战却更为严峻，丝毫不容忽视。[③]

① W. W. 罗斯托：《经济增长的阶段：非共产党宣言》，郭熙保、王松茂译，中国社会科学出版社，2001。
② 约翰·肯尼思·加尔布雷思：《富裕社会》，赵勇、周定瑛、舒小昀译，凤凰出版传媒集团、江苏人民出版社，2009。
③ 迈克尔·波特：《国家竞争优势》，李明轩、邱如美译，华夏出版社，2002。

无论从国内国际环境变化，还是从经济发展阶段变化来看，随着中国进入新发展阶段，贯彻新发展理念，构建新发展格局的要求更加紧迫。突出共享发展理念，在高质量发展中促进共同富裕，既需要国家承担导向责任，要求政府更好发挥作用，也有赖于每个公民的辛勤劳动和共同努力。从目标和手段相统一的要求出发，以下基本着眼点和最重要抓手，是政府和社会取向与个人努力之间的交汇点。首先，政府营造良好的营商环境，每个劳动者积极参与就业、创业和创新，实现人人出彩、人人向上。其次，政府促进生产要素市场的发育和规范，特别是加快构建劳动力市场制度，让劳动力市场参与者获得合理的报酬。最后，政府以尽力而为和量力而行的原则，加大社会保护、社会共济和社会福利力度，为全体居民的基本生活保障托底。

党的十九届五中全会提出加快形成以国内大循环为主体、国内国际双循环相互促进的新发展格局。这个新发展格局有着深刻的内涵，需要在全面、深刻理解的基础上贯彻落实。一方面，以国内大循环为主体，并不意味着不重视对外开放。另一方面，国内国际双循环，也不意味着两个循环在任何时候都能够做到双足鼎立、并驾齐驱。

专栏3

新发展格局

2020年10月，中国共产党十九届五中全会通过的《中共中央关于制定国民经济和社会发展第十四个五年规划和二〇三五年远景目标的建议》指出，要加快构建以国内大循环为主体、国内国际双循环相互促进的新发展格局。这是对“十四五”时期和未来更长时期中国经济发展战略、路径作出的重大调整和完善，将对中国实现高质量发展和世界经济繁荣产生深远影响。

构建新发展格局旨在统筹发展与安全。国内大循环和国际循环的主要差别是产品市场和资源的供给来源在国内市场还是国际市场。从国内大循环和国内国际双循环的关系看，以国内大循环为主体，绝不是关起门来封闭运行，更不意味着中国对外开放战略的转向。而是通过发挥内需潜力，使国内市场和国际市场更好联通，更好利用国内国际两个市场、两种资源，实现更加强劲可持续的发展。中国早已深度融入经济全球化中，以国内大循环为主体的本质是“开放”，各种国际经济主体和要素都可以参与到国内经济大循环中，中国将通过强化开放合作，释放国内经济和消费潜力，保护知识产权、改善营商环境、减少准入限制，吸引跨国企业把产业链、供应链、创新链留在中国，分享中国消费市场的机遇。

构建新发展格局要重视用改革的思维和办法，建立国内大循环和国内国际双循环畅通的制度体系。推动充分开放、竞争有序的全国统一大市场建设，促进市场规则和标准与国际接轨，各种要素自由流通。发挥高水平社会主义市场经济体制的制度优势，激活市场主体活力，实现社会生产力大发展。

资料来源：汤铎铎、刘学良、倪红福、杨耀武、黄群慧、张晓晶，《全球经济大变局，中国潜在增长率与后疫情时期高质量发展》，《经济研究》2020年第8期。

改革开放以来中国积极参与国际经济分工和全球化，形成了以国际循环为特征的发展格局，发挥了特定发展阶段上享有的比较优势，取得了高速经济增长成就。这既是不断深入经济体制改革和扩大对外开放的必然结果，也是实施沿海地区开放等一系列战略举措的成效。2008年国际金融危机以来，世界经济呈现出长期停滞趋势，逆全球化浪潮泛起，民粹主义、保护主义和单边主义抬头。新冠疫情的全球大流行进一步加深了这个趋势。这意味着中国未来的发展将面临十分不利的外部环境。

与此同时，中国的人口转变阶段和经济发展阶段也发生了重大的变化，为经济增长带来挑战。从供给侧来看，随着人口红利消失，潜在增长率呈现下行趋势，亟待用新的增长动能替代传统增长动能，实现高质量发展。从需求侧来看，随着人口老龄化的加深，投资和消费需求也不像过去那样强劲，实现既有的经济增长潜力必须有格外有力的举措。通过推进供需两侧的改革，加快构建双循环的新发展格局，是稳定和提高潜在增长能力，发挥超大规模市场潜力、塑造国际竞争和合作新优势的必然选择。

在新发展阶段上亟待构建的这个新发展格局，至少应该是四轮驱动的。第一只驱动轮是高水平自立自强，即中国经济长期可持续发展的科技基础、市场支撑和驱动力都更加自立自强。第二只驱动轮是畅通而统一的国内市场，这是使市场在资源配置中起决定性作用和更好发挥政府作用的基本保障。第三只驱动轮是挖掘和拓展中国经济的动态比较优势，这是在人口红利和传统比较优势消失后，开启经济增长新动能的关键之举。第四只驱动轮是挖掘“三驾马车”需求特别是消费需求的潜力，以确保中国经济潜在增长率得以实现。

以国内大循环为主体，挖掘居民消费需求的巨大潜力，前提是城乡居民的收入持续增长，居民收入和劳动报酬占比提高，收入分配状况明显改变，获得充分、均等和全生命周期的基本公共服务，以克服人口老龄化对消费的不利因素。一方面，在做大蛋糕的同时分好蛋糕，才能把经济增长转化为居民收入的均等提高，达到居民消费随发展水平的提高而不断扩大的目的。另一方面，中国经济已经到达这样的阶段，分好蛋糕是蛋糕得以继续做大的必要保障。可见，构建新发展格局是进入新发展阶段的必然要求，同共享发展的理念有着内在的一致性，最终目标是不断促进共同富裕。

第六节　从供需两侧释放改革红利①

中国进入全面建设社会主义现代化国家新发展阶段的前15年，正是从中等偏上收入阶段迈入高收入阶段、巩固高收入国家地位并提升在这一收入组中排位的关键时期。按照中国目前的人均GDP水平和确有保障的增长潜力，到“十四五”规划结束之前，就可以进入世界银行划分的高收入国家行列，2035年进一步达到高收入国家的中等水平行列。这样的预期标志着中国即将跨越中等收入阶段，避免所谓“中等收入陷阱”。然而，这并不意味着这一目标能够自动实现。

专栏4　“中等收入陷阱”

“中等收入陷阱”的概念来自世界银行主题报告《东亚复兴：关于经济增长的观点》。这一概念概括了经济发展中一种引人关注的现象：很少有中等收入经济体能成功地、稳定地跻身为高收入国家，不少国家在经历一段时期的快速增长后往往陷入经济增长的停滞期，既无法在人力成本方面与低收入国家竞争，又无法在尖端技术研制方面与富裕国家竞争。

菲律宾、马来西亚、巴西、阿根廷、墨西哥等国家被认为是落入“中等收入陷阱”的典型国家代表。不同经济体落入“中等收入陷阱”的原因有所不同，归纳来看大概有如下几方面：政局动荡，科技创新不足，要素升级与产业能力建设步伐迟缓，错过改变发展模式的机会，不能有效解决好收入分配差距与社会公平问题，宏观经济政策存在偏差，体制变革严重滞后，制度建设与制度质量难以满足高收入阶段的需要等。

国际上公认的成功跨越“中等收入陷阱”的经济体有“亚洲四小龙”，但就比较

① 本节内容引用蔡昉：《生产率、新动能与制造业——中国经济如何提高资源重新配置效率》，《中国工业经济》2021年第5期。

大规模的经济体而言，仅有日本和韩国实现了由低收入国家向高收入国家的转换。概括来讲，日韩两国成功跨越“中等收入陷阱”有如下几个主要因素：具有良好的工业化基础、公平合理分配社会财富、加大研发投入与创新、重视知识和人才培养、破除经济垄断、具有良好的政府效能等。

改革开放以来，中国经历了持续快速的经济增长，目前人均GDP已经突破12500美元，接近世界银行定义的高收入经济体的门槛线。中国拥有高效能的国家治理、稳定的社会环境、全球最大的制造业体系、良好的人力资本积累、持续地大规模地创新投入，有望成功地跨越所谓的“中等收入陷阱”。但是，考虑到当前和未来国内外形势的变化，中国在进入高收入经济体行列后，仍然有许多发展的挑战需要正视和应对。这些挑战包括城乡和区域发展不平衡、人口老龄化、资源环境约束趋紧、国际地缘政治不确定性等。中国需要继续深化改革，加大教育投入，建设国家创新体系，推动产业结构升级，从城市偏向的发展战略向注重城乡一体化协调发展战略转型，制定合理的分配政策缩小贫富差距，制定符合经济发展的社会保障制度等。

早在2014年，习近平总书记就指出，对中国而言，“中等收入陷阱”过是肯定要过去的，关键是什么时候迈过去、迈过去以后如何更好向前发展。[①] 如何在这个重要的时期激发经济增长潜力，使经济增长保持在合理的速度区间，并且使发展成果得到充分分享，需要靠深化改革和扩大开放。围绕促进共同富裕这一目标，在关键领域推出重要的改革举措，可以获得丰厚的改革红利。这里的改革红利，从供给侧来看，就是保持和提高经济增长的潜力；从需求侧来看，就是扩大社会总需求特别是消费需求，以保障潜在增长率的实现。

从更好配置资源的要求出发，推进改革有两种方式。第一，在广度上寻找新的改进空间，即把市场配置资源的体制机制推广到新领域。一般来说，在广度上推进的各项改革具有获益面广，几乎不造成任何群体受损的特点。因此，各种市场主体具有内生的动力去找到并抓住新的改进机会。第二，在深度上完成既定的改进初衷，这就是我们所说的深化改革。从深度上推进改革，常常会面对既得利益者的抵制，或者改革红利遭到免费搭车的问题，因此，直接的当事人在这方面的改革积极性偏低。

然而，如果从深度上推进改革确实能够改善效率，可以通过顶层设计，以特定的制度安排恰当地分担改革成本、分享改革红利，甚至补偿可能的受损者。这就要求政府顺应市场及市场主体变化对制度的需求，确立改革方向，设计改革路径，承担推进改革的必要支

① 中共中央文献研究室编：《习近平关于社会主义经济建设论述摘编》，中央文献出版社，2017。

出责任。正是深化改革具有的这种外部性和报酬递增性质，产生了改革顶层设计的必要性和可行性。下面，我们从几个具有共识的关键改革领域，观察立竿见影的改革红利。特别是，其中一些改革正处在前半程已经取得成效，后半程亟待突破的阶段，预期可以获得递增的改革收益。

一、推进户籍制度改革

推进以农民工落户为核心的户籍制度改革，是为了促进更加完整的城镇化。在改革开放40多年的时间里，中国实现城镇化的速度超过了世界发展史上任何时代的任何国家，是中国经济发展奇迹的一个重要组成部分。城镇化对改革期间经济增长的贡献，主要表现为劳动力从低生产率就业转到高生产率就业，包括从农业到非农产业，从农村到城镇，从小城镇到大中城市，创造出资源重新配置效率。例如，改革开放期间，中国劳动生产率的整体提高幅度中，除了第一产业、第二产业和第三产业各自的提高之外，劳动力从农业向第二产业及第三产业的转移，完成了一个资源重新配置过程，作出了近一半的贡献。由于农村劳动力转移是中国城镇化的显著推动力，因此，这里显示的3个产业之间的劳动力重新配置效应，可以看作是城镇化的贡献。

随着经济发展进入新常态，增长速度进入下行区间，城镇化速度也有减慢的趋势。按照中国的发展阶段，城市化的任务远未完成。在世界银行数据库提供的相关数据的范围内，2019年共有78个国家和地区的人均GDP高于中国。我们把这些经济体分为三等分组，按照人均收入高于中国的程度，可以分别称之为“初步发达经济体”“中等发达经济体”和“高度发达经济体”。其中，初步发达经济体城市化率的算术平均值比中国高3.1个百分点，农业就业比重的算术平均值比中国低17.2个百分点；中等发达经济体的两个指标分别比中国高20.1个百分点和低57.5个百分点；高度发达经济体则分别高26.6个百分点和低58.5个百分点。

中国也有着提高城镇化率和降低农业就业比重的巨大潜力。2020年，常住人口城镇化率为63.9%，而户籍人口城镇化率仅为45.4%，两个指标之间18.5个百分点的差额代表着2.6亿人，主要是稳定进城务工的农民工。通过户籍制度改革，意味着高达2.6亿人口获得城镇户口。由此他们的劳动力供给更加稳定，收入得到提高，享受与老市民相同的基本公共服务，可以从供给侧和需求侧对中国经济增长作出贡献。也就是说，通过户籍制度改革实现农民工的市民化，完成新型城镇化的后半程，既是改革深化的必然逻辑，也是获得报酬递增改革红利的推进路径。

户籍制度改革的重要性之一，表现在其供给侧的贡献，即可以显著提高潜在增长率。一项早期的研究，通过对户籍制度改革的收益进行模拟发现，如果改革力度可以达到在模拟期（2011—2020年），每年把非农产业的劳动参与率提高一个百分点，就能够使GDP的潜在增长率提高0.88个百分点；如果在这几年中把全要素生产率的增长率增加一个百分点，所对应的提高GDP潜在增长率效果更高达0.99个百分点。这两项改革理论上可以带来近两个百分点的GDP额外增长速度。[①]这个结论如今依然成立。

户籍制度改革也可以从需求侧创造改革红利。进城农民工群体没有获得城镇户口，就业岗位的稳定性就不强；未能均等地获得基本公共服务，孩子上学就有困难，自己的养老安排也不能得到很好的满足，还会使农民工有诸多其他后顾之忧。这种抑制消费的后顾之忧，可以通过成为户籍身份意义上的市民得以消除。根据经济合作与发展组织研究人员的模拟，如果把目前在城镇常住的农民工转化为城镇户籍人口，在其他因素不变的情况下，这个群体的消费水平可以提高约30%。[②]

二、农村土地制度改革

党的十九大部署的农村土地的集体所有权、农户承包权和经营权“三权分置”改革，既为农业规模经营创造制度条件，也是农民获得财产性收入的制度保障，两方面都可以释放出显著的改革红利。早在20世纪80年代后期，随着农业劳动力剩余现象逐渐显现出来，在劳动力转移压力渐渐增大的同时，出现了利用规模经济的需要，相应形成了对土地流转的要求。通过多年的探索，农民、农村自治组织和地方政府积累了经验。着眼于在坚持土地集体所有、坚守农业土地使用性质不变、充分保障农户承包权利的基础上，推动土地的流转和集中，有利于促进规模经营，达到提高农业劳动生产率和务农收益的目标。

在土地经营规模、农业劳动生产率和劳动力转移之间，既有相互制约的关系，也有相互促进的关系，应该按照三位一体的关系整体推进。土地实现确权，允许“三权”分置，只是改革的第一步，还需要形成土地流转和集中的操作性机制。只有农村土地制度促进了经营规模的扩大，即在农业劳动生产率提高的基础上进一步释放剩余劳动力，改革的收益以及报酬递增的特征才能充分显现出来。相应地，这种新型土地制度框架同时提供了一个分享生产率的机制。在土地经营权适度集中形成规模经济，从而释放出更高生产率的情况下，农户可以利用土地承包权分享部分收益，从而增加财产性收益。在目前农村居民可支配收入中，财产性收入仅占2.4%。只有改变这种状况，“有恒产有恒心”的农村中等收入群体才能得到明显扩大。

---

① 陆旸，蔡昉：《从人口红利到改革红利：基于中国潜在增长率的模拟》，《世界经济》2016年第1期。

② Molnar, Margit, Thomas Chalaux, and Qiang Ren, 2017, Urbanisation and Household Consumption in China, OECD Economics Department Working Papers No. 1434.

按照2025年前中国进入高收入国家行列的要求，中国人均GDP应该超过12535美元这个区分中等偏上收入国家与高收入国家的门槛水平。而根据高位方案的预测，按照不变价格和不变汇率计算，届时中国人均GDP可以达到14557美元。人均GDP处于中国2020年水平和2025年将达到水平之间的国家，农业劳动力的比重普遍显著低于中国。这种状况意味着，一方面在此期间中国有潜力也有必要把农业劳动力比重进一步降低，另一方面中国提高农业劳动生产率和整体劳动生产率的潜力是巨大的。根据世界银行数据，2019年平均每个农业劳动者创造的农林渔业增加值，中国为5609美元，仅相当于初步发达经济体的29.9%、中等发达经济体的13.3%，以及高度发达经济体的8.7%。

农业劳动生产率仍然很低这个现实也说明，进一步对相关的体制机制进行改革，即使在现有的农业装备水平下，也足以扩大经营规模，同时促进农业剩余劳动力进一步大规模转移。而且，这类改革及其达到的农业劳动生产率提高效果，可以扩大非农产业劳动力供给，创造资源重新配置效率，进而提高经济潜在增长率。如果在5年的时间里把农业就业比重降低10个百分点，就意味着可以为非农产业提供总规模高达8000多万的劳动力，在创造资源重新配置效率之外，仅仅导致的非农产业劳动力供给年平均增长2.7%，就有显著提高中国经济潜在增长率的效应。

三、构建“效率与公平兼容”的政策格局

发挥市场在资源配置中的决定性作用，在高质量发展中促进共同富裕，要求从构建竞争政策、产业政策和社会政策三足鼎立格局入手，同时实现提高生产率、获得新动能和促进共同富裕的目标。在经济理论和政策研究中存在着一个传统观念，认为公平与效率之间具有“鱼与熊掌不可兼得”的关系。虽然人们并不认为两者之间必然是非此即彼的关系，却通常会假设两者之间至少是此消彼长的关系。因此，在政策制定和执行中，决策者只能在两者之间进行取舍抉择，也就意味着让两个“好东西”都不能百分之百地物尽其用。按照这种思路，促进充分竞争、引导和扶持产业发展与社会政策保护之间，取舍的结果便会使政策组合产生效果的衰减，甚至常常不能“得乎其中”。于是，这三类政策似乎形成一种“不可能三角”。

然而，在公平与效率关系上，一些国家探索得来的成功经验，以及更多国家付出的惨痛代价皆提示我们已经到了摒弃这种传统观念的时候。总结实践中的成功经验和失败教训，从观念上打破这种公平与效率之间的取舍思维，在政策制定和实施中进行精细的顶层设计，就可以突破这种政策不兼容性，使两者实现更加有机的结合。相应地，决策的方向应该着眼于打破竞争政策、产业政策和社会政策“不可能三角”理念，而着力形成三足鼎

立的政策布局。

首先，坚持让市场在资源配置中发挥决定性作用。改革的核心在于发育生产要素市场，打破城乡之间、地区之间、产业及部门之间要素配置和流动的体制性障碍，使资本、劳动、人才、土地、数据等生产要素能够在经济活动中实现有效配置，在初次分配领域实现各得其所，既有足够的激励又创造出充分的效率。

其次，更加注重以人为中心制定和实施产业政策。越来越多的国家从实践中认识到产业政策的必要性和有效性，研究者和决策者也认识到更好发挥政府作用并不必然与市场机制相互排斥，竞争政策与产业政策既需要互相补充，也可以做到无缝衔接。对于中国来说，最重要的是将更多的社会目标纳入产业政策中，落实发展为了人民、发展依靠人民、发展成果由人民共享的经济发展理念。

最后，完善覆盖全体人民和全生命周期的社会福利体系。在中国所处的这个关键发展阶段上，通过推进改革和完善政策，在高质量发展基础上，进一步提升生产率及其分享水平，是提高潜在增长率的制胜法宝。具体举措就是提供更高水平、更加均等的基本公共服务，有效途径则是把必要的社会福利覆盖全体居民，贯穿人民的全生命周期。与此同时，这个体系的建立和不断完善，也是发展可持续性的人文保障。

第四章

促进城乡平衡发展

- 历史性消除绝对贫困
- 巩固拓展脱贫攻坚成果
- 全面转向实施乡村振兴
- 以人为核心的新型城镇化
- 城乡融合发展的新体制

中国实现共同富裕的重点和难点在农村。随着脱贫攻坚历史性任务的完成，“三农”问题的重心转向促进乡村振兴和城乡平衡发展。中国要强，农业必须强；中国要美，农村必须美；中国要富，农民必须富。在高质量发展中促进共同富裕，要求把巩固拓展脱贫攻坚成果同乡村振兴有效衔接，并和推动新型城镇化紧密结合，缩小城乡收入差距和基本公共服务供给差距，实现城乡融合发展和平衡发展，达到农业高质高效、乡村宜居宜业、农民富裕富足的目标。

第一节 历史性消除绝对贫困

1978年，按当时中国的贫困标准即每人每年100元计算，不足温饱的农村贫困人口为2.5亿人，占农村总人口的30.7%。[①] 随着经济体制改革从农村率先突破，中国进入一个长期高速经济增长和人民生活水平大幅度改善的时期。中国政府以不断提高的标准实施扶贫脱贫政策，取得一个又一个阶段性成果。如图4-1所示，按照1978年的标准，农村贫困人口从1980年的2.20亿减少到2007年的1479万；按照2008年的标准，农村贫困人口在2000—2010年从9422万减少到2688万。如果按照消除贫困的“现行标准”，即以2010年不变价计算的人均年收入2300元为基准的标准，农村绝对贫困人口从1980年的7.65亿减少到1990年的6.58

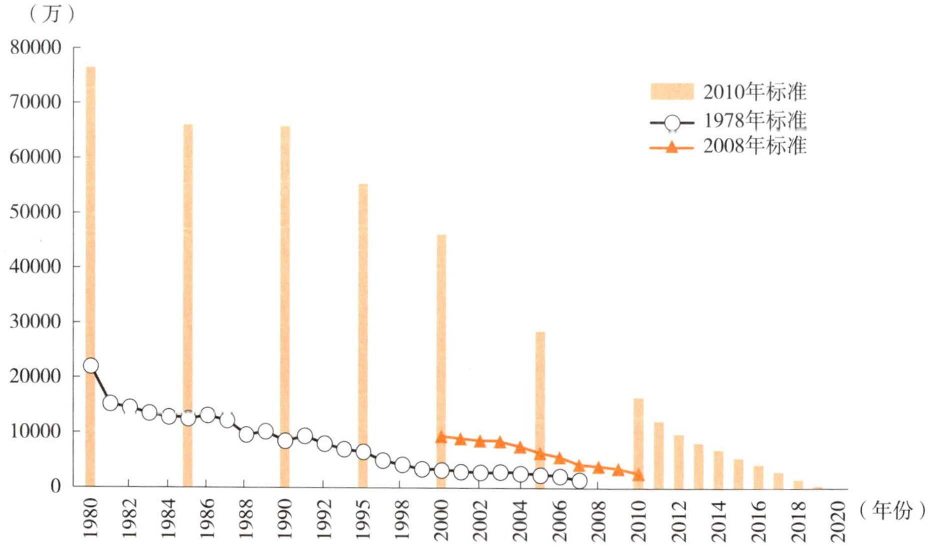

图4-1 按不同标准统计的农村贫困人口

资料来源：国家统计局网站1980—2020年数据。

① 数据来自国家统计局网站。

亿、2000年的4.62亿和2010年的1.66亿，并最终在2020年底实现了完全清零，在中国大地上历史性地消除了绝对贫困现象。

中国实施扶贫开发、精准脱贫的卓有成效实践，以及在整体上提前完成联合国千年发展目标和可持续发展目标的巨大成就，得到国际社会的一致赞誉。国际社会普遍认为中国扶贫所取得的成就深刻地影响着国际社会，既直接对全球减贫作出数量上的贡献，也以经济增长和居民收入增长对世界经济稳定作出贡献。中国的减贫实践依托于经济快速增长奇迹和社会长期稳定奇迹，为其他发展中国家提供了一种可资借鉴的经验模式。

世界银行的可比数据可以显示中国脱贫成就对全球减贫的贡献。1981—2016年，按照国际通用的贫困标准，即每天收入不足1.9购买力平价美元（2011年不变价），全世界绝对贫困人口总规模从18.93亿减少为7.2亿，同期中国从8.78亿减少为689万。也就是说，这一期间中国对全球减贫的贡献率高达74.3%。这是中国对国际扶贫和发展事业的巨大贡献，也是对人类文明和进步事业的巨大贡献。可以从以下几个方面认识中国打赢脱贫攻坚战的本土意义和全球意义。

首先，中国历史性消除绝对贫困彰显中国特色社会主义制度的优越性。在2015年联合国制定的2030年可持续发展议程的17项目标中，在全球范围消除所有形式的贫困被列为第一项。中国农村脱贫的现行标准为按2010年不变价计算的2300元，到2020年大约为现价4000元，直接表现为不愁吃不愁穿以及义务教育、基本医疗和住房安全有保障。这是一个显著高于国际上通行的每人每天1.9美元（2011年购买力平价）绝对贫困定义和扶贫脱贫标准的水平。按照这个标准，在8年的时间里实现近1亿人的脱贫，标志着中国提前10年实现联合国可持续发展目标，是中国对世界减贫事业的重大贡献。

其次，打赢脱贫攻坚战和保障民生意味着经济社会发展重要的阶段性目标的完成。2012—2020年，中国经过艰巨的努力，实现了现行标准下9899万农村贫困人口全部脱贫，832个贫困县全部摘帽，12.8万个贫困村全部出列，区域性整体贫困得到解决，完成消除绝对贫困的艰巨任务。在此期间，居民收入增长与经济增长实现了高度的同步，特别是农村居民可支配收入增长速度明显加快，实现了在发展中保障和改善民生的目标。2020年中国居民可支配收入已达32189元，农村居民可支配收入达到17131元。按照不变价，居民可支配收入在10年中实现翻番。

最后，实现脱贫目标有助于在更高的民生起点上开启全面建设社会主义现代化国家的新征程。以改善民生福祉为根本出发点和落脚点的“两个一百年”奋斗目标，在时间上具有连续和相继的关系，目标任务和实现手段也是相互衔接的。以2020年和2021年为历史交汇点，分别实现第一个百年奋斗目标和开始为第二个百年目标奋斗的新征程。打赢脱贫攻坚战，就为全面建设社会主义现代化国家的新发展阶段确立了恰当的起点，符合中国所处的发展阶段及其所确定的目标任务。也正是以此为基础和逻辑起点，2021年8月中央财经委第十次会议提出，在高质量发展中促进共同富裕，构建初次分配、再分配、第三次分配协调配套的基础性制度安排。

第二节　巩固拓展脱贫攻坚成果

实施乡村振兴战略和打赢脱贫攻坚战，共同构成确保中国如期实现全面建成小康社会奋斗目标的重要内容与战略支撑。脱贫攻坚为乡村振兴打牢基础，而乡村振兴又能够巩固脱贫攻坚，也有利于为从根本上改变脱贫地区面貌，乃至根本改变农业农村面貌奠定基础，是中国式现代化过程中的重要任务，必将为实现第二个百年奋斗目标作出巨大的贡献。

巩固拓展脱贫攻坚成果，并不是一项轻而易举的任务，甚至可以说其难度丝毫不亚于脱贫攻坚战本身。农村绝对贫困人口实现脱贫后，脱贫地区与农村整体之间，以及农村与全国整体之间，仍然存在着较大的收入差距。例如在2020年，全国农村居民可支配收入是脱贫地区农村居民的1.36倍，全国城镇居民可支配收入是脱贫地区农村居民的3.48倍。[①]从脱贫地区居民与全国农村居民的收入结构来看，虽然在转移净收入上几乎没有差异，全国农村地区居民的工资性收入和经营净收入却明显高于脱贫地区农村居民。与城镇居民的收入结构相比，差异和差距就更加明显了。城镇居民的财产净收入是脱贫地区农村居民的25倍，工资性收入则接近于脱贫地区居民的6倍（见表4-1）。很显然，这两项收入构成了脱贫地区农村居民收入的短板。

表4-1　2020年末脱贫地区农村、全国农村和全国城镇居民收入

指标	收入水平(元/人)			构成(%)			与脱贫地区农村居民收入比		
	脱贫地区农村居民	全国农村居民	全国城镇居民	脱贫地区农村居民	全国农村居民	全国城镇居民	脱贫地区农村居民	全国农村居民	全国城镇居民
人均可支配收入	12588	17131	43834	100.0	100.0	100.0	1.00	1.36	3.48
工资性收入	4444	6974	26381	35.3	40.7	60.2	1.00	1.57	5.94
经营净收入	4391	6077	4711	34.9	35.5	10.7	1.00	1.38	1.07
财产净收入	185	419	4627	1.5	2.4	10.6	1.00	2.26	25.01
转移净收入	3567	3661	8116	28.3	21.4	18.5	1.00	1.03	2.28

资料来源：国家统计局，《人间奇迹：中国脱贫攻坚统计监测报告》。

① 数据来自国家统计局网站。

从中国“三农”工作面临的新形势出发，补齐短板以保持脱贫地区和脱贫家庭收入增长的可持续性，是巩固拓展脱贫攻坚成果面临的重要任务。巩固拓展脱贫攻坚成果与实施乡村振兴战略相衔接，特别要关注两者之间的承继关系，从此入手可以形成有益的政策思路。在前期脱贫攻坚重点聚焦贫困人群和贫困地区的基础上，乡村振兴要突出4个要点，向深度和高度拓展：一是覆盖更加广泛，包括全国所有农村地区；二是注重内容全面，包括产业、生态、乡风、人才、治理等方面；三是注重内外结合，强调农民主体的内生动力与宏观政策支持相结合；四是更加注重城乡融合发展，顺应新型城镇化的趋势，探索城乡双向互动的融合机制与路径。

认识脱贫减贫规律是实现政策转换的出发点。在实现全面脱贫后，时间上需要有一个过渡期，接续推进巩固拓展脱贫攻坚成果和全面实施乡村振兴。也就是说，需要巩固拓展脱贫攻坚成果，从而使得全面推进乡村振兴的基础功能更加坚实更加有效，让中国实现消除绝对贫困这一彪炳史册的成就更能经得起历史检验。2021年，《中共中央 国务院关于全面推进乡村振兴加快农业农村现代化的意见》从设立衔接过渡期、持续巩固拓展脱贫攻坚成果、接续推进脱贫地区乡村振兴和加强农村低收入人口常态化帮扶等方面作出了部署。

以人为核心的新型城镇化与乡村振兴协同推进是中国式现代化的历史任务和必由之路，要求乡村振兴和新型城镇化“双轮驱动”的城乡融合。新型城镇化和新时代乡村振兴两大战略的提出，就是为破解城乡二元结构难题，形成工农互促、城乡互补、全面融合、共同繁荣的发展新格局。一方面，推进新型城镇化是实现新时代乡村振兴的基础条件，乡村振兴并非就地固化农民，而是要实现城乡资本、资源、人口的自由流动、平等交换和公共资源合理配置，通过城镇化转移农村人口，增加农村人均经济产出的密度和价值含量，并最终解决“三农”问题。另一方面，实施乡村振兴战略是提高城镇化质量的前提条件，新时代乡村振兴必然会发展乡村产业、改善乡村风貌、优化乡村公共服务，为农民留在乡村还是进城落户增加了选项，使城镇化过程更加有序，推进方式得到转变。

新型城镇化与新时代乡村振兴协同推进，也是城乡融合发展的重要抓手。城乡融合发展一个重要方面，是以县域为单元统筹推进公共资源城乡一体化建设。《中共中央 国务院关于全面推进乡村振兴加快农业农村现代化的意见》对此作出了精辟的阐述，要求“把县域作为城乡融合发展的重要切入点，强化统筹谋划和顶层设计，破除城乡分割的体制弊端，加快打通城乡要素平等交换、双向流动的制度性通道”。[①]以县城为重要载体的城镇化建设，也是共同富裕示范区和未来中国城乡融合发展建设的重点任务之一。

---

① 《中共中央 国务院关于全面推进乡村振兴加快农业农村现代化的意见》，求是网，2021年2月21日。

把巩固拓展脱贫攻坚成果任务同扩大中等收入群体目标结合起来，就意味着在消除现行标准下农村绝对贫困人口存量之后，既要阻止和随时消除新的贫困人口的增量，又要转向新的政策方向，推动减少低收入者的存量，扩大从低收入向中等收入转变的人口增量，通过把脱贫人口培育为中等收入群体，实现中等收入群体倍增的目标。中国在2020年实现全部农村贫困人口脱贫的收入标准是人均年可支配收入4000元，离中等收入群体标准尚有较大差距。

从不断促进全体人民共同富裕的要求出发，从实现脱贫之初，就要着眼于把低收入群体培育成为中等收入群体。因为这部分人群十分庞大，如果不能建立起解决相对贫困的机制，还会有重新返贫的情况发生。无论是脱贫人口徘徊在低收入水平上，还是出现返贫现象，都是要竭力避免的。巩固脱贫攻坚成果并把农村低收入群体尽快培育成为中等收入群体，可以主要通过3种途径达到。

第一，建立起防止绝对贫困再发生的动态监测机制，用社会政策托底的方式，随时阻止返贫和新发生贫困现象。发展中的问题和成长中的烦恼，本意就包含了新的贫困风险的存在。这类风险包括两个方面，需要高度关注。

首先，积极应对人口老龄化带来的新致贫风险。目前，农村老龄化程度显著高于城市。农村65岁及以上人口占比即老龄化率，已经比城市高出6.9个百分点，比镇高出5.9个百分点，已经率先进入更深的老龄化阶段（见表4–2）。随着老龄化程度进一步加深，农村高龄老年人口和失能人口的规模将呈现扩大的趋势，由此造成的家庭劳动力短缺问题将成为新发生贫困现象的重要诱因。

表4–2　2020年中国城市、镇和乡村老龄人口及比重

分类	城市		镇		乡村	
	人口数（万人）	比重（%）	人口数（万人）	比重（%）	人口数（万人）	比重（%）
65岁及以上人口	6193.6	10.8	3834.6	11.8	9035.3	17.7
60岁及以上人口	8937.7	15.5	5328.5	16.4	12135.6	23.8

资料来源：根据国家统计局《2021中国统计年鉴》数据计算。

其次，要防范和应对各种风险冲击型致贫因素。2019年，在农民家庭可支配收入构成中，工资性收入占41.1%，经营净收入占36.0%，合计占到全部可支配收入的77.1%。在发生不可抗外力导致冲击性事件的情况下，无论是市场因素还是自然因素，对这两个收入组成部分的冲击都会严重影响农户收入和基本生活。新冠疫情就属于这种冲击型风险，既有“灰犀牛”事件那样长期中终究要发生的高概率特点，也有“黑天鹅”事件那

样难以预见和不确定性，造成对处于相对脆弱地位的农村地区、低收入农户和人口的冲击。

2020年新冠疫情具有传播速度快、感染范围广和防控难度大的总体特征，对经济社会发展构成巨大的冲击。在这种严峻的形势下，农村的民生也受到很大的冲击，对于巩固拓展脱贫攻坚成果、持续提高农民收入构成了挑战。例如，2020年农民工总量和外出农民工规模均出现负增长，分别比2019年减少1.8个百分点和2.7个百分点，2021年外出农民工规模也未恢复到前几年的水平。虽然看上去农民工外出减少的幅度并不大，外来户籍人口（主要是农民工）的城镇调查失业率也并不高，实际上农民工受到的就业冲击比统计数字所显示的更为严重：其一，由于户籍制度的制约，外出农民工具有中国特色的“退出劳动力市场”表现，即当城镇就业形势不好的时候，他们大多选择返乡而不是在城镇待业。其二，最新研究表明，很多离开本乡镇就业因而被统计上归为外出农民工的人群，在就业形势不好的情况下，通常转而在临近乡镇或县城打工。[①]这实际上也是一种转移劳动力就业的本地化或内卷化现象，导致生产率和工资水平双双降低。相应地，农户工资性收入增长速度也受到影响。2020年农村居民人均可支配收入虽然实现了6.9%的实际增长，但也属于多年来的最低水平。

第二，把巩固拓展脱贫攻坚成果同乡村振兴有效衔接，使之成为支撑国内国际双循环新发展格局的保障因素。从促进农业和农村产业兴旺、畅通流通渠道和解除后顾之忧等方面，持续增加农民收入，提高农村居民社会保障和基本公共服务水平，促进农村家庭消费，可以进一步畅通城乡之间的经济循环。农业和农村的基础设施仍然是现代化的短板。从供给侧来看，相关领域的投资可以成为产业发展机会；从需求侧来看，诸如完善县乡村三级农村物流体系、改造提升农村寄递物流基础设施、电子商务软件硬件等方面的投资，还会显著改善农村消费环境。

第三，建立和完善解决农村相对贫困问题的长效机制。关于农村低收入或相对贫困，可以从两个参照系来认识。一是根据中国的发展阶段，借鉴世界银行的新贫困标准。世界银行从2017年开始，尝试为不同人均收入分组中的国家制定依次提高的贫困标准。按购买力平价每人每日美元计算，国际贫困线从1.90美元提高到2.15美元，中等偏下收入国家贫困线从3.20美元提高到3.65美元，中等偏上收入国家贫困线从5.50美元提高到6.85美元。[②]二是借鉴国际上通行的相对贫困标准。以OECD国家确定的相对贫困标准为例，它们通常把全社会的中位收入的50%作为相对贫困线。[③]根据中国国情制定类似的相对贫困标准，发挥精准

① 卓贤，杨修娜：《返乡、睡村与家庭城镇化——农民工回流本地的近忧与远虑》，《财经》2021年第18期。
② Deon Filmer，Haishan Fu，Carolina Sánchez-Páramo，An Adjustment to Global Poverty Lines，May 2，2022.
③ 参见经济学在线（ECONOMICS ONLINE）网站。

帮扶的体制机制优势，有助于降低出现绝对贫困现象的风险，不断扩大中等收入群体。

中国农村居民按人均可支配收入水平，被统计部门分成五等分组，每组包括20%的农村住户，分别为高收入组、中等偏上组、中等收入组、中等偏下组和低收入组。2020年农村人均年可支配收入的平均水平为17131元，中位收入是15204元，这个中位收入水平的50%就是7602元。然而，处于低收入组的20%家庭人均收入只有4681元，仍然显著低于这个相对贫困标准。也就是说，以农村人群为对象，解决他们的相对贫困问题，使其向中等收入靠近，才能保证居民收入不断增长，中等收入群体显著扩大，消费总量和水平持续提高。

第三节 全面转向实施乡村振兴

2017年，党的十九大提出实施乡村振兴战略。2018年，中共中央、国务院发布《关于实施乡村振兴战略的意见》，对乡村振兴战略的目标任务和路径进行了顶层设计，明确到2020年乡村振兴取得重要进展，制度框架和政策体系基本形成；到2035年乡村振兴取得决定性进展，农业农村现代化基本实现；到2050年乡村全面振兴，农业强、农村美、农民富全面实现。此后，党中央、国务院相继发布一系列重要规划和实施意见，进一步明确了实施乡村振兴战略的目标思路、重点任务和实施路径，提出了一系列重大工程、重大计划和重大行动，以农业农村优先发展总方针和实施乡村振兴战略这一总抓手，做好全国“三农”工作，对实施乡村振兴战略的制度保障作出全面安排。各部门和地方各级政府也根据中央的战略规划和指导意见，出台了相应的法律法规和政策措施。

专栏5 从农村改革到乡村振兴

改革开放前，在长期城乡二元结构下，由于城市建设需要和重工业发展需求，农村长期以来处于被汲取资源的一端。在广大的农村地区，贫困问题成为突出问题。

20世纪70年代末期，中国启动了改革开放，将工作重心转移到经济建设上来。以家庭联产承包责任制为代表的农村改革，调动了农民生产积极性。从1978年到

1985年短短的几年间，农村没有解决温饱的贫困人口减少了50%，从2.5亿人减少至1.25亿人。[①]

20世纪80年代中期，以初期政策驱动的减贫动力明显放缓，农村地区经济增长乏力，广大农村地区亟须新的政策机制支持。为应对这一情况，中国政府适时将开发式扶贫作为农村脱贫工作的中心，1986年中国政府成立了国务院扶贫开发领导小组。随着开发式扶贫的全面铺开，中国减贫工作迈上了新台阶。到2000年底，农村尚未解决温饱问题的贫困人口已经减少至3000万人，农村贫困发生率下降到3%左右。[②]

进入21世纪，中国政府调整了农村扶贫工作重点，出台并实施了《中国农村扶贫开发纲要（2001—2010年）》。在这一阶段，扶贫工作从以县为单位走向以村为单位，结合实际，强调重点解决贫困村的贫困问题。以村为单位的新农村建设力图整体改善村整体状况，基于劳动力培训的扶贫方式关注劳动力转移带来的收入机会，而新型农村合作医疗则植根于农村地区往往因病致贫的重点症结。根据2010年确定的新全国农村扶贫标准，农村贫困人口数量从2000年底的9422万人减少到2010年底的2688万人。[③]

党的十八大以后，中国打响了脱贫攻坚战，强调精准扶贫、精准脱贫，致力于消除现有标准下的绝对贫困，全面建成小康社会。经过巨大的努力，脱贫攻坚战取得了伟大的胜利。习近平总书记在2021年2月25日召开的全国脱贫攻坚总结表彰大会上宣布，中国现行标准下9899万农村贫困人口全部脱贫，832个贫困县全部摘帽，12.8万个贫困村全部出列，区域性整体贫困得到解决。[④]

脱贫攻坚战取得了历史性成就，但是相对贫困问题、城乡差异大等问题仍然存在。针对这一情况，中国政府提前布局。2017年12月，中央农村工作会议提出走中国特色社会主义乡村振兴道路。党的十九大报告以“实施乡村振兴战略”统领关于“三农”工作的部署，提出了“产业兴旺、生态宜居、乡风文明、治理有效、生活富裕”的目标，乡村振兴战略全面展开。此后，《关于实现巩固拓展脱贫攻坚成果同乡村振兴有效衔接的意见》《乡村振兴战略规划（2018—2022年）》《中华人民共和国乡村振兴促进法》等各类重要文件、法律陆续出台，进一步为乡村振兴战略的实施提供了基本政策框架。

---

① 黄承伟，覃志敏：《我国农村贫困治理体系演进与精准扶贫》，《开发研究》2015年第2期。
② 《中国农村扶贫开发（1978—2010年）概要》，国务院扶贫办，2012年8月9日。
③ 《中国农村扶贫开发的新进展》，国务院新闻办公室，2011年11月16日。
④ 《在全国脱贫攻坚总结表彰大会上的讲话》，《人民日报》，2021年2月26日。

截至2020年底，乡村振兴制度框架和政策体系基本形成，完成了第一阶段目标。一个重要的表现是各级政府明显加大财政支持力度。2018—2020年全国农林水利事业支出的执行数额年均增长7.8%，比一般公共预算支出增速高1.3个百分点，扭转了前些年农林水支出增长低于一般公共预算支出增长的状况。2021年，全国农林水支出预算数比上年执行数增长4.5%，比一般公共预算支出增速高2.6个百分点。全国一般公共预算支出中农林水支出比重，由2017年的9.40%提高到2021年的9.99%。在国家政策和财政资金的引导下，城市资本下乡进程加快，农林牧渔业领域的投资明显增长。2018—2020年，第一产业固定资产投资（不含农户）年均增长10.7%，比全部投资增速高6.0个百分点。在加大国家财政投入力度的背景下，可以对乡村振兴战略的实施效果作出如下判断和预期。

首先，农业农村现代化是乡村振兴战略的总目标。中国社会科学院评估表明，2010—2018年农业农村现代化的进程，按照2035年目标值评估的实现程度为66.1%；按照2050年目标值评估的实现程度为54.2%。以2011—2018年的年平均速度递推，到2035年总体上可以达到基本实现农业农村现代化的目标值，到2050年总体上可以达到全面实现农业农村现代化目标值。① 当然，这是就诸项指标的加总情况而言。诸如农民收入、农业劳动生产率、农村公共服务、农民文化素质和农村环境治理等关键指标，仍然构成全面实现目标值的突出短板。

其次，产业振兴是乡村振兴的关键。近年来，按照产业兴旺的要求，中央和各级地方政府出台了一系列刺激乡村产业振兴的政策措施，有关政府部门还开展了国家农村产业融合发展示范园、国家现代农业产业园、国家农业现代化示范区、农业产业强镇创建和农业优势特色产业集群建设。在国家扩大财政投入等政策的支持下，农业经济持续稳定增长，农村产业融合也快速推进。2018—2020年，尽管其间受到新冠疫情的影响，按不变价格计算农林牧渔业增加值年均增速仍达到3.33%；按可比价格计算农林牧渔业总产值年均增长3.25%，其中农业增长4.18%，林业增长5.34%。

再次，确保粮食安全是乡村振兴的底线要求。中国农业综合生产能力稳步提升，到2020年底，全国已累计建成8亿亩高标准农田，建成的高标准农田亩均粮食产能增加10%～20%。2020年，农业科技进步贡献率达到60.7%，农作物耕、种、收综合机械化率达到71%，农作物良种覆盖率超过96%，良种对粮食增产贡献率达到45%以上；全国粮食产量达到1.34万亿斤，连续6年稳定在1.3万亿斤以上；人均粮食占有量474千克，连续13年超过国际公认的400千克粮食安全线。按稻谷和小麦计算的口粮自给率近年均在100%以上，谷

① 谢伏瞻：《迈上新征程的中国经济社会发展》，中国社会科学出版社，2020；中国社会科学院农村发展研究所课题组：《农村全面建成小康社会及后小康时期乡村振兴研究》，《经济研究参考》2020年第9期。

物米自给率超过95%，[①]确保了“口粮绝对安全、谷物基本自给”的底线。

然而也需要看到，农业农村现代化的推进仍然面临着严峻的挑战，特别是在农业和粮食生产领域，因激励不足存在着可持续发展的难点和堵点。近年来受各种因素影响出现了耕地面积减少和质量下降的现象，一方面，农民的种粮积极性下降，部分地区耕地撂荒、耕地“非农化”现象严重；另一方面，粮食生产主产区的数量和范围呈现逐渐缩减态势。因此，保护耕地和确保粮食安全这根弦不能有丝毫放松。

最后，新型农业经营主体是农业生产方式现代化的加速器。通过新型生产经营和服务方式加快普及，农业生产方式才能实现向规模化、社会化、融合化和绿色化转变。截至2020年底，全国县级以上产业化龙头企业达9万家，纳入名录系统的家庭农场超过300万个，农民合作社超过220万家，辐射带动全国近一半农户，农业社会化服务组织超过90万个，农业生产托管服务面积超过16亿亩次，相当于当年农作物播种面积的95%以上。近年来农村产业融合发展也在加速，休闲农业、乡村旅游、农村电商、农产品加工等行业快速发展，2020年全国农产品加工转化率提高到68%，比2015年提高了3个百分点，农产品加工业与农业总产值的比率达到2.4：1；2019年休闲农业和乡村旅游营业收入超过8500亿元，年均增长9.8%，直接带动1200万农村劳动力就业增收。[②]

振兴乡村产业特别是种植业和粮食生产仍然任重道远。从粮食生产来看，成本高、劳动生产率低和效益低是当前面临的严峻挑战。由于成本处于高位，加上平均出售价格的下降，导致2016—2019年稻谷、小麦、玉米3种粮食每亩净利润和成本利润率连续4年均为负值。以2010年美元不变价计算，2019年中国的劳均农业增加值为4188美元，而中等偏上收入国家为5187美元，高收入国家则达到29728美元。也就是说，中国的农业劳动生产率还不到高收入国家的1/7，也仅是中等偏上收入国家的八成左右。同年，中国稻谷每50千克主产品的总成本与美国相比高36.9%，小麦高47.0%，玉米高95.4%，大豆高116.8%，花生高68.8%，棉花高26.0%。[③]

人才短缺始终是制约乡村产业振兴的关键因素。目前，全国乡村实用人才严重短缺，培养力度不够，农业科技人员总量不足。人才的专业技术和年龄结构均不尽合理，偏于种养技术和经营管理等方面，难以适应乡村振兴对人才多样化的需求。人才的地域分布也有偏倚，主要集中在县（区）和乡镇机关。由于缺乏平台、发展机会和晋升通道，农村人才普遍存在“引不进、留不住”的现象。劳动者受教育程度和技能水平仍然偏低。2019年，

① 魏后凯，崔凯：《正确理解和科学看待我国粮食缺口》，中国社会科学报，2020年8月24日；魏后凯，杜志雄：《中国农村发展报告2021》，中国社会科学出版社，2021。

② 《农业现代化成就辉煌 全面小康社会根基夯实》，农业农村部官网，2021年5月10日。

③ 数据来源：世界银行数据库。

在农林牧渔业就业人员中，受教育程度在高中及以上的仅占7.8%。2020年底，虽然按照一定定义的高素质农民总规模超过1700万，但在农业就业人员中的占比仍然很低。[①]

第四节 以人为核心的新型城镇化

城镇化是中国在改革开放期间经济快速发展和与社会长期稳定的接合部、经济社会发展与改革成果充分分享的交汇处，以及打赢脱贫攻坚战与巩固脱贫攻坚成果的衔接点。随着中国进入新发展阶段，在贯彻落实新发展理念、构建新发展格局、实现“十四五”时期经济社会发展目标和2035年远景目标的过程中，要赋予以人为核心的新型城镇化更加重要的战略地位，将其作为一项需要克服的短板制约加速推进。

无论是纵向还是横向比较，改革开放时期中国都经历了最快的城镇化。改革开放以前，城镇化基本处于停滞的状态。1978年，城镇人口占全部人口的比重即城镇化率只有17.9%，处在很低的水平和停滞的状态，仅比1950年11.2%的水平提高6.7个百分点。[②]改革开放以来，随着各种体制性障碍被消除，劳动力流动和人口迁移大规模进行，上演了世界最大规模的人口流动现象，在农业劳动力比重大幅度下降的同时，城镇常住人口占比显著提高。1978—2020年，常住人口城镇化率以每年超过1个百分点的增幅提高，在42年的时间里提高了46.0个百分点，2020年达到63.9%，2021年进一步提高到64.7%。

中国的城镇化过程尚未完成。首先表现为中国城镇化率低于中等偏上收入国家的平均水平。按照世界银行的收入分组，中国目前仍然属于中等偏上收入国家。2020年中国人均GDP比这一收入组的平均水平高14.2%，城镇化率却比该收入组平均水平低3.7个百分点。其次表现为大幅度低于高收入国家平均水平。中国正在向高收入国家行列迈进，在2025年将显著超过世界银行为高收入国家设立的人均GDP门槛水平。然而，2020年高收入国家平均城市化率为81.8%，比中国目前的水平高出17.9个百分点。[③]

中国城镇化具有一种非典型特征，与特定时期的推进方式有关，表现为户籍人口城镇化率与常住人口城镇化率之间存在着巨大的差别。2020年，常住城镇人口占比达到63.9%，具有城镇户口的人口比重仅为45.4%（见图4–2），意味着全国有2.61亿人口在城镇常住，却没有获得城镇户籍，形成常住与户籍分离的状态。

---

① 数据来源：魏后凯《中国乡村振兴的进程、挑战与展望》背景报告。
② 数据来源：国家统计局网站。
③ 数据来源：国家统计局网站和世界银行数据库。

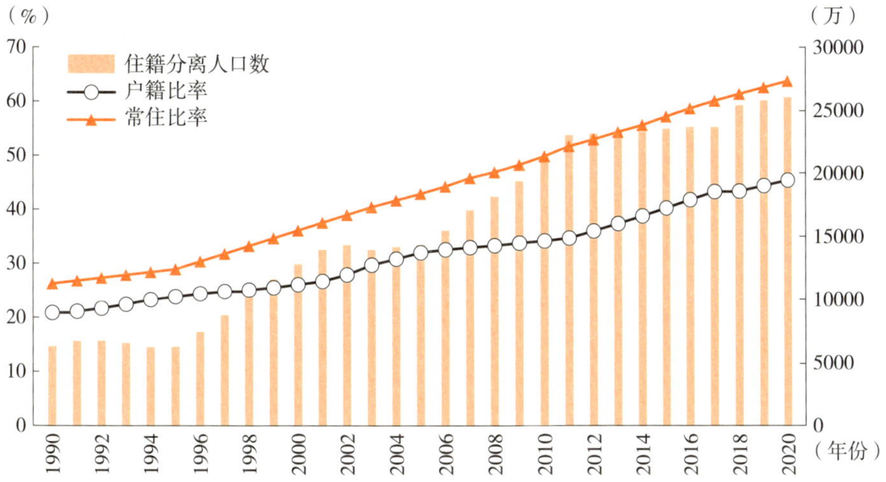

图4-2　1990—2020年常住比率、户籍比率及住籍分离情况

资料来源：常住人口城镇化率来自国家统计局网站1990—2020年数据；
户籍人口城镇化率来自公安部1990—2020年数据。

专栏6　中国的户籍制度及其改革

中国的户籍制度是计划经济时代的产物，但是影响深远。1958年，全国人民代表大会通过《中华人民共和国户口登记条例》，户籍制度在全国范围内从此确定下来，在实践中重点体现为严格控制农业人口转变为城镇人口，而其基本结构延续至今。这一制度虽然为重工业发展提供了支撑，但阻碍了人口流动和劳动力迁移，并形成了固化的身份、职业、福利分隔系统，不仅不利于城乡平等，长期来看也降低了资源配置效率。

随着党的十一届三中全会召开，改革开放的要求使得改革户籍制度被提上议程。市场配置资源要求人员自由流动，社会平等要求增强社会阶层流动并避免以身份配置资源，而户籍制度也在改革开放的大环境下开始逐步发生变化。从自理口粮落户到暂住人口管理规定出台，再到各类户籍制度改革试点并推广，中国户籍管理制度进入了一个新的阶段。跨越城乡的自由流动成为可能，劳动力就业、生活、福利保障等与其户籍身份的挂钩逐渐减少，极大助力了社会主义市场经济在我国的发展繁荣。

但是，户籍制度改革并不完善，仍有一些问题存在。在改革开放后较长一段时间内，暂住人口管理不仅造成了社会服务差异和管理困难，还成为少数地方政府牟取非法利益的渠道，造成社会治安较差等问题；户籍制度在一些地区被作为行政管理附加手段，不利于法治化治理有序发展；户籍制度改革仍未有效实现平等，户籍身份仍关乎医疗、社保、入学等重要问题。

党的十八大以来，中国持续推进户籍制度改革工作。为了推进新型城镇化以及促进经济社会健康发展，包括《国务院关于进一步推进户籍制度改革的意见》在内的一系列户籍制度改革政策性文件陆续实施。新型城镇化要求进一步降低户籍身份与各类待遇之间的关系，提升户籍城镇化总水平。《国家人口发展规划（2016—2030年）》提出要加快户籍制度改革，实现以人为核心的城镇化；2021年3月，十三届全国人大四次会议通过了“十四五”规划所提出的深化户籍制度改革，放开放宽除个别特大城市以外的落户限制、试行以经常居住地登记户口制度成为其中亮点；2022年3月，国家发展改革委印发《2022年新型城镇化和城乡融合发展重点任务》，进一步关注了深化户籍制度改革，并重点强调了积分落户、差异化落户、落户各类资格互认等改革举措。

在新时代，户籍制度改革取得了不少积极的进展。城乡统一的户籍制度得以建立，农业户口和非农业户口被统一为居民户口；医疗、教育、社会保障等资源逐步与户籍脱钩，社会公平进一步得到保障，地区差异和城乡差异进一步缩小；户籍迁移制度得到完善，各类落户制度有序运转并逐步改革，以居住证为代表的各类新型管理政策得到广泛试点。

资料来源：

王美艳、蔡昉：《户籍制度改革的历程与展望》，《广东社会科学》2008年第6期。

姚秀兰：《论中国户籍制度的演变与改革》，《法学》2004年第5期。

唐琼：《新型城镇化背景下户籍制度改革的难点及对策》，《湖湘论坛》2022年第3期。

在城镇化方面存在的这种相对滞后表现和非典型特征，意味着作为现代化任务的城镇化，尚未能保持与经济增长相同的步伐，也可能成为推进共同富裕的现实制约。一方面，这种状况分别从供给侧和需求侧构成对经济增长的制约。另一方面，这也将妨碍中国在发展的每一个阶段上做到城乡平衡发展，同时推进共同富裕，最终达到更高目标的实现。因此，在推进以人为核心的新型城镇化时，这项任务中的“以人为核心”和“新型”两个关键词，就是强调实现更为均衡的城镇化，也就是立足于矫正城镇化的相对滞后和非典型特征。

首先，矫正中国城镇化进程的相对滞后和非典型特征，有利于提高国民经济的整体劳动生产率。可以把经济结构的变化看作是劳动生产率提高的过程，经济结构变化需要沿着生产率提高的方向持续进行。[①]在中国目前的经济发展阶段上，劳动生产率水平具有从农村到小城镇、中小城市、大城市，从中西部地区到沿海地区，以及从农业到非农产业依次提高的特点，而这些结构变化过程都表现为非农就业比重和城镇人口比重的提高。

中国城镇化低于对应发展阶段的常态水平，加上常住与户籍分离的状态，造成在农业劳动力比重仍然很大的情况下，剩余劳动力转移就开始减速。这种产业结构和城乡人口分布格局，都不利于劳动生产率的提高。2020年，农业增加值占GDP比重仅为7.7%，全国就业人口中从事农业的劳动力仍占23.6%。这既造成极低的农业劳动生产率，也降低了国民经济整体的劳动生产率。

值得警惕的是，近年来城镇化速度已经减慢。例如，2010—2020年，常住人口城镇化率的年平均提高幅度为2.5%，已经显著低于1990—2010年3.2%的水平。在农业劳动力比重仍然很高，并且转移劳动力不能获得城镇户籍的情况下，一旦城镇化速度减慢，就意味着新成长农村劳动力外出就业数量，逐渐小于大龄劳动力的返乡数量，会使劳动力产生从城镇到农村的倒流。这也就是劳动力从高生产率到低生产率的流动，意味着经济结构变化具有了“逆库兹涅茨过程”的性质，妨碍劳动生产率的提高，进而拖累高质量发展的进程。

其次，加快城镇化进程，特别是推进户籍人口城镇化的进程，有利于提高社会流动性。社会流动包括两个方面的含义：一是劳动力和人口在城乡间、区域间、产业间和工作场所之间的转移，表现为横向流动；二是在横向流动的基础上，实现转移主体在人力资本禀赋、收入等级、职业地位和社会分层等方面的提升，表现为纵向流动。这两种流动通常是统一的，即通过横向流动实现纵向流动。但是，有时两者之间也会产生一定幅度的分离，特别是会出现横向流动未能带来对应水平纵向流动的现象。

在改革开放期间，随着各种阻碍人口和劳动力流动的体制障碍逐渐得到拆除，社会流动性显著增强，最突出的表现是农业剩余劳动力大规模转移，变换了就业和居住地域，也有相当多的人改变了户籍身份。但是，总体而言中国社会的纵向流动滞后于横向流动，很多转移劳动力及其家庭未能获得城镇户口，未能充分公平地享受城镇的基本公共服务，成为纵向流动不足的体制性原因。流动性不充分的一个标志性表现，是转移劳动力乃至新成长劳动力就业的非正规性，并由此产生劳动报酬偏低、社会保障覆盖率低、职业升迁受阻，以及社会阶层固化等问题。

观察中国城镇就业的结构，可以发现有两类就业类型表现出较明显的非正规性质，分别是个体就业和未登记就业。前者是个体工商户登记的自我雇用，通常在市场监管部门登

---

① 西蒙·库兹涅茨：《各国的经济增长：总产值和生产结构》，商务印书馆，1985。

记；后者是未被任何雇用单位正式注册的灵活就业者，在统计上表现为从根据住户调查得到的全部城镇就业数与登记的单位就业和个体就业数之差。2020年，这两类就业群体占城镇就业的比重高达30.9%。较大比例的城镇就业具有这种非正规性质，造成就业不稳定、劳动报酬偏低以及社会保障未能充分覆盖等问题。

世界经济论坛《2020年全球社会流动报告》显示，在中国的社会流动性分项指标中，有3项得分低于平均得分，其中之一就是“低工资人口比重”过高。根据该报告的数据，中国处于劳动报酬中位数以下的劳动者，平均劳动报酬仅为中位数以上群体的12.9%。在全部劳动者中，劳动报酬偏低的群体比重高达21.9%。[①] 纠正这种现象需要提高居民收入水平、缩小收入差距、增强社会流动性。

再次，更完整的城镇化是扩大内需特别是扩大居民消费需求的新引擎，可以成为新的经济增长点。在国民收入分配结构中，劳动者报酬和住户可支配收入占比偏低，导致最终消费在GDP中的比重即最终消费率过低。住户消费率最有助于说明问题。2019年，住户消费支出占GDP的比重即住户消费率，中国为39.2%，不仅低于56.6%这一世界平均水平，也低于所有收入分组的平均水平。例如，同年中等偏上收入国家的平均住户消费率为49.0%，而高收入国家平均为58.6%。[②]

前述与城镇化滞后和非典型化相伴的就业非正规性，以及由此导致的社会保障覆盖不充分和工资偏低现象，最终表现为对居民消费的抑制。无论是农民工群体还是其他非正规就业群体，都存在着在享受基本公共服务、就业稳定性和退休归宿等方面的诸多不确定性，构成他们消费的后顾之忧。除了前述农民工的情况外，大部分大专毕业生，特别是那些原户籍在农村的毕业生群体，在就业地取得城镇户籍的比例偏低，社会流动的预期也不好。[③]从基本公共服务均等化入手，推进以人为核心的新型城镇化，是解决这个问题的关键，可以阻止老龄化社会带来的不利于居民消费扩大的负面因素。

最后，推动新型城镇化有利于促进农业剩余劳动力改变职业身份，有助于提高农业劳动生产率，促进实现农业生产方式现代化。不能实现实质性的户籍身份转换，农民工便会缺乏在城市稳定居住和就业的预期，难以实现实质性的职业身份转换。加之农村土地流转上受到制度阻碍，农民难以采取可支配产权的形式对土地进行重新配置，导致土地流转的不充分。现实中，很多土地流转的情形，只是外出打工家庭的权宜之计，而不是以扩大经营规模为目的发生的，导致不能按照提高农业劳动生产率的要求实现土地适度规模经营。

从国际比较可知，中国农户的平均土地规模，不仅远远小于欧美发达国家、东欧国

① World Economic Forum，The Global Social Mobility Report 2020：Equality，Opportunity and a New Economic Imperative，January 2020：23[2021-11-08]：www3.weforum.org/docs/Global_Social_Mobility_Report.pdf。
② 数据来源：世界银行数据库。
③ 向晶，王永洁：《高校毕业生落户城镇研究》，中国社会科学出版社，2019。

家、拉丁美洲和非洲国家，甚至显著小于亚洲邻国。由于中国每个农户的土地平均被分散为5～6块甚至更多，还分散在若干不同位置，每个耕种地块的经营规模更小。[①]从实行家庭联产承包责任制以来，每个农户平均耕地面积大体保持0.67公顷未变。这个规模仅相当于世界银行定义的小土地所有者（2公顷）的1/3。根据第二次农业普查数据，我们可以按照平均经营耕地规模的情况来观察劳动力（含整劳动力和半劳动力）的分布，其中经营耕地规模不足10亩的劳动力占到全部劳动力的80%（见图4–3）。这种情况既说明大量的农业劳动力仍然处在耕地规模过小的经营状态，也说明在现有技术水平下，有相当多的农业劳动力仍然处于剩余状态。

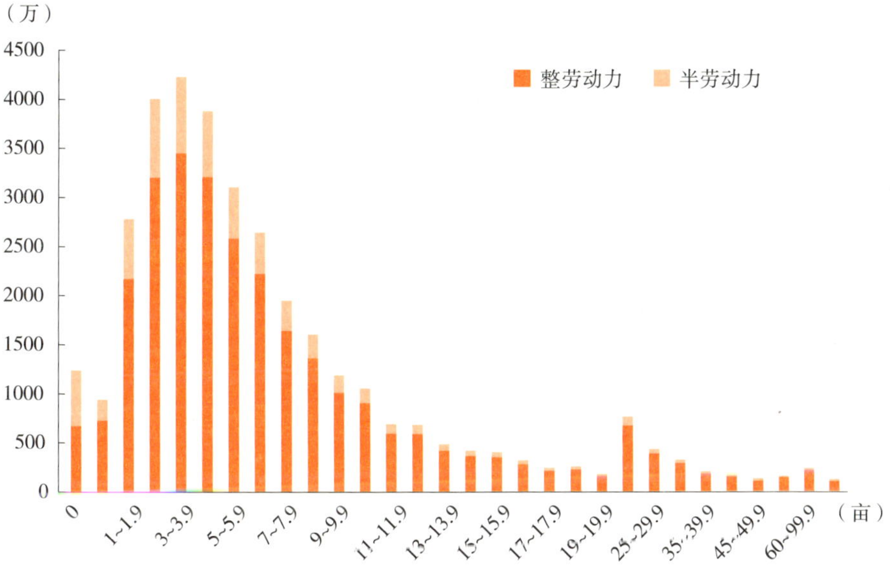

图4–3 按土地经营规模分的农业劳动力分布

资料来源：根据国务院第二次农业普查领导小组办公室、中华人民共和国国家统计局编《中国第二次全国农业普查资料汇编（农业卷）》，中国统计出版社，2009中表1–1–44数据绘制。

中国农村家庭承包土地的流转，在经过一段时间的快速增长后已逐渐趋稳，2019年流转总面积达5.55亿亩，占全国农村承包耕地面积的35.9%。总体而言，过去长期形成的小规模分散经营状况并没有得到根本改变。而且，土地流转更多是劳动力外出家庭把土地转交给亲属、邻居等经营，目的并不在于扩大经营规模，促进农业规模化经营的效果远不如土地托管有力。目前中国承包农户的户均经营规模仅有7.46亩，在全国2.3亿农户中，经营耕地10亩以下的有2.1亿户；通过土地流转经营30亩以上的农户仅占全国农户总数的5%。[②]第三次全国农业普查数据也显示，全国耕地规模化经营的面积，仅占全部实际耕种面积的28.6%。

---

① Food and Agriculture Organization of the United Nations，2000 World Census of Agriculture：Main Results and Metadata by Country（1996–2005），Food and Agriculture Organization of the United Nations，Rome，2010.

② 韩俊：《加快发展农业生产托管 推进社会化服务高质量发展》，《农村工作通讯》2020年第21期。

第五节 城乡融合发展的新体制①

党的十九大在部署乡村振兴战略时，强调建立健全城乡融合发展体制机制和政策体系，加快推进农业农村现代化。这是在统筹城乡发展和城乡发展一体化要求基础上的一个新要求。统筹城乡发展，强调各级政府统筹推进城乡资源合理配置和协调发展的责任；城乡发展一体化，强调城乡发展的一体化目标，推动实现城乡规划布局、基础设施、产业发展、公共服务、环境保护和社会治理一体化，最终形成权利同等、生活同质、利益同享、生态同建、环境同治、城乡同荣的城乡发展共同体；城乡融合发展，则更加强调城乡双向融合互动和体制机制创新，是对统筹城乡发展和城乡发展一体化思想的继承和升华，也是实现城乡共同繁荣和一体化的重要途径。

乡村振兴、统筹城乡发展和城乡发展一体化这3个概念均强调通过共建共享，促进城乡要素自由流动、平等交换和均衡配置，推动形成城乡良性互动、全面融合、协调发展、共同繁荣的新格局，其针对的是城乡关系中的传统二元经济结构。在各国尤其是发展中国家的经济社会发展过程中，普遍存在城乡二元结构现象，其形成与发展早期政府资源配置的城市偏向密切相关。随着经济发展水平的提高，很多国家经历了政策的转变，即从吸取农业剩余支撑工业化积累和城市发展的偏向，转变到更加注重工农业之间和城乡发展之间的平衡。

从代表性国家和地区的经验看，如果采用名义支持率和相对支持率两个指标衡量，实现这种政策偏向转变的时点，分别大约在人均GDP为1850美元和1958美元的水平上。② 2004年，在中国人均GDP接近1500美元时，中央就指出中国已经进入“以工补农、以城带乡”的发展阶段，并开始逐年加大对“三农”的支持力度。自此以后，中央连续19个“一号文件”都是聚焦“三农”。在强调“三农”问题重要地位的基础上，党的十九大报告又明确提出坚持农业农村优先发展的总方针。2019年中央“一号文件”聚焦农业农村优先发展，对“三农”干部配备优先考虑、“三农”发展要素配置优先满足、“三农”资金投入优先保障、农村公共服务优先安排进行了具体安排。2019年中共中央、国务院发布《关于建立健全城乡融合发展体制机制和政策体系的意见》，从城乡要素合理配置、城乡基本公共服务普惠共享、城乡基础设施一体化发展、乡村经济多元化发展、农民收入持续增长等方面，对城乡融合发展体制机制和政策体系进行了顶层设计和总体部署。

① 本节内容引用魏后凯：《深刻把握城乡融合发展的本质内涵》，《中国农村经济》2020年第6期；魏后凯：《新常态下中国城乡一体化格局及推进战略》，《中国农村经济》2016年第1期；魏后凯：《“十四五”时期中国农村发展若干重大问题》，《中国农村经济》2020年第1期；蔡昉：《基本实现现代化需要补足哪些短板？》，《清华金融评论》2022年第4期。

② 李明，邵挺，刘守英：《城乡一体化的国际经验及其对中国的启示》，《中国农村经济》2014年第6期。

在国家政策的支持下，中国城乡融合和一体化发展有了长足的推进。但是，长期形成的城乡分割体制和机制尚未从根本上得到消除，主要有以下表现：在一些超大特大城市仍存在就业的户籍限制，采取过于苛刻的积分落户制度，城市居民迁往农村也缺乏制度性安排；土地市场仍然是城乡分割的，房地产市场还主要是城市现象；城乡基本公共服务制度尚未完全接轨，在绝大部分地区，城镇与农村居民的最低生活保障制度仍在不同轨道上运行，城乡居民与城镇职工、行政事业单位的医疗和养老保险，在待遇上相差悬殊。

城乡融合是一个多层次、多领域、全方位的全面融合概念，包括城乡要素融合、产业融合、居民融合、社会融合和生态融合等方面内容。随着中国进入促进城乡全面融合的新阶段，促进城乡全面融合需要采取系统集成的一揽子方案，采取零敲碎打的办法，仅仅构建起一些碎片化的制度板块，难以实现根本性的突破。

因此，必须全面深化城乡综合配套改革，建立和完善城乡统一的户籍登记制度、土地管理制度、就业管理制度、社会保障制度及其他公共服务体系和社会治理体系。这可以表达为城乡统一的四项制度和两大体系（见图4-4）。改革目标就是促进城乡各项体制机制全面并轨，变城乡二元分治为城乡并轨同治，推动城乡公民权利平等化、要素流动自由化、公共资源配置均衡化、基本公共服务均等化和居民生活质量等值化，实现城乡共建共享共荣。下面从土地制度改革、城乡要素平等交换和双向流动等方面进行探讨。

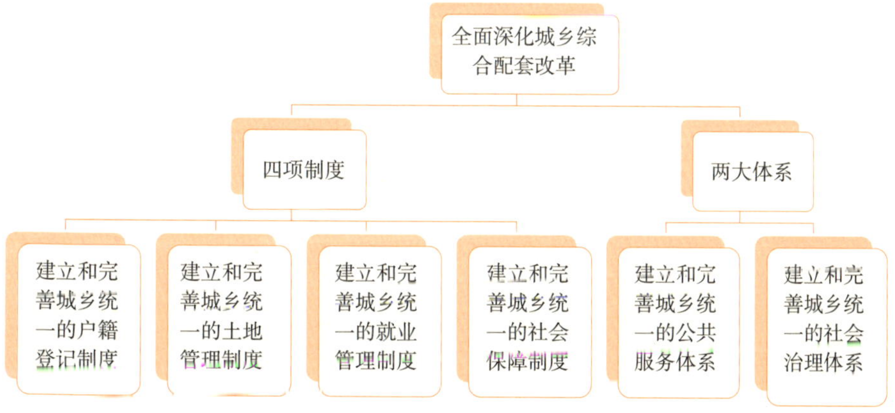

图4-4 全面深化城乡综合配套改革的基本框架

资料来源：魏后凯，《新常态下中国城乡一体化格局及推进战略》，《中国农村经济》2016年第1期。

一、土地制度改革

应按照城乡全面融合和一体化发展的要求，从根本上破除城乡土地市场分割和地政管理分治的二元体制，健全土地统一登记制度，实行城乡地政统一管理，建立城乡统一的土地市场。加快建立城乡统一的建设用地市场。在现有《城镇国有土地使用权出让和转让暂行条例》的基础上，统筹城镇国有和农村集体建设用地管理，尽快制定出台《城乡建设用地使用权出让和转让条例》，确定和规范集体经营性建设用地入市程序和收益分配，建立城乡统一的建设用地征收补偿办法，完善城乡建设用地使用权出让、转让、出租、抵押交易规则，鼓励各地因地制宜探索多元化的农村集体经营性建设用地入市模式。目前“小产权房”因不符合规划和用途管制，建设、销售和购买均不受法律保护，应尽快研究制定分类政策措施，提出“小产权房”的具体处置办法。

应该切实保障农民宅基地用益物权。宅基地是农村集体建设用地的主体，因属于非经营性建设用地目前暂未纳入同等入市的范围。但从长远看，应进一步放开宅基地流转限制，逐步将农民宅基地纳入城乡统一的建设用地市场。要深化农村宅基地改革试点，在“三权分置”框架下完善强化宅基地各项权能，赋予宅基地使用权和农房所有权完整的用益物权，在继承、流转、抵押、交易等方面拓展产权权能。扩大宅基地流转范围，鼓励有条件的地方在保障农民利益的前提下，打破宅基地成员权利封闭性，探索宅基地对外流转和城市居民取得宅基地使用权的机制。与此同时，建立健全城乡统一的土地交易平台。在确权登记发证的基础上，将农民承包地、集体经营性建设用地、宅基地、林地使用权等纳入全国统一的土地管理信息系统和交易平台，规范交易程序，促进农村集体土地合理有序流转。

二、城乡要素平等交换和双向流动

应遵循市场经济规律，加快建立市场化的要素价格形成机制，尽快取消各种不合理的行政干预和限制性规定，切实保障农民在劳动、土地、资金、技术等要素交换上获得平等权益，实现城乡主体权利平等和要素报酬均等。

一是保障农民工同工同酬。目前农民工从事相同劳动岗位所得收入仍低于城镇职工，拖欠农民工工资问题尚未得到根除。要保障农民工同工同酬，关键是深化城乡就业和劳动报酬制度改革，在坚持市场配置劳动力资源的前提下，完善包括最低工资、集体协商、劳动合同等制度在内的劳动力市场制度，消除各种城乡不平等的规定，使进城农民工在就业服务、技能培训、劳动报酬、福利待遇等方面享有同城镇职工同等的劳动报酬权益。

二是保障农民公平分享土地增值收益。重点是落实和搞活农村承包地承包经营权、宅基地使用权各项权能，同时将集体建设用地中的工业、商业、旅游、商品住宅等经营性用地纳入出让转让使用轨道，建立城乡统一的经营性建设用地有偿出让转让使用制度，加快推进农村集体经营性建设用地同等入市，实现其与国有建设用地同权同价，提高农民在土地增值收益中的分配比重。

三是保障金融机构农村存款主要用于农业农村。长期以来，农村居民储蓄存款资金通过银行系统大量流向城市和非农产业，导致农民贷款难、贷款贵、贷款慢。破解这一难题需要多管齐下，既要引导县域金融机构将吸收的存款主要用于当地，重点支持乡村产业发展和乡村建设，又要强化农户信用体系建设，完善农户贷款风险补偿机制，创新农村金融产品和服务方式，提高金融服务“三农”能力。

城乡要素市场开放是城乡融合发展的基础和前提。长期以来，中国城乡要素流动是单向的，农村人口、资源和资金等要素不断向城市集聚。城市公共资源向农村延伸、城市资本和人才向农村流动处于较低水平。近年来，城市公共资源和公共服务向农村延伸，城市资本、人才、技术下乡的进程在加快，城乡要素正从单向流动转向双向互动。仍需进一步贯通和畅通城乡人口、资金和技术流动渠道，加快推动城市资本、人才、技术下乡，构建城乡要素双向合理流动的新格局。

一是畅通城乡人口双向流动渠道，确保人口“流得出”和“回得来”。在全面放开城镇落户限制、加快农业转移人口市民化的同时，积极鼓励农民工回乡创业就业，引导城市居民返乡创业和养老，进一步完善驻村帮扶、大学生村官、科技特派员、教师轮岗、派驻医师等方式，推动城市各类人才参与乡村振兴。积极探索建立资格权退出的反悔机制，允许进城落户农民基于身份确认，重新从集体经济中取得使用权，但原退出所获补偿应退还集体。稳步扩大农民股权流转范围，探索允许外来常住人员通过购买成员股权，履行成员义务，成为集体成员。

二是消除体制机制障碍，推动城市资本下乡。要消除对城市资本下乡的认识误区，破除资本下乡的障碍，积极引导城市各类资本尤其是民间资本参与乡村振兴。要看到，资本是资金、人才、技术、品牌、营销渠道等的综合体，城市资本下乡不只是带来资金，还会带来技术、人才、品牌和营销渠道等。对于城市资本下乡，应实行支持政策+负面清单制度，既要给予相应的支持政策，又要强化土地用途管理，有明确禁止和限制的领域，防止其侵害农民利益。

三是建立进城落户农民土地承包权、宅基地使用权、集体收益分配权的退出机制。要在农村耕地所有权、承包权、经营权“三权分置”框架下，扩大交易半径、增加开放性，按照依规自愿有偿的原则，建立进城落户农民农村“三权”退出的市场化机制，并将农村房地产纳入中国房地产市场体系。对于农民自愿退出的合规宅基地，要通过相关的制度安排和政策措施，积极打通宅基地退出与集体经营性建设用地入市的连接渠道。在集体经营性建设用地有偿出让转让制度建立起来后，应允许符合条件且自愿退出的宅基地有条件地转换为集体经营性建设用地，并在其入市后纳入集体经营性建设用地予以管理。

三、消除城乡二元结构的窗口期

到2035年基本实现现代化，是一个远景目标、战略意图和顶层设计，实现这个目标需要补足诸多发展水平上的短板。与此同时，在实现这个远景目标的过程中，也要克服可能发生的不确定冲击，解决随时出现的短期问题。着眼于既解决紧迫的挑战难题又推动实现远景目标，基本实现现代化必须补足短板的任务之一，是继续推动资源重新配置，加快缩小城乡二元经济结构。

尚存的二元经济结构，不仅意味着中国经济增长潜力尚未充分发挥，也标志着城乡发展格局现状与基本实现现代化的要求仍有很大距离。无论是从基本实现现代化目标还是从保持经济在合理区间增长的要求看，从现在起到2035年的10余年间，是消除城乡二元结构的机会窗口。促进这个进程的突破口是以人为核心的新型城镇化。这里，以人为核心的含义就是城镇化归根结底以农民工在城镇落户为目标，而实现这个目标则要求加快户籍制度改革的步伐。这项改革是典型的改革红利甚丰且报酬递增的制度创新。从供给侧看就是提高潜在增长率，从需求侧看就是扩大居民消费，以保障潜在增长率得以实现。

当我们把各项改革举措落实在乡村振兴的整个过程中，改革红利也就可以成为战略实施的动能，解决乡村振兴的资金来源和推动激励来源等难题。通过形成城乡平衡发展的条件，促进农业和农村非农产业发展，提高农村居民生活水平和享受基本公共服务的水平，达到消除二元经济结构的效果。

第五章

缩小区域发展差距

- 区域发展不平衡的表现
- 区域发展不平衡的成因
- 促进全域性共同富裕的区域战略和政策选择

区域发展状况是影响共同富裕推进实施的重要变量。改革开放后，中国采取区域梯度发展战略，东部地区率先得到发展，接着国家采取措施支持落后地区加快发展，以实现区域协调发展。1979年，中央决定在广东的深圳、珠海、汕头和福建的厦门试办经济特区，后来又于1984年5月决定开放14个沿海城市，建立经济技术开发区。[①] 给予这些地区对外开放的优惠政策，吸引国际资本和技术，利用国际市场，实现超前跨越式发展。21世纪以来，陆续实施西部大开发、东北振兴、中部地区崛起等区域发展战略，给予这些地区诸多支持政策，以缩小区域发展差距。这些战略的实施，取得了两方面的效果，一方面有力地推动了东部沿海地区的快速发展，另一方面遏制了落后地区与发达地区过大的发展差距。

但是，在经济快速发展过程中，区域发展不平衡和发展差距仍然突出存在。如何认识和解决地区发展不平衡和发展差距问题，区域发展应采取什么样的战略，才能使我国由一部分地区先富起来转向实现所有地区的共同富裕，是本章讨论的主要内容。

第一节　区域发展不平衡的表现

观察区域发展不平衡，不仅要研究分析经济差距问题，还要研究分析社会差距问题。研究经济和社会发展差距，要同时考虑总量和结构问题。这些方面对区域共同富裕的实现程度都带来直接或间接影响。

一、地区间经济总体发展差距巨大

改革开放以来，我国东部沿海地区和南部地区经济增长速度快，对全国经济发展的带动作用在增强；中西部地区、东北地区以及北方地区增长速度相对缓慢，对全国经济的促进作用减弱。先从东中西及东北四大区域比较看，表5-1是1978年与2020年四大区域人口及经济总量比较数据。可以看出，区域间的经济结构性变动要比人口变动大得多。从1978年到2020年，东部地区生产总值占全国比重由43.3%上升到51.9%，提高了8.6个百分点。中部地区和西部地区分别由21.7%、21.0%微升到22.0%、21.1%，而东北地区生产总值占全国份额由14.0%下降到5.0%，下降了9个百分点。1978年东部地区生产总值分别约是其他3个地区的2倍、2.1倍、3.1倍，2020年东部地区生产总值分别约是其他3个地区的2.37倍、2.46倍、10.28倍。在人均GDP水平上，东部地区人均GDP名义增长率年均14.1%、中部和西部

① 彭森，陈立等：《中国经济体制改革重大事件》（上），中国人民大学出版社，2008。

地区分别为13.7%和13.6%，东北地区为11.4%。1978年东北地区人均GDP水平是东部地区的近1.5倍，而到2020年东部地区人均GDP水平反转为是东北地区的近1.8倍。同期内，东部地区人均GDP分别由是中部地区、西部地区的1.31倍、1.38倍扩大到1.53倍、1.67倍。

表5-1　四大区域人口及经济总量比较[①]

地区	1978年					2020年				
	人口（万人）	人口占全国比重（%）	GDP（亿元）	GDP占全国比重（%）	人均（GDP）	人口（万人）	人口占全国比重（%）	GDP（亿元）	GDP占全国比重（%）	人均（GDP）
东部地区	41213.7	39.4	1498.0	43.3	363.5	56371.7	39.9	525752.3	51.9	93265.3
中部地区	27127.2	25.9	750.0	21.7	276.5	36469.4	25.8	222246.1	22.0	60940.4
西部地区	27704.2	26.4	728.9	21.0	263.1	38285.2	27.1	213291.9	21.1	55711.3
东北地区	8672.9	8.3	486.0	14.0	563.2	9851.5	7.0	51124.8	5.0	51895.4

资料来源：国家统计局《新中国60年》和《2021中国统计摘要》。

为了更进一步考察人口、经济总量在区域间的结构性变动，我们以2020年人均GDP水平居全国前7位的省（区、市）与人均GDP水平居全国后4位的省（区、市）进行比较，结果显示地区经济发展水平差距更大。2020年，人均GDP水平居全国前7位的是北京、天津、上海、江苏、浙江、广东和福建，均属于东部地区，而人均GDP居全国后4位的黑龙江、广西、贵州和甘肃，分别属于东北地区和西部地区。表5-2数据反映出，北京、上海等7省（区、市）人口占全国比重由1978年的19.54%提高到2020年的26.74%，上升了7.2个百分点，而黑龙江、广西、贵州、甘肃等4省（区、市）人口占全国比重由11.52%下降到10.31%，下降了1.21个百分点。同时，北京、上海等7省（区、市）地区生产总值占全国比重从29.89%提高到40.44%，提升了10.55个百分点，相反黑龙江、广西、贵州、甘肃4省（区、市）地区生产总值占全国比重由9.93%下降到6.17%，下降了3.76个百分点。这表明，在全国人口向发达地区迅速集聚的同时，发达地区在全国的经济份额上升更快。相反，落后地区生产总值占全国比重下降要远快于人口份额下降。因此，人均GDP差距就扩大了。1978年，北京、上海等7省（区、市）人均GDP水平是黑龙江、广西、贵州、甘肃等4省（区、市）的1.77倍，到2020年扩大到2.53倍。

① 本章数据为四舍五入后的数据。

表5-2 2020年人均GDP居全国前7位与居后4位省（区、市）比较

	1978年					2020年				
	人口（万人）	占比（%）	GDP（亿元）	占比（%）	人均GDP	人口（万人）	占比（%）	GDP（亿元）	占比（%）	人均GDP
前7位省（区、市）	18805.4	19.54	1089.48	29.89	579.34	37750.0	26.74	410884.0	40.44	108843.4
后4位省（区、市）	11088.1	11.52	362.00	9.93	326.5	14556.0	10.31	62698.5	6.17	43074.0

资料来源：国家统计局《新中国60年》和《2021中国统计摘要》。

如果把不同区域经济总量的变化放到时间序列里考察，经济的区域结构变化还有阶段性特点。这里，我们选择1978年、1998年、2010年、2020年为时间节点展开分析（见图5-1），[①] 东部地区的经济总量占全国的比重在低收入阶段上升最快，进入中低收入阶段以后还出现了缓慢下降的趋势。中部地区的比重由上升到下降而后又上升，西部地区的比重先下降后上升，东北地区则是一直呈现下降趋势。

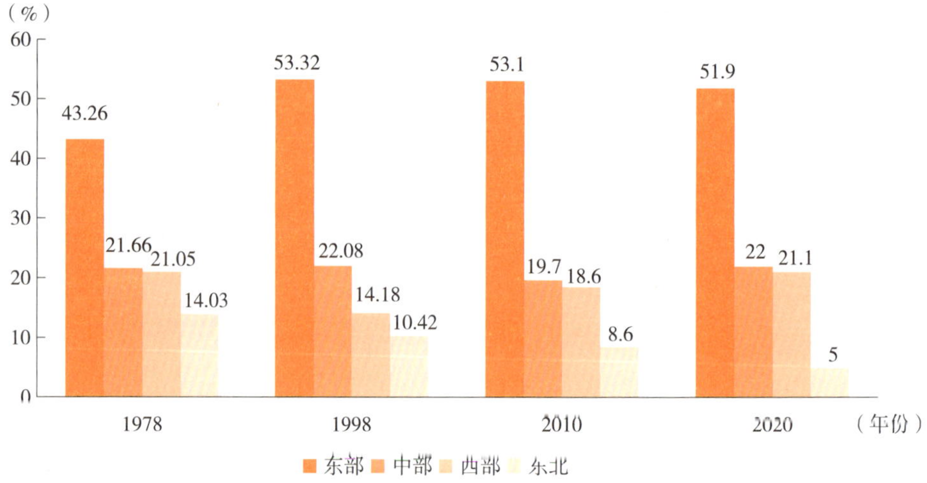

图5-1 不同区域地区生产总值阶段信号变化

资料来源：国家统计局《新中国60年》和《2021中国统计摘要》。

从南北地区看，区域发展“南快北慢”也是扩大趋势。从1978年到2020年，南方地区人口规模在上升，而北方地区人口规模先上升后下降。1978年南方地区人口占中国的人口比重57.59%，2020年上升到59.06%，上升了1.47百分点，相应地，北方地区则从42.41%下降到40.94%，下降了1.47个百分点（见表5-3）。

① 改革开放以后，从1978年到1998年，中国按世界银行标准从低收入国家进入中低收入国家，2010年从中低收入国家跨进中高收入国家行列，到2020年已经十分临近高收入国家门槛值。选择这几个时间节点有利于我们从国际视野看问题。

表5-3　南北地区经济GDP比较[①]

地区		1978年		1998年		2010年		2020年	
		绝对量	占全国百分比（%）	绝对量	占全国百分比（%）	绝对量	占全国百分比（%）	绝对量	占全国百分比（%）
南方地区	GDP总量（亿）	1861.6	51.07	48776.4	61.43	249959.3	62.30	655836.7	64.55
	人口（万人）	55430.8	57.59	71363.0	57.18	77261.0	57.62	83750.0	59.06
	人均GDP（元）	335.8	88.10	6835.0	106.90	32352.6	107.90	78308.9	108.80
北方地区	GDP总量（亿）	1783.6	48.93	30619.3	38.57	151242.7	37.70	360149.5	35.45
	人口（万人）	40828.2	42.41	53447.0	42.82	56830.0	42.38	57428.0	40.94
	人均GDP（元）	436.9	114.70	5728.9	89.63	26613.2	88.73	62713.2	87.10

注：南方地区包括上海、江苏、浙江、安徽、福建、江西、湖北、湖南、广东、广西、海南、重庆、四川、贵州、云南、西藏。北方地区包括北京、天津、河北、山西、内蒙古、辽宁、吉林、黑龙江、山东、河南、陕西、甘肃、青海、宁夏、新疆。由于要统计当年各省（区、市）的GDP，GDP总量、人均GDP只能按当年统计年鉴数据计算，与后来调整的数据有差别。

资料来源：国家统计局《新中国60年》、1999年和2011年《中国统计年鉴》、《2021中国统计摘要》。

在经济总量上，南方地区GDP占全国比重由51.07%上升到64.55%，提高了13.48个百分点，意味着南方地区经济份额提高远远快于人口的集聚速度。相反，北方地区GDP总量占全国比重由48.93%下降到35.45%，下降速度远快于人口比重下降速度。目前，中国经济增长有2/3来自南方地区。1978—2020年，中国GDP增加了101.2万亿元，其中有64.62%是南方地区贡献的，北方地区仅贡献了35.38%。从南北地区人均GDP看，差距也是扩大趋势，1978年北方地区人均GDP是南方地区的1.3倍，而到2020年南方地区人均GDP是北方地区的1.25倍。

二、需求和供给在区域之间分化现象突出

从需求和供给角度分析，不同地区对消费、进出口贸易增长作用发生了较大的分化，对不同产业的发展贡献作用也出现了明显分化。先看社会消费品零售总额在四大区域中的变化（见图5-2）。从1978年到2020年，东北地区的消费品零售总额占全国的比重由改革开

① 数据不包括港澳台。

放初期的10.6%持续下滑到4.6%；西部地区消费品零售总额占全国的比重，先在低收入阶段下降，后在中低收入和上中等收入阶段上升，但2020年也没有恢复到改革开放初期的比重；中部地区的变动趋势与西部基本类似，所不同的是到2020年该地区社会消费品零售份额已经提升到改革开放初期的水平。在改革开放初期，东部地区的社会消费品零售份额占全国的比重为39.85%，1998年大幅度上升到52.69%，提高了12.84个百分点；当中国进入到中低收入阶段后，该地区的社会消费品零售总额在全国的份额还在上升，不过上升速度放缓。2010年，当中国迈进上中等收入阶段以后，东部地区与中西部地区的消费差距有所缩小，但东北地区与东部地区消费差距越来越大。1978年，东部地区消费品零售总额是东北地区的3倍，1998年为4.8倍，2010年为5.8倍，2020年上升到11.7倍。

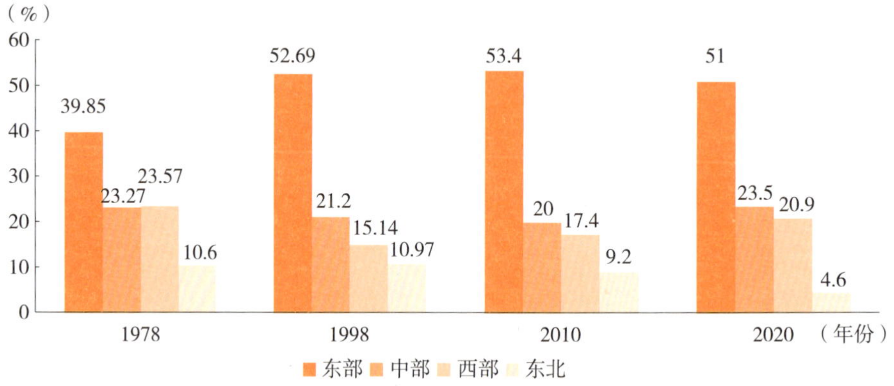

图5-2 不同区域消费份额的变化

资料来源：国家统计局《新中国60年》和《2021中国统计摘要》。

区域间进出口贸易的分化更加明显。从图5-3可以看出，改革开放以来，中国的进出口贸易增加主要发生在东部地区。1978—1998年是东部进出口贸易增长最快时期，这一时期东部地区进出口贸易占全国份额由47.16%上升到79.86%，提高了32.7个百分点；2010年达到87.6%，又提高了7.74个百分点。到了2020年，该地区贸易份额虽然下降了8个百分点，但占全国比重仍然接近80%。观察我国的进出口贸易增长量，自跨进中等收入阶段以来，进出口贸易额增加了294707亿元，其中有234488亿元来自东部地区，占79.6%。需要指出的是，进入21世纪以后，东部地区与中西部地区进出口贸易差距出现了缩小趋势，但东部地区与东北地区之间出现了严重分化：1978年，东部地区进出口贸易总额是东北的4.45倍，1998年为15.75倍，2010年为21.37倍，2020年高达27.45倍。[①]

在南北方地区之间，消费、进出口贸易分化更加明显。从表5-4所列4个时点看，南

① 数据来源：国家统计局《新中国60年》和《2021中国统计摘要》。

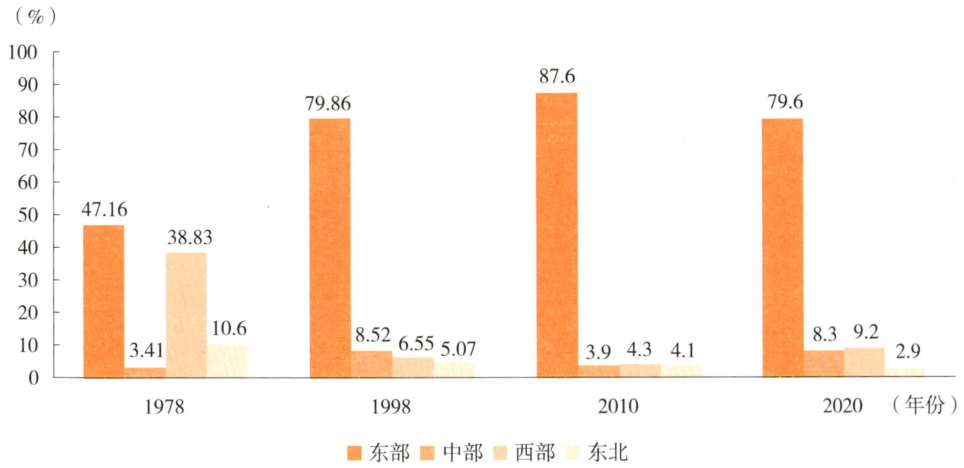

图5-3　不同区域进出口贸易份额的变化

资料来源：国家统计局《新中国60年》和《2021中国统计摘要》。

方地区消费品零售总额和进出口贸易总额在全国的比重上升是比较快的。从1978年到2020年，南方地区消费品零售总额占全国比重由51.72%上升到66.92%，提高了15.2个百分点，进出口贸易额占全国比重由58.71%上升到74.70%，提高了15.99个百分点。相反，北方地区消费和进出口份额都出现了大幅度萎缩趋势。

表5-4　南北方地区消费、进出口增长变化（%）

地区	1978年		1998年		2010年		2020年	
	消费	进出口	消费	进出口	消费	进出口	消费	进出口
南方地区	51.72	58.71	60.30	72.47	57.71	71.68	66.92	74.70
北方地区	48.28	41.29	39.70	27.53	42.29	28.32	33.08	25.30

注：由于固定资产投资数据多次调整，很难从分省（区、市）一级获得上下衔接的投资数据，因此，本章在区域分析中只分析了消费和进出口。

资料来源：国家统计局《新中国60年》、1999年和2012年《中国统计年鉴》、《2021中国统计摘要》。

区域差距扩大，既可以从需求结构中反映出来，也能从供给结构中体现出来。由表5-5可以发现，同1978年相比，2020年在农业产出的全国份额中上升的只有西部地区。东部地区的第二、第三产业增长均快于其他地区，是全国第二、第三产业产出的最大增量贡献区。东部地区第二产业产出占全国的比重由47.71%上升到51.6%，提高了3.89个百分点；第三产业产出占全国的比重由45.60%上升到54.90%，提高了9.3个百分点。过去40多年，全国第二、第三产业增加的产出中，分别有51.7%、54.6%是由东部地区贡献的。尽管中部地区和西部地区第二产业产出占全国的比重分别提高了5.87、3.06个百分点，但两个地区合在一起对全国第二产业产出贡献份额也低于东部地区，况且两个地区第三产业所占比重是下降的。

表5-5　四大区域三大产业产出占全国比重变化（%）

地区	1978年			2020年		
	第一产业	第二产业	第三产业	第一产业	第二产业	第三产业
东部地区	34.73	47.71	45.60	32.20	51.60	54.90
中部地区	28.95	17.63	20.91	25.90	23.50	20.30
西部地区	26.73	17.34	21.95	32.60	20.40	19.90
东北地区	9.59	17.32	11.54	9.40	4.50	4.80

资料来源：国家统计局《新中国60年》《2021中国统计摘要》。

就南北方地区而言（见表5-6），南北方地区在第二、第三产业发展方面差距一直在扩大。从1978年到2020年，南北方地区农业产出在全国所占比重保持基本稳定，地区产业发展差距主要表现在南方地区第二、第三产业增长明显快于北方地区。南方地区第二、第三产业产出增长所占份额得到了较大幅度上升，分别上升了15.89、21.68个百分点。相反，北方地区第二、第三产业产出份额则大幅度下降。

表5-6　南北方地区三大产业产出占全国比重变化（%）

地区	1978年			2020年		
	第一产业	第二产业	第三产业	第一产业	第二产业	第三产业
南方地区	59.95	50.52	41.95	59.54	66.41	63.63
北方地区	40.05	49.48	58.05	40.46	33.59	36.37

资料来源：国家统计局《新中国60年》《2021中国统计摘要》。

三、区域间居民收入和消费绝对差距扩大

地区经济发展差距大，产业增长出现分化，必然会对地区间居民收入和消费带来深度影响。从可收集到的资料看（见表5-7），年人均可支配收入水平最高的东部地区同人均可支配收入水平最低的西部地区相比，相对差距在不断缩小，2013年东部地区人均可支配收入水平是西部地区的1.7倍，2015年为1.67倍，2020年下降到1.62倍。但是，从绝对量上观察，2013年东部地区人均可支配收入比西部高出9739.4元，2020年东部地区高出西部15823.7元，差距扩大了62.5%。

从省际资料看，居民人均可支配收入水平最高与最低省份比较，收入差距扩大更加明显。2020年，居民人均可支配收入居全国首位的上海市人均可支配收入为72232.4元，而居末位的甘肃省人均可支配收入为20335.1元，前者是后者的3.55倍。2013年前者是后者的

表5-7　不同区域人均可支配收入比较（元）

地区	2013年	2015年	2020年
东部地区	23658.4	28223.3	41239.7
中部地区	15263.9	18442.1	27152.4
西部地区	13919.0	16868.1	25416.0
东北地区	17893.1	21008.4	28266.2

资料来源：2019年、2021年《中国统计摘要》。

3.85倍。相对差距是缩小的，但两者的绝对差距是扩大的。2013年上海市人均可支配收入为49867.2元，比当年甘肃省人均可支配收入水平高出36400.6元，2020年上海市人均可支配收入比甘肃高出51897.3元。7年间两者绝对收入差距扩大了42.6%。我们以建设共同富裕示范区的浙江省与甘肃省作比较：2013年浙江省人均可支配收入29775元，是甘肃省人均可支配收入的2.71倍；2020年浙江省人均可支配收入52397.4元，是甘肃省的2.58倍。相对差距也是缩小的，但两省居民收入的绝对差距依然是扩大的：2013年浙江省居民人均可支配收入比甘肃高出18820.6元，2020年高出32062.3元，7年间两省居民收入绝对差扩大了70.4%。①

收入水平是决定消费的关键因素。我们仍然以2020年人均收入居首位的上海为发达地区的代表，以人均收入居末位的甘肃为欠发达地区代表，分析省际的居民消费差距。2013年上海市全体居民人均消费支出30399.9元，甘肃为8943.4元，前者是后者的3.4倍；2020年上海市全体居民人均消费支出42536.3元，甘肃为16174.9元，前者是后者的2.63倍。②尽管两者的相对支出差距在缩小，但绝对支出差距还是扩大了：2013年上海市居民消费水平高出甘肃居民21456.5元，2020年扩大到26361.4元。消费差距扩大主要是消费结构变动引起的。对比2014年和2020年上海市、浙江省和甘肃省居民年人均消费支出结构（见表5-8），从中可以发现，与2014年相比，2020年上海居民年人均支出与甘肃居民消费支出差额从23190.2元扩大到26361.4元，消费支出扩大了3171.2元，其中食品类支出差距扩大占20.89%，非食品类支出差距扩大占79.11%。同期内，浙江省居民年人均消费支出与甘肃居民消费支出差额从12677.4元扩大到15119.8元，消费支出扩大了2442.4元，其中食品类支出差距扩大占32.85%，非食品类支出差距扩大占67.15%。可见，发达地区与欠发达地区居民消费差距扩大主要是非食品类消费引起的。这可能是今后实现共同富裕的重点所在。

①② 数据来源：国家统计局网站。

表5-8 上海、浙江、甘肃居民年人均消费支出比较

			消费支出	食品烟酒	衣着	居住	生活用品	交通通信	教育文化娱乐	医疗保健	其他
2014年	上海	金额（元）	33064.8	9011.6	1613.0	10789.1	1531.6	3596.5	3311.4	2223.9	987.6
		比重（%）	100.00	27.25	4.88	32.63	4.63	10.88	10.01	6.73	2.99
	浙江	金额（元）	22552.0	6569.2	1587.1	5577.2	1117.7	3670.6	2169.0	1358.2	503.1
		比重（%）	100.00	29.13	7.04	24.73	4.96	16.27	9.62	6.02	2.23
	甘肃	金额（元）	9874.6	3218.2	884.2	2015.0	652.1	1072.2	1092.4	737.2	203.3
		比重（%）	100.00	32.59	8.95	20.41	6.60	10.86	11.06	7.47	2.06
2020年	上海	金额（元）	42536.3	11224.7	1694.0	15247.3	2091.2	4557.5	3662.9	3033.4	1025.3
		比重（%）	100.00	26.39	3.98	35.85	4.92	10.71	8.61	7.13	2.41
	浙江	金额（元）	31294.7	8922.1	1703.2	9009.1	1789.3	4301.2	2889.4	1955.9	724.4
		比重（%）	100.00	28.51	5.44	28.79	5.72	13.74	9.23	6.25	2.32
	甘肃	金额（元）	16174.9	4768.8	1140.6	3557.3	1045.5	2020.4	1728.6	1544.7	369.1
		比重（%）	100.00	29.49	7.05	21.99	6.46	12.49	10.69	9.55	2.28

资料来源：2015年、2021年《中国统计年鉴》。

四、区域间基础设施和公共服务存在较大落差

一个地区经济发达程度对本地的基础设施和公共服务带来决定性影响。一般而言，经济发展水平越高的地区，政府用于基础设施和公共服务的支出强度就越大，居民实现共同富裕的内外部成本将大大降低，反之亦然。

图5-4比较了2019年全国及四大区域用于环境和燃气、集中供热、排水等方面的基础设施投资情况。从中可以发现，当年全国用于环境和燃气、供排水等方面的基础设施建设投资6017.85亿元，其中东部地区2745.8亿元，占全国的45.63%，远远高于该地区人口份额。而西部地区只有1316.84亿元，仅占21.88%，东北地区只有174.28亿元，只占2.9%，西部和东北地区在环境和燃气、供排水等方面的基础设施投资所占份额远低于它们的人口份额。

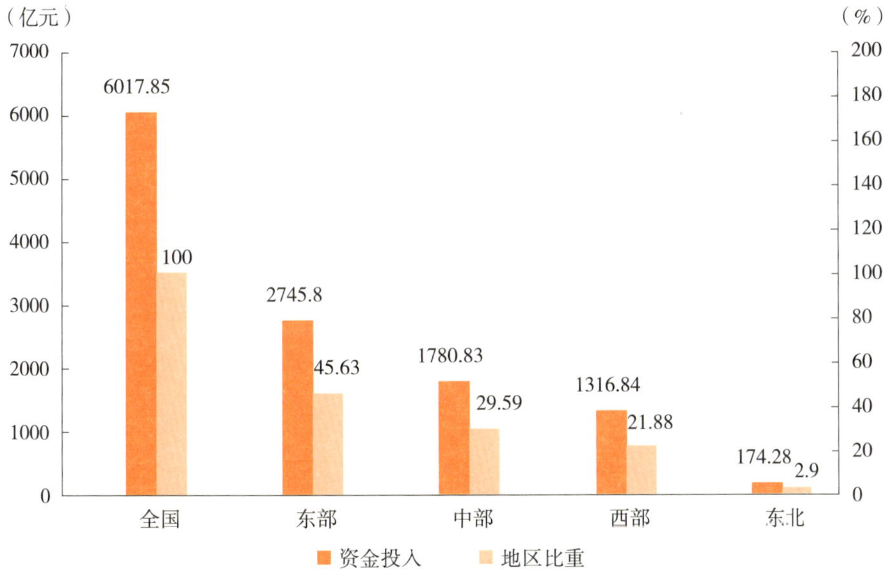

图5-4　全国及四大区域环境和主要基础设施投资

资料来源：《2020中国统计年鉴》。

区域间的差距还反映在教育、文化、卫生等多个方面。表5-9是2019年全国及四大区域在公共图书馆、普通高校和中等职业学校在校生的情况，反映教育文化在地区上的差距。从表5-9可以看出，在拥有图书馆数量上，东部地区所占比重并不高，还明显低于西部地区，但在总藏书量方面东部地区占31省（区、市）的53.73%，就是说其他3个地区的总藏书量还没有东部地区多。在教育方面，无论是高等学校、中等职业学校的在校学生数还是专任教师数，东部地区与其他3个地区都存在着优势差距。在医疗卫生方面，从2013年到2019年，各地区间卫生技术人员、执业医师、医院床位数，不但其他3个地区与东部有差距，而且东部地区占全国比重还有上升现象。在信息化方面的差距更明显，2013年东部地区邮电业务总量占全国比重高达53.6%，2019年上升到76%，这意味着其他3个地区的邮电业务总量只占全国比重的24%。[①] 西北、西南以及东北地区关系民生的基础设施落后、公共服务矛盾突出，已经成为实现共同富裕的短板。

表5-9　2019年全国及四大区域图书馆、普通高校和中等职业学校在校生

	公共图书馆				普通高校		中等职业学校	
	图书馆数（个）	占比（%）	藏书量（万册）	占比（%）	学生数（人）	占比（%）	学生数（人）	占比（%）
全国	3195	100.00	107146	100.00	30315262	100.00	12161663	100.00
东部地区	886	27.73	57569	53.73	11396815	37.59	4210773	34.62

① 数据来源：《中国统计年鉴》。

续表

	公共图书馆				普通高校		中等职业学校	
	图书馆数（个）	占比（%）	藏书量（万册）	占比（%）	学生数（人）	占比（%）	学生数（人）	占比（%）
中部地区	790	24.72	19005	17.74	8405686	27.73	3605419	29.65
西部地区	1213	37.97	21690	20.24	7993312	26.37	3794831	31.20
东北地区	306	9.58	8882	8.29	2519449	8.31	550640	4.53

资料来源：《2020中国统计年鉴》。

第二节　区域发展不平衡的成因

中国幅员辽阔，自古地区经济发展不平衡。“上有天堂，下有苏杭”“陇中苦瘠甲天下”，反映的就是地区发展不平衡的情况。改革开放以来，在经济高速增长条件下区域间发展差距的扩大，是由多方面的原因造成的。除了要素禀赋、地理位置之外，市场化改革进程、所有制结构、对外开放程度、人力资本构成、技术进步等是区域发展差距形成的关键因素。

一、市场化改革进程差异

市场化进程的快慢、市场化程度的高低是区域经济发展不平衡的决定性因素。1978年以来，我国从计划经济体制向社会主义市场经济体制的转型全国并不是同步展开的，东南沿海地区获得了先行先试、率先发展的机会。先在深圳、珠海、汕头、厦门、海南设立了5个经济特区，接着又确定了上海、湛江、广州、福州等14个沿海开放城市，同时还开辟了长江三角洲、珠江三角洲、闽南三角洲等沿海经济开放区。国家给予这些地区诸多特殊优惠政策，由此吸引了大量外资来东南沿海投资，内地数以万计的剩余劳动力向东部地区转移，经济特区、沿海开放城市和经济开发区有比较优势的劳动密集型产业迅速发展起来。资本、人才的流动和劳动密集型产业的发展，要求东部沿海开放区实行市场化的改革，同时国家又给予当地政府在经济体制改革方面更多的自主权和更大的试验空间。于是，以市场化为导向的经济体制改革在这些地区优先铺展开来，各级地方政府开始纷纷改变经济管理方式，转变政府职能，赋予企业更多的市场自由，让市场在资源要素配置中起决定性作用，并不断完善市场机制在要素和产品价格形成中的调节功能。于是，东部沿海地区的市场制度逐渐完善，市场经济日益成熟，由此经济发展的内生动能被催生出来。东南沿海地区优先改革开放，市场化改革走在其他地区的前列，创造了活力比较大的经济发展模式。

当前，中国地区间市场化水平存在较大的差异。一些研究从政府与市场关系、非国有经济发展、要素市场发育程度、市场中介组织发育和法治环境、产品市场发育程度等几方面测算了市场化指数，2008—2016年，东部地区市场化指数提升最快，中部地区次之，东北和西部较慢。这表明，就市场化程度而言，东部地区要显著高于其他地区。从各省份的年度市场化指数排序看，2008年市场化指数排名前五位的省（区、市）依次是上海、江苏、浙江、广东和北京，2016年排名前五位依次是浙江、上海、广东、天津和江苏；2008年市场化指数排名后五位的省（区、市）是西藏、青海、新疆、甘肃和宁夏，2016年排名后五位的是西藏、青海、新疆、甘肃和云南。由此可以发现，无论是2008年还是2016年，市场化指数排名前五位均为东部省份，而后五位均为西部省份。[①] 由此看来，凡是市场化程度高的省份经济发展速度都要快，经济发达程度也要高于其他地区。相反，凡是市场化程度低的省份，经济发展速度都要慢，经济发达程度也较低。

二、所有制结构差异

东部地区在所有制结构方面具有明显优势，这里非公有制经济发展迅速，企业市场竞争活力较强，是经济增长最具活力的市场主体。以工业结构变化为例，从地区企业数量变化看，由可获得的比较统计资料分析，从2001年到2019年，全国工业企业所有制结构主要变化特点是国有及国有控股企业数量不断缩减，而非国有企业数量迅速增加，其中东部地区工业所有制结构变化尤为突出。2001—2019年，全国国有及国有控股企业数量减少了26.09万个，非国有企业增加了23.3万个，其中东部地区国有企业减少的数量占到全国减少量的41.7%，而非国有企业增加量占到全国增加量的55%。[②]显然，东部地区是工业企业所有制结构转型的最大贡献者。

从工业企业的营业收入结构看（见表5-10），东部地区的工业企业营业收入中，非国有企业占比最高，达75.69%；国企占比最低，仅为24.31%。相反，东北地区非国有企业占比最低，仅为43.51%；国企占比最高，达到56.49%。与此对应的是，在当年全国工业企业营业总收入中，东部地区占比57.2%，中部地区占比20.4%，西部地区和东北地区分别只占16.6%、5.7%。[③]这表明东部沿海地区经济之所以发展迅速，在全国的经济地位上升，一个重要动力来源就是非国有经济的快速发展。

① 王小鲁，樊纲，胡李鹏：《中国分省份市场化指数报告（2018）》，中国社会科学出版社，2020。
② 数据来源：《中国统计年鉴2002—2020》。
③ 数据来源：作者据表5-10计算得出。

表5-10　2019年全国及区域规模以上工业企业营业收入结构

	营业收入		国有		非国有	
	金额（亿元）	比重（%）	金额（亿元）	比重（%）	金额（亿元）	比重（%）
全国	859682.8	100.0	281419.9	32.73	578262.9	67.27
东部地区	491985.4	57.2	119581.1	24.31	372404.3	75.69
中部地区	175469.2	20.4	59355.3	33.83	116113.9	66.17
西部地区	142805.5	16.6	74565.4	52.22	68240.1	47.78
东北地区	49422.7	5.7	27918.1	56.49	21504.6	43.51

资料来源：《2020中国统计年鉴》。

三、对外开放程度差异

经济发展实践证明，区域经济发展与对外开放程度密切相关。凡是商品服务贸易、金融投资和税收政策等开放程度高的地区，经济发展水平要高于其他地区，反之亦然。2017年的数据显示，排名前6位的省（区、市）依次是北京、广东、上海、江苏、浙江、天津，全部属于东部地区，排名后6位的省份都在西部地区。①

我们选用货物进出口贸易总额与国内生产总值之比（对外贸易依存度）和外商工业企业营业收入与全部工业企业营业收入之比，来分析四大区域商品贸易开放度和生产开放度。如图5-5所示，东部地区的贸易依存度和生产开放度指数要远远高于其他3个地区。贸易依存度代表着一个地区的商品以及资源要素参与国际市场交易的深度和广度，生产开放

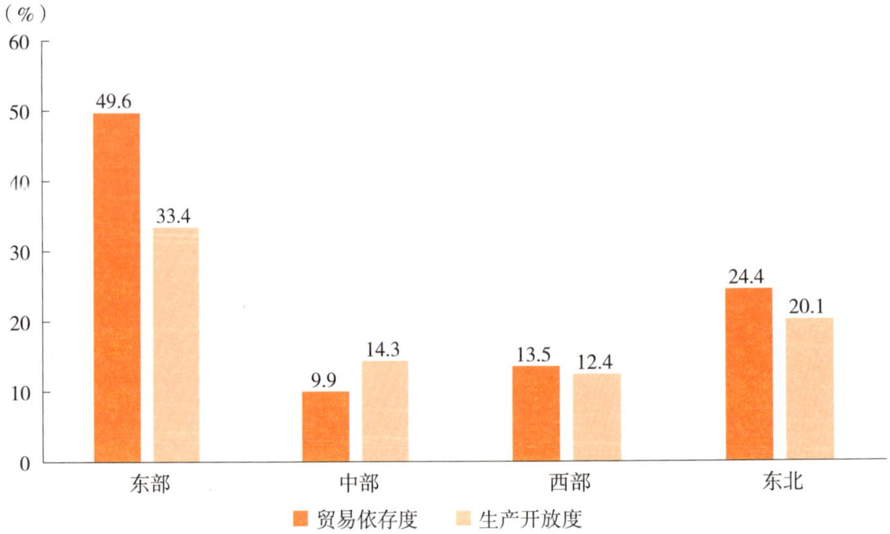

图5-5　2019年地区商品贸易和生产开放程度指数图
资料来源：《2020中国统计年鉴》。

① 国家发展和改革委员会国际合作中心对外开放课题组：《中国对外开放40年》，人民出版社，2018。

度指数代表着外来资本和技术能参与地区产业分工的程度。两个指标可直接或间接地反映出该地区利用两种资源、两个市场的强度和能力。东部地区贸易依存度和生产开放度高，意味着东部沿海省份既可以利用国际资本、技术和资源实现供给规模的扩张，同时又可利用国际市场实现商品出清。因此，与其他3个地区相比，东部地区可利用先发优势在更大的资源要素空间、更广阔的市场范围实现供求结构的动态均衡。对外开放是东部地区率先发展起来的必备条件。

四、科技创新能力差距

不同的创新能力对区域经济发展速度和质量带来全面影响。改革开放以来，国内大量资本、技术和劳动力向东部沿海地区流动和集聚，给当地经济发展带来了巨大的创新活力。当时，这些资本、技术要素在产业配置中属于稀缺资源，流向这里的劳动力素质也相对较高，稀缺资源同较高水平的人力资本相结合，引起十分活跃的创新活动，推动了经济高增长和高效率。表5-11是全国分区域规模以上工业企业研发活动数据，可以看出，同中西部地区以及东北地区相比，东部地区在企业创新研发投入规模、新产品开发项目数、有效发明专利数等方面，占据着绝对优势。2019年东部地区研发投入规模分别是中部、西部和东北地区的3.24倍、5.88倍、20.31倍，新产品开发项目数分别是中部、西部和东北地区的4.34倍、7.98倍、24.91倍，有效发明专利数分别是中部、西部和东北地区的4.77倍、7.42倍、25.96倍。从南方和北方地区比较看，也是南方地区创新优势要远大于北方地区。2019年南方地区研发投入规模、新产品开发项目数量、有效发明专利数分别占到全国比重的72.44%、78.14%、78.57%，而北方地区分别占27.56%、21.86%、21.43%。如此巨大的创新差距可以解释我国区域经济发展不平衡的原因所在。

表5-11　2019年分区域规模以上工业企业研发活动

	研发投入经费		新产品开发项目数		有效发明专利数	
	金额（万元）	比重（%）	项	比重（%）	件	比重（%）
全国	139710991	100.0	673799	100.0	1218074	100.0
东部地区	91433694	65.5	482725	71.6	880801	72.3
中部地区	28232116	20.2	111216	16.5	184632	15.2
西部地区	15543751	11.1	60477	9.0	118708	9.7
东北地区	4501430	3.2	19381	2.9	33933	2.8

资料来源：《2020中国统计年鉴》。

第三节　促进全域性共同富裕的区域战略和政策选择

区域经济发展不平衡，发展差距过大，会给经济社会发展带来诸多消极影响。在消除绝对贫困和全面建成小康社会之后，由让一部分地区先富起来，转向区域协调发展、实现全域性共同富裕，成为新时代的战略选择。

一、新的区域发展战略总体架构

立足区域发展历史和现状的分析和判断，紧扣推动全体性、全域性、全面性共同富裕，以缩小区域发展差距为目标，以加快区域市场化改革进程、积极调整所有制结构、增强区域创新能力建设、实施更加开放的区域发展政策为战略重点，构建促进区域间均衡发展、实现全域性共同富裕的体制机制，努力推进西部地区、东北地区、中部地区、东部地区四大区域板块协调发展战略。大力培育京津冀、长江经济带、粤港澳大湾区、长三角、黄河流域等五大区域增长极（带）。选择一批城市群以梯次推进的战略思路进行重点支持和培育，增强对区域经济发展的支撑和带动能力，形成互补发展、协同发展、绿色发展、共享发展的区域发展新格局，最终实现由部分地区优先发展、率先富裕向区域均衡发展、共同富裕的战略目标转变。

二、缩小区域发展差距的战略重点

如前所述，形成区域间发展差距过大的主要成因是市场化改革进程、所有制结构、对外开放程度、创新能力等方面。今后，缩小区域发展差距的重点是在保持东部地区经济发展领先地位的基础上，加快西部地区、东北地区、中部地区的发展。

首先，加快进行市场化方向的改革，借鉴东部地区改革经验，不断提高区域市场化程度。给予地方政府在经济体制改革上更多的自主权、更大的试验空间，鼓励它们改变相对落后的经济管理方式，转变政府职能，赋予企业更多的市场自由。加快国有企业改革步伐，给予国有企业市场竞争中性地位，放宽市场准入门槛，给予民营企业更大的发展空间，让市场在资源要素配置中起决定性作用。

其次，积极调整所有制结构，大力支持非公有制经济发展。用法律法规手段保护民营企业、外资外商企业的合法权益，落实国家给予非公有制经济的各项优惠政策，以良好的市场营商环境和更具吸引力的体制机制吸引外来资本到本地发展经济，当地政府要把为外来企业发展排忧解难作为重要责任。

再次，进一步实施对外开放的区域发展政策。西部地区、东北地区、中部地区要进一步解放思想，加大对外开放力度，围绕放宽市场准入，促进外来资本、技术顺利进入，充分利用两个市场、两种资源，全力推动本地经济发展。打破部门垄断和地区封锁，消除各种限制市场准入的因素，促进企业有序竞争。积极解决对外开放的软硬环境问题，以补短板为重点加强基础设施建设，创新投融资体制，完善招商引资政策。

最后，落后地区要加强科技创新能力方面的建设。中西部地区和东北地区可以组织实施地区科技创新能力提升行动计划，推出一批本地产业结构转型升级过程中的关键技术、重要产品、核心零部件和重要原材料工程项目；支持企业自主创新能力建设，鼓励企业扩大研发投入规模，积极开展研发活动；深化科技体制改革和机制创新，健全科技创新服务体系，加强面向行业、企业的技术支撑服务，促进科技成果在当地的转化与应用。

三、构建促进区域均衡发展、实现全域性富裕的体制机制

加快构建资本、技术、人才、信息、数据等要素自由流动体制机制。要素自由流动是建立市场经济体制的基本要求，也是推进区域协调发展、实现全域性共同富裕的关键条件。一方面，要打破区际的行政分割壁垒，破除限制资本、技术、人才、信息、数据等要素自由流动的制度性障碍。在破除要素自由流动的制度障碍过程中，各级政府要敢于放权、善于放权，把要素流动和配置权交给市场，让市场在资源配置中发挥决定性作用，政府作用范围限定在为市场提供必要的公共服务。另一方面，要进一步消除对要素资源市场的垄断，积极扩大要素市场化配置的领域和范围。为了促进要素资源跨区流动，提高资源的配置效率，还应在养老、医保、住房保障、户籍管理、人才引进等方面实行“一地认定，多地互认”的制度。

进一步完善财政转移支付制度，对推进区域共同发展、实现全域性共同富裕有重要调节作用。在国民收入初次分配上效率优先是必然选择，但在国民收入再分配上的公平调节政府就要发挥重要作用。完善转移支付制度，政府向落后地区、向低收入者提供财政转移支付支持，是解决区域发展不平衡、实现初步共同富裕的主要途径，也是国际上的通行做法。财政转移支付应重点瞄准欠发达地区基础设施和公共服务的短板、生态环境建设的薄弱环节、主要农产品主产区和低收入者的基本生存需要，适当扩大财政转移支付规模，加大支持力度。转移支付制度要法治化、规范化，转移支付方式应将纵向与横向转移支付结

合起来，优化转移支付结构，严格监管公共资源的使用。

建立健全区域对口支援、对口协作和合作互助机制。深化区域合作、搞好区际利益调节，是推进区域共同发展、实现全域性共同富裕的基本要求。鼓励先富起来的地区帮助落后地区加快发展，充分利用制度优势在北部地区、西南地区和西北地区探索建立“共享发展试验区”。进一步深化实施东西协作，加大东部地区对西部地区的支持力度，继续开展干部挂职交流和系统培训工作，加强对口合作重点产业园区建设，实现互利共赢。依托重大区域战略支持流域上下游、粮食主产区主销区、资源输出地输入地之间开展多种形式的利益补偿，更好促进发达地区和欠发达地区共同发展。积极发展各类社会中介组织、区域行业协会商会，支持企业搭建跨地区跨行业的产业、技术、创新、人才等合作平台，完善区域内省（区、市）政府协商合作机制，构建区域内基础设施一体化建设体系。

建立绿色发展机制。绿色发展是实现地区高质量发展、实现共同富裕的必然选择。要将绿色发展贯穿于区域发展的全过程。按照主体功能定位划分，针对重点开发地区、生态脆弱地区、能源资源富集地区的不同资源特点，协调人和自然的关系，坚持生态文明理念，实施山水林田湖草沙系统治理，着力提高生态系统自我修复能力和稳定性，筑牢自然生态安全边界，促进自然生态系统质量整体提升。完善生态安全屏障体系，以国家重点生态功能区、生态保护红线、国家级自然保护地为重点，实施重要生态系统保护和修复重大工程，加快推进国家生态屏障建设。努力改善环境质量，建立健全环境治理体系。积极推进减污降碳，有效改善空气、水环境质量，不断降低污染风险。加快发展方式的绿色转型，节约利用资源，大力发展绿色经济，强化绿色发展的法律和政策保障体系建设。

在绿色发展转型过程中，要更加强调公正转型，共同分担转型成本，共享转型红利。推进绿色转型必须进一步建立健全生态保护补偿制度。一个完善的生态保护补偿制度能充分反映资源稀缺程度，体现生态价值，协调保护和利用关系，为满足人民日益增长的美好生活需求提供青山、绿水、民富、民安的资源环境。推动绿色转型要引入市场机制，建立区域用水权、排污权、碳排放权交易体系，有效探索不同交易模式，培育市场交易主体，不断完善市场交易制度。要完善绿色转型的基础设施和配套产业建设，大力发展高端环保产业，加快发展污染治理、生态环境监测检测、环境监管信息化等设备制造业，积极推动环保服务业发展。加强绿色转型的投融资机制创新，推动更多主体参与，实现更加公平、高效的发展。

加强区域公共服务制度体系建设，对推动区域均衡发展实现共同富裕具有重大意义。如前所述，区域发展不平衡的一个重要方面就是公共服务。一般而言，公共服务涉及基本教育、基本医疗卫生、基本社会保障、就业服务、住房保障、基础科技、公共文化、公共安全、环境保护等方面。面对诸多公共服务，应根据公共服务的社会性、公平性特点，在兼顾全面的基础上，优先选择最基本的领域实施区域基本公共服务均等化、一体化。当前，推进区域基本公共服务均等化和一体化，在纵向上既要明确各级政府的主要职责，同时中央政府要加大对欠发达地区发展基本公共服务的政策支持，通过增加财政转移支付，加快补齐欠发达地区基本公共服务短板，提高基本公共服务均等化水平。在横向上，鼓励发达地区通过对口支援、对口协作、生态补偿等方式，帮助欠发达地区发展基本公共服务。特别需要强调的是，应促进基本公共服务资源向基层延伸、向偏远落后地区和生活困难群众倾斜，以此降低欠发达地区实现共同富裕的成本。

构建区域基础设施建设协调机制，缩小区域基础设施发展差距，为实现全域性共同富裕创造基础条件。今后，区域基础设施建设的主要任务是缩小区域建设差距，传统基础设施要精准化补齐区域短板，基础设施现代化绿色化要协调推进，基础设施智能化数字网络化要实现区域融合发展。东部沿海地区、城市发达地区要在继续完善传统基础设施、加强新型基础设施建设的同时，加大对欠发达地区基础设施建设的帮扶力度。欠发达地区要借助发达地区的帮扶和国家的支持，合理配置公共资源，将加强基础设施建设作为推进实现共同富裕一项重要任务。首先，着力推进欠发达地区连内通外的大通道建设，促进铁路、公路、民航、水运等多式联运无缝衔接，大幅度改善交通条件。其次，积极推进欠发达地区内部基础设施建设，以缩小同发达地区的发展差距。既要加强区域内部综合交通、能源基础设施、农田水利、生态环境、医疗卫生等传统基础设施建设，也要加强在5G、特高压、高速铁路、新能源汽车充电桩、大数据中心、人工智能、工业互联网、物联网等新型基础设施等方面的建设，力争在21世纪中叶为本地打造一个集约高效、经济适用、智能绿色、安全可靠的现代化基础设施体系。以此为契机，为促进经济高质量发展，改善民生环境，实现全体社会成员的物质富裕和非物质富裕提供最基本的基础性支撑。

四、积极推进四大区域板块协调发展战略

一是推进西部大开发形成新格局，争取在实现共同富裕的道路上不落后。采取重大举措推进西部大开发，在开展综合治理的基础上推进西部地区的健康持续发展，是实现全域性共同富裕的要求。积极融入“一带一路”建设，强化开放大通道建设，构建内陆多层次开放平台。借助东西合作、借力国家扶持、利用自身力量，加大西部地区基础设施投入，实施一批重大生态工程。努力拓展民营经济发展空间，大力支持发展特色优势产业。集中公共资源补齐教育、医疗卫生、养老保障等民生领域短板。

二是推动东北振兴取得新突破，争取在实现共同富裕的道路上不掉队。深化体制机制改革，加大对外对内开放力度，实施更具吸引力的战略举措，有效集聚资本、技术、人才、信息等，不断增强自我发展能力和实现共同富裕的能力。深化国有企业改革，大力发展民营经济，着力优化营商环境，改造提升装备制造等传统优势产业，培育发展新兴产业和寒地冰雪、生态旅游等特色产业，加快发展现代农业，打造保障国家粮食安全的“压舱石”，形成新的均衡发展产业结构和竞争优势。深化与东部地区对口合作，推进东北地区把蛋糕做大，把居民收入水平做高，将社会保障方面的短板补齐，使得经济社会发展迈上新台阶。

三是开创中部地区崛起新局面，争取在实现共同富裕的道路上同东部地区缩小致富差距。出台一批改革开放新举措，建设内陆开放新高地，推动经济实现高质量发展，争取在较短时间内缩小与东部地区的发展差距，为实现全域性共同富裕作出贡献。深化国有企业改革，着力支持民营企业发展，集中力量打造先进制造业基地，在沿长江以及京广、陇海、京九等铁路沿线建设一批中高端产业集群，积极承接新兴产业布局和转移。加快发展现代农业，打牢粮食生产基础，不断提高农业综合效益和竞争力。加强生态环境建设，着力构筑生态安全屏障。

四是鼓励东部地区加快推进现代化，不断增强其在实现共同富裕中的引领、示范作用。作为率先发展和先富起来的地区，在实现全域性共同富裕的道路上，东部地区要具备两种能力：一是利用两个市场、两种资源，集聚创新要素优势，进一步强化自身经济的发展能力，在全国率先实现高质量发展，进而率先实现共同富裕；二是利用区位比较优势，加强对中西部及东北地区的创新引领和示范带动作用。为此，要在更高层次参与国际经济合作和竞争，打造对外开放新优势，率先建立全方位开放型经济体系。加快培育世界级先进制造业集群，引领新兴产业和现代服务业发展，提升要素产出效率，扎实推进产业升级。

专栏7 中国的区域发展战略与发展格局演变

中华人民共和国成立初期，中国工业化水平低下，而且分布极不平衡。1952年，沿海地区工业总产值占全国比重超过2/3，占全国国土面积3/4的内陆地区工业产值仅占不足1/3。而沿海地区的工业也主要集中在上海、天津等少数大城市和辽宁、江苏、山东等省份的部分城市，仅上海市工业总产值就占到全国的20%。

为改变不平衡的工业布局，从“一五”计划开始在全国适当地分布工业生产力，使工业接近原料、燃料的产区和消费地区，巩固国防。在此背景下，156项工程开始布局建设。在实际实施建设的150个项目中，东北地区有56个、西部有48个、中部有

37个、东部仅有9个。资源向东北地区的倾斜显著加快了东北地区重工业发展。

20世纪60年代，中国面临来自北部边境的巨大战略压力。为加强战备和内地建设，中国大力开展三线建设，将沿海一些重要工业向西南、西北省份及中部和沿海地区腹地等内陆地区转移。到1978年，中西部工业固定资产原值达全国的56%，超过东部沿海地区，工业总产值增长3.92倍。三线建设使中西部地区建立起规模庞大、门类齐全的科研与生产相结合的现代工业体系，在一定程度上也促进区域均衡发展。

改革开放后，为了激发调动经济活力，我国采用“让一部分地区、一部分人先富起来”的区域梯度发展战略。在这一战略下，东部沿海地区率先实现快速发展，区域发展差距有所扩大。

20世纪90年代末，区域发展不平衡问题日渐凸显。为了缩小区域发展差距，先后出台了三大区域发展战略。1999年党的十五届四中全会通过的《中共中央关于国有企业改革和发展若干重大问题的决定》提出要实施西部大开发战略，以加快中西部地区发展，促进经济发展、民族团结和社会稳定，推动区域协调发展，最终实现共同富裕。2003年，中共中央、国务院发布《关于实施东北地区等老工业基地振兴战略的若干意见》，加快东北地区发展。2006年，中共中央政治局召开会议指出，促进中部地区崛起。这3个区域发展战略成为中国新时代区域发展战略的三大支柱。

三大区域发展战略实施后，中国区域发展差距扩大的势头得到了遏制，区域间发展差距有所缩小。2005—2020年，我国省际经济发展相对差距稳步缩小，省际人均GDP的基尼系数从0.267缩小到0.194。

资料来源：

李大健：《新中国缩小区域经济差距的初次尝试及其长期影响——对156项工程的再审视》，《当代经济研究》2021年第6期。

朱佳木：《进一步认识三线建设史研究的意义与任务》，《当代中国史研究》2022年第3期。

五、以培育区域增长极（带）提升地区经济实力

推进经济进一步发展需要培育区域增长极（带），实现共同富裕更需要一批区域增长极加快发展。优先选择京津冀、长江经济带、粤港澳大湾区、黄河流域作为培育区域增长极（带）的突破口，带动地方发展，促进共同富裕。

加快推动京津冀协同发展，在打造以首都为核心的世界级城市群过程中促进共同富

裕。按照一核、双城、三轴、四区、多节点、两翼[①]的空间布局，优化本区域公共资源，积极推进公路、轨道交通等基础设施的一体化，努力提高教育、医疗卫生、养老等公共服务的均等化程度，在人才资质互认、人口迁徙、信息互联互通、物流服务、改善生态环境等方面，开展深度合作，实现融合发展。

以推动长江经济带发展实现全面共同富裕。长江经济带是横跨东中西、连接南北方的战略轴带。按照长江经济带“一轴、两翼、三极、多点”[②]的发展新格局，要充分发挥下游发达地区和沿江大城市对不发达地区在实现共同富裕过程中的引领和带动作用，通过对口支援、对口合作协作、产业帮扶、新型城镇化推进等，促进落后地区的发展。落后地区也要借助外来支持，不断强化基础设施建设，提高公共服务均等化程度，培育和发展本地区的支柱产业，以提高自我发展能力。要重视落后地区中低收入群众的就业和收入增长问题。加强就业服务，支持他们就业、创业，进一步完善社会保障制度，以缩小同发达地区的收入和生活差距。

以推进粤港澳大湾区建设促进实现较高水平的共同富裕。围绕构建结构科学、集约高效的大湾区新发展格局，以基本形成国际一流湾区和世界级城市群为目标，增强深圳、广州、佛山、珠海等城市对实现共同富裕的示范引领作用，以粤港澳大湾区为龙头，以珠江—西江经济带为腹地，带动中南、西南地区共同发展、共同富裕。加强区内基础设施一体化建设，畅通对外联系通道，提升内部联通水平。加快发展先进制造业，培育壮大战略性新兴产业，加快发展现代服务业，大力发展海洋经济，创新绿色低碳发展模式，为实现共同富裕打造新型产业体系。建设开放型融合发展的区域协同创新共同体，建设全球科技创新高地和新兴产业重要策源地。加强“两廊、两点”[③]架构体系建设，推进综合性国家科学中心建设，便利创新要素跨境流动。为实现本区共同富裕提供强大科技支撑。深化通关模式改革，促进人员、货物、车辆便捷高效流动。扩大内地与港澳专业人才资格互认范围，深入推进重点领域规则衔接、机制对接，最终将粤港澳大湾区打造成在实现共同富裕道路上的外向型经济增长极。

以提升长三角一体化发展水平稳步推进共同富裕。按照要将长三角区域发展成为“一极、三区、一高地”[④]的要求，瞄准国际先进科创能力和产业体系，加快建设长三角科创

① “一核”指以北京为核心；“双城”指北京、天津；“三轴”是京津发展轴、京保石发展轴、京唐秦发展轴；“四区”包括中部核心功能区、东部滨海发展区、南部功能拓展区和西北部生态涵养区；“多节点”包括石家庄、保定、唐山、邯郸等区域中心城市和张家口、承德、廊坊、秦皇岛、沧州、邢台、衡水等节点城市；“两翼”指北京城市副中心、河北雄安新区。

② “一轴”是指以长江黄金水道为依托，发挥上海、武汉、重庆的核心作用，以沿江主要城镇为节点，构建沿江绿色发展轴。“两翼”是指发挥长江主轴线的辐射带动作用，向南北两侧腹地延伸拓展，提升南北两翼支撑力。“三极”是指以长江三角洲城市群、长江中游城市群、成渝城市群为主体，发挥辐射带动作用，打造长江经济带三大增长极。“多点”是指发挥三大城市群以外地级城市的支撑作用，以资源环境承载力为基础，不断完善城市功能，发展优势产业，建设特色城市，加强与中心城市的经济联系与互动，带动地区经济发展。

③ “两廊、两点”指广深港、广珠澳科技创新走廊和深港河套、粤澳横琴科技创新极点。

④ “一极、三区、一高地”是指全国发展强劲活跃增长极，全国高质量发展样板区、率先基本实现现代化引领区、区域一体化发展示范区，新时代改革开放新高地。

走廊和沿沪宁产业创新带，提高长三角地区配置全球资源的能力和辐射带动国内其他地区实现共同富裕的能力。加快基础设施互联互通一体化，实现长三角地级及以上城市交通高效衔接、高铁全覆盖。加快公共服务一体化发展、便利化共建共享，优化优质教育和医疗卫生资源布局。推进生态环境共保联治，高水平建设长三角生态绿色一体化发展示范区。

专栏8　崛起的中国城市群

改革开放以来，中国城镇化快速发展，常住人口城镇化率已从1978年的17.92%上升至2021年的64.72%。中国城市由小变大、由大变强，成为全球城市网络的重要组成部分。科尔尼管理咨询公司发布的《全球城市指数报告（2021）》显示，北京、香港、上海的全球城市指数排名进入前10位，广州、深圳、杭州、成都等中国城市的排名也不断上升。

随着城镇化发展进入中后期，城市群的崛起和都市圈的发展成为中国当前和未来数十年最重要的经济地理现象。中国正努力把握城市群发展带来的巨大机遇。2014年颁布的《国家新型城镇化规划（2014—2020年）》提出以城市群为主体形态，推动大中小城市和小城镇协调发展。2016年出台的“十三五”规划提出要建设19个城市群。2019年2月出台的《国家发展改革委关于培育发展现代化都市圈的指导意见》指出要“培育发展一批现代化都市圈，形成区域竞争新优势，为城市群高质量发展、经济转型升级提供重要支撑”。

近年来，中国发展研究基金会对12个重点城市群的一体化进程进行监测评估。研究表明，2006年来，中国人口持续向城市群集聚。京津冀、长三角、珠三角、成渝、武汉、长株潭、辽中南、哈长、关中、中原、海西、山东半岛这12个城市群常住人口占全国人口份额从2006年的61.5%上升至2019年的64.8%。2020年，受新冠疫情的冲击，12个城市群地区的人口份额才略有下降（减少了0.2个百分点）。

抓住城市群，就抓住了中国经济的根本。2020年，12个城市群占全国经济总量（现价GDP）的比重已达74.6%。其中，长三角的经济总量占全国的20.2%，珠三角和京津冀经济总量占全国的比重分别为8.8%和8.5%，三大城市群占全国经济比重之和超过37.5%。此外，中原、海西和成渝的经济占比也在6%～7%。

城市群一体化发展有助于缩小区域间的经济发展差距。2006—2020年，除京津冀地区外，其余城市群内城市的人均GDP基尼系数均在缩小。其中，长三角城市群人均

GDP的基尼系数缩小46.2%，缩小幅度居首位；成渝和关中城市群内部的人均GDP基尼系数也缩小了42.9%和42.7%。可以说，中国城市群的崛起和一体化，对于释放经济发展动能、促进区域均衡发展、推进共同富裕具有重要意义。

资料来源：中国发展研究基金会课题组（2022）。

黄河流域以生态保护和高质量发展推进逐步实现共同富裕。按照建设黄河流域生态保护和高质量发展先行区的要求，坚持分类指导、分区施策，进一步优化沿岸人口、城市和产业布局。加大上游重点生态系统保护和修复力度，创新中游黄土高原水土流失治理模式，推动下游二级悬河治理和滩区综合治理。以缩小城乡区域差距、提高人民生活水平为目标，支持各地区发挥比较优势，构建高质量发展的动力系统。优化中心城市和城市群发展格局，统筹沿黄河县城和乡村建设，推动经济发展条件好的地区集约发展，提高经济和人口综合承载能力。落后地区要有效利用多渠道优势资源，改善发展经济的外部条件，培育内生动力，发展特色产业，增加城乡居民收入，提高基础设施和公共服务水平，全力保障和改善民生，带领人民逐步实现共同富裕。

六、选择一批城市群重点培育优先发展，以增强对区域经济发展的支撑和带动能力

实施四大区域板块协调发展战略，培育五大区域增长极（带），都离不开城镇化的推进。特别是当一国工业化进入中后期后，城市群对促进区域协调发展将起到关键支撑作用。在推进区域经济协调发展中，以中心枢纽城市为依托，同周边若干城市形成连绵区（带），可以大量吸引人口，从更大范围集聚和配置资源要素，推动科技创新，促进产业转型升级，以此形成区域规模优势，带动周边地区走共同富裕之路。

今后，发展城市群可采取梯次推进的战略思路，选择京津冀、长三角、珠三角、成渝、中原等城市群作为第一梯队，优先提升发展；选择山东半岛、长江中游、海峡西岸、关中平原、北部湾等十大城市群为第二梯队，支持重点发展；选择哈长、辽中南、山西中部、黔中、滇中、呼包鄂榆、兰州—西宁、宁夏沿黄、天山北坡等城市群作为第三梯队，着力培育发展。在区域空间上，围绕中心枢纽城市构建都市圈，依托都市圈加强县（市）镇建设，形成多中心、多层级、多节点的网络型城市群。要赋予城市群更大的改革开放权限，持续提升城市群的综合承载能力和资源优化配置能力，增强对区域发展和推进共同富

裕的辐射带动作用。对此，要构建城市群协调发展体制和成本共担、利益共享机制，实施以市场规则为基础的城市空间政策，促进城市群内部要素自由流动，深化户籍制度和社会保障制度改革，全面放宽放开农业转移人口市民化的落户条件限制，实现户籍身份、社会保障、劳动就业等互认共享。统筹城市群内部公共资源配置，实现基础设施建设同城化，能源、交通、通信及管网设施一体化，公共服务对常住人口的全覆盖和均等化。要充分发挥城市群产业空间集聚效应、公共服务共享效应，依托比较优势，引导区域分工，搭建各种产业联盟载体和平台，改善营商环境，不断增强区域集聚能力，推动产业联动发展、集群发展，为实现区域共同富裕创造经济条件。

第六章

缩小收入分配差距

- 完善初次收入分配制度
- 坚持就业优先，促进充分就业，提高就业质量
- 完善再分配政策，提高收入分配的调节力度
- 缓解相对贫困的机制和政策
- 发挥第三次分配的作用
- 提高收入阶层流动性

进入21世纪以来，中国收入分配格局出现新变化。居民收入差距经历了先持续扩大，后在高位上波动的过程。从国家统计局公布的数据看，2003年全国收入差距的基尼系数为0.473，2008年上升为0.491，随后出现了缓慢下降，2015年下降为0.464，而最近几年又有所回升，2020年大约为0.47。如果不调整现有经济格局和公共政策，收入差距的高位波动将会是未来的一个长期态势。

这种收入分配状况产生的社会经济负面影响变得愈发严重。它带来了消费需求不足和内需不足，导致经济增长速度下滑；带来了社会阶层的分化，不利于社会的和谐与稳定；降低了民众对社会主义社会性质的认同感。这些负面作用最终会影响到国家的现代化进程，甚至会导致经济发展的停滞不前。收入分配不合理是当前发展阶段中必须要解决的问题。收入分配改革和制度创新是缩小收入差距，实现共同富裕的重要路径。

第一节　完善初次收入分配制度

初次分配是收入分配体系中的基础性环节，建设合理的初次分配制度是夯实收入分配结构公平合理的重要基础。初次分配的过程和结果是由市场主导的，决定各种生产要素报酬份额的大小和分配结果的合理性。在健全的市场经济体系中，完善的市场制度不仅对各种资源配置起到决定性的作用，而且对各种要素报酬的分配起到决定性作用。

一般来说，家庭收入形成的起点是市场收入，是家庭劳动力和资本参加生产过程获得劳动报酬和资本收益，包括工资性收入、经营性收入和财产性收入。如果生产要素市场不完善，存在着较为严重的行业垄断、市场扭曲和分割的情况，将导致生产要素配置的低效率，并带来严重的收入分配不公问题。因此，初次分配的政策取向，主要应该是解决市场扭曲和市场不完善的问题，尤其是创造公平的竞争环境，完善劳动、资本、技术、土地、管理等要素按贡献参与分配的初次分配机制。①

一、完善劳动力市场，促进劳动力流动，实现就业机会均等

要改革城乡分割的户籍制度，实施全国统一的居住证制度，消除劳动力市场的城乡身份藩篱，减少对农民工和低工资人群的就业歧视、工资歧视和社会保障方面的歧视，建立

① 杨宜勇，顾严：《当前我国社会领域的结构性改革》，《人民论坛·学术前沿》2016年第1期。

和完善公平竞争的劳动力市场。[①]在劳动力市场中实行平等的就业机会、同工同酬和同等的社会保障待遇。

二、破除资本市场垄断，增加资本供给

资本市场的垄断造成资本价格的扭曲和资本要素的不合理配置，导致资本要素生产效率的低下，已严重影响到资本市场的健康发展。这种情况的产生，主要是资本市场受到过多的行政性干预，各种管制性政策大多是有利于大资本和国有资本，而对中小资本和非国有资本实施了不同程度的限制和约束。

资本市场垄断不仅直接造成不同资本要素的不同报酬，而且间接带来了行业间和企业间员工工资收入差距的扩大。从国民收入账户的资金流量表中可以看出，21世纪以来不同行业间盈余差距急剧扩大，具有明显垄断性行业的盈余大幅增加，而竞争较大的行业盈余不断衰减。2000年金融业盈余占全社会盈余的份额不足4%，2017年超过18%，而同期一些实体经济行业的盈余占比却出现了不同程度的下降，如机械设备制造业从1998年的22%下降到10%，纺织服装业从11%下降到2%，其他制造业从14%下降到2%[②]。与此同时，垄断行业与竞争行业之间的工资收入差距也出现了明显的扩大。在20世纪90年代初期，行业之间工资收入差距并不明显，一些有垄断成分的行业如金融业的工资水平与制造业几乎持平，而2015年前者比后者高出2倍。

资本是市场经济中最基本、最活跃的要素之一，打破资本市场的垄断，建立和完善公平、有效的资本市场秩序，降低资本进入市场的门槛，让更多的民间资本更加自由地进入金融市场，特别是使一些中小民间资本获得公平的收益，不仅有助于资本市场的健康发展并带动经济增长，而且有助于降低资金成本和提高金融普惠性，缩小收入差距和实现共同富裕。

三、培育和发展土地市场，增加农民财产性收入

在生产要素市场中，土地市场的发育和发展相对滞后。在过去经济高速发展过程中，一些地区的土地资源大幅度升值，但受到土地制度的限制，农民作为土地的主要产权人并没有从土地升值中获得应有的收益，造成土地资源报酬的严重错配和不合理分配。需要推进土地制度改革，让土地所有者分享土地升值带来的收益。

一定程度上，中国还没有真正的土地市场。土地市场的形成是与农民利益密切相关

① 杨宜勇，顾严：《当前我国社会领域的结构性改革》，《人民论坛·学术前沿》2016年第1期。
② 李实，陈基平：《改革开放以来中国国民收入分配格局》，全国政协“共同富裕”课题组研究报告，2021。

的，有助于农民收入提高，也有利于改善农村内部收入分配，降低收入差距。建立有效的土地市场涉及土地制度改革、产权制度的保护、土地交易市场的完善等一系列问题，更重要的是要还土地的权利于农民。

四、调整政府、企业、居民三者分配关系，提升居民收入份额

在初次分配过程中政府也是直接的参与者，政府通过征收生产税等方式参与初次分配过程。企业和居民（劳动者）也是初次分配的参与者，从而形成了政府、企业和居民之间的分配关系。在初次分配中，政府获得生产税收入，企业获得资本收益，劳动者获得劳动报酬，三者收入份额的比例在很大程度上会影响到收入分配格局和收入差距的变化。

在计划经济时期，居民的收入份额处于下降状态，造成了居民收入增长的长期停滞。改革开放以来，中国初次分配中形成的政府、企业和居民收入分配关系出现了很大的变化。从1978年到1991年，国民收入分配不断向居民倾斜，居民收入份额逐年提高。1978年居民收入份额占比为51.6%，随后逐年上升，1991年达到67.5%。与此对应，企业收入份额不断下降，从27.7%下降到11.5%。政府收入份额在这一段时期相对平稳。1992年后，居民收入份额出现了较长时期的下降，从1992年的65.5%大幅下降到2008年的57%，下降了8.5个百分点。与此同时，政府收入份额从1992年的11%上升为2008年的14.1%。

居民收入份额的降低会直接影响到居民消费需求，加上住房价格的不断升高，造成了居民消费需求的下降，从而影响到国内经济大循环的形成和长期经济增长，不利于共同富裕的稳步推进。为了改变这种状况，不仅需要保证居民收入与国民收入同步增长，还需要通过降低政府的生产税减少政府收入份额，稳定企业的收入份额，实现居民收入份额的上升。

五、建立有效的企业内部分配机制

在完善要素市场的同时，还需要建立企业内部的分配机制和分享机制，以实现更加合理的劳动报酬与资本收益之间分配关系。在劳动力市场存在分割和许多歧视性制度的情况下，建立合理的企业内部分配机制就变得更为必要。在资本强势、劳动弱势的情况下，劳动者的权益难以得到保障，劳动不能得到合理补偿，劳动报酬会被压到很低水平。企业内部的分配是调整劳动与资本分配关系的一种制度安排。

在过去近20年中，工资协商机制已在一些地区和企业逐步推开，但是效果并不明显。这种制度在一些大企业，特别是在国有大企业已初步形成，但是这些企业员工往往都有较高的工资水平，甚至高出市场标准的工资水平，而且有较为规范的工资制度，他们对工资

协商制度的需求并不很迫切。对这种制度有更大需求的是中小企业的员工，但是这些企业都缺少规范的工资制度，更缺少工资协商制度，即使有也是形同虚设，不能发挥作用。究其原因，就是工资协商制度运行的基础是参与协商的各方是利益的真正代表，企业方真正代表资本，员工方真正代表劳动者。然而，在现实中，企业方真正代表了资本，但是员工方不一定真正代表劳动者，从而形成了协商（谈判）双方的利益诉求一致性远大于其差异性，很容易造成协商结果更有利于资方，而劳动方面的诉求得不到体现。因此，重构企业内部的分配机制，需要解决工资协商（谈判）机制中的利益方的代表性偏差的问题。工会制度和体制需要改革，增强其劳动方的代表性。在工会制度不变的情况下，企业重建工资协商委员会，由职工代表大会推选一定数量的代表参与每年的工资协商（谈判）。

六、发挥最低工资政策的作用

在现代市场经济中，最低工资政策是政府最常采用的一种工资支付保障和调节收入分配的制度安排。最低工资标准由政府设定，并从法律上严格规定企业要按照这一标准支付工资，其初衷是保障低工资劳动力的基本工资权益和缩小工资差距。对于这一政策的有效性及其带来的影响，学术界一直存在争论，并没有形成一致性的结论。就一般意义上来说，最低工资政策的有效性取决于几个方面：第一，劳动力市场的完善程度。在一个不完善的劳动市场中，在劳动处于弱势情况下，最低工资政策确实可以起到保护企业员工工资权益的作用。第二，这一政策的执行强度，即企业的遵守率。如果大部分企业不遵守政策，或用各种办法规避政策，那么该政策就不会起到预期的作用。第三，最低工资标准的高低。最低工资政策是一个双刃剑，标准太高虽然会使得一部分低工资员工的工资有所增加，但是会导致企业用工成本增加，减少员工雇用，带来社会失业增加；标准太低，对增加低工资员工工资就发挥不了作用。因此，须制定与宏观经济以及劳动力市场供求状况相协调的最低工资标准，在促进就业的同时保障劳动者收入。

第二节　坚持就业优先，促进充分就业，提高就业质量

就业是民生之本，是劳动者创造社会财富，获得就业收入，享受社会发展成果的最主

要途径。在城镇地区，劳动者获得就业收入构成其家庭收入的主要部分，在农村也变成越来越重要的部分，收入差距主要是不同就业者获得收入的差别。一个劳动者的收入既决定于其劳动时间的长短、就业时间的长短，也决定于其就业质量的高低。充分就业不仅能为全部劳动者提供收入保障，而且会减少就业群体的收入差距。就业质量体现在两个方面：一是就业者的技能和劳动生产率，二是就业者的工资水平。也就是说，提高就业质量是指通过提高劳动生产率带来工资收入上升的就业岗位的增加。就业质量的提高是渐进的过程，是不平衡的发展过程，因而它对收入差距的影响往往会呈现一个先扩大后缩小的“倒U形”的变化。

实现促进充分就业是以较高经济增长速度为基础的，也是与经济结构相关的，更与就业政策密不可分。现今中国劳动力市场基本上处于供求平衡的状态，一定的经济增长速度可以保证较为充分的稳定就业，更高的经济增长速度可以形成劳动力市场供不应求的局面，从而拉动工资的上升。从就业人员结构来看，充分就业是让那部分在劳动力市场上最没有竞争力、最易于失业的劳动力能够具有较为稳定的就业就会，获得收入保障。这正是充分就业有利于缩小收入差距的原因所在。

在劳动力市场供求相对平衡的情况下，要考虑经济结构变化对就业的影响。经济结构变化必然会引起就业需求结构发生变化，从而可能引起劳动力市场上供求失衡问题。加上劳动力市场存在信息不对称、工作转换中摩擦性问题，在经济结构调整过程中，对于就业人群，工作岗位与员工的技能不匹配、企业与员工地位的不对等等原因，会导致结构性失业或就业不足，甚至就业质量下降。这会引起收入差距的扩大。

近年来，中国的宏观经济状况发生了显著改变，为促进充分就业、提高就业质量创造了机会和挑战。中国的劳动力数量和就业规模呈下降趋势，劳动力的素质（受教育水平）大幅提升。但是，技术进步、贸易摩擦和新冠疫情冲击也对就业的数量和质量产生了深刻的影响。比如，工业机器人的大规模使用、数字经济和零工经济的兴起，一方面创造了新的职业和就业机会，另一方面也对传统劳动力市场形成了挤压，这些都对企业和劳动者的劳动关系以及从业人员的收入和福利状况产生了巨大影响。

一、中国城乡就业的基本态势和存在的问题

中国经济进入新发展阶段后，劳动力市场和就业态势发生变化，出现了新的问题和挑战。这不仅会对经济格局产生影响，也在很大程度上影响收入分配格局的演变。

（一）劳动供给下降，就业总量减少

中国就业规模进入负增长时期。图6-1显示，2000年中国就业人员为7.21亿，之后虽然

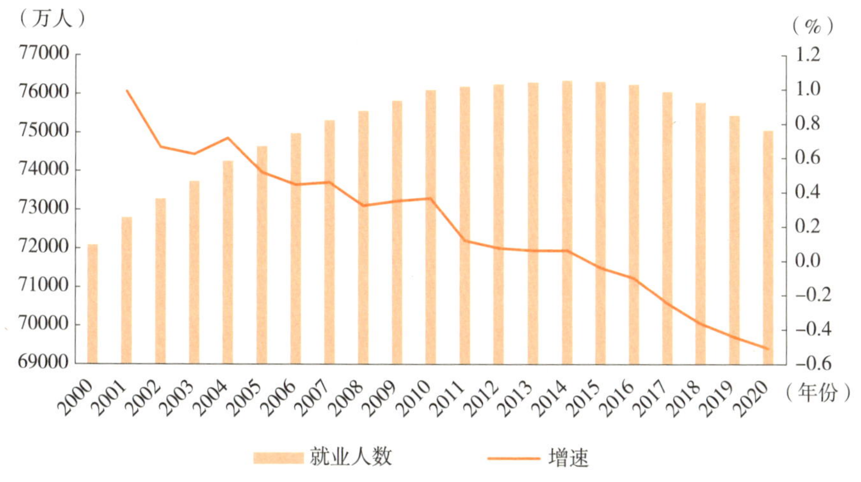

图6-1　2000—2020年中国就业人员

资料来源：国家统计局2000—2020年数据。

逐年增长但增速逐渐放缓，并于2014年到达顶峰（7.64亿）。2014年后就业人数开始逐年下降，增长由正转负。2018年、2019年分别比上年减少276万、335万，2020年因受新冠疫情影响比上年减少390万。全国就业人数从2014年的最高峰7.64亿下降至2020年的7.51亿，6年间共减少了近1300万。

近10年来，中国15～64岁人口数量的减少是导致就业规模下降的重要原因。随着人口增速放缓、进入老龄化社会，处于劳动年龄的人口逐渐减少。图6-2给出了2000年以来15～64岁的人口数量及其在总人口中的比重。2000—2013年15～64岁的人口数量从8.9亿上升至10.1亿。之后到2020年几年间有所下降，2020年下降至不足9.7亿。该年龄段人口所占的比重也从2010年的74.5%下降至2020年的68.6%。

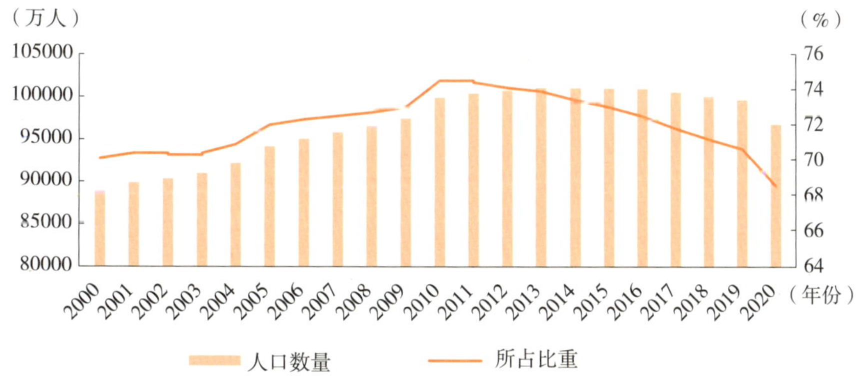

图6-2　2000—2020年中国15～64岁人口数量及其占比

资料来源：国家统计局2000—2020年数据。

就业人员减少的另一个原因是劳动参与率的持续下降。图6-3显示，2000年男性的劳动参与率为83.4%，2010年下降至78.3%，2019年进一步下降至75.7%。女性劳动参与率一直显著低于男性，下降幅度也高于男性。2000—2019年女性劳动参与率下降了10.5个百分点

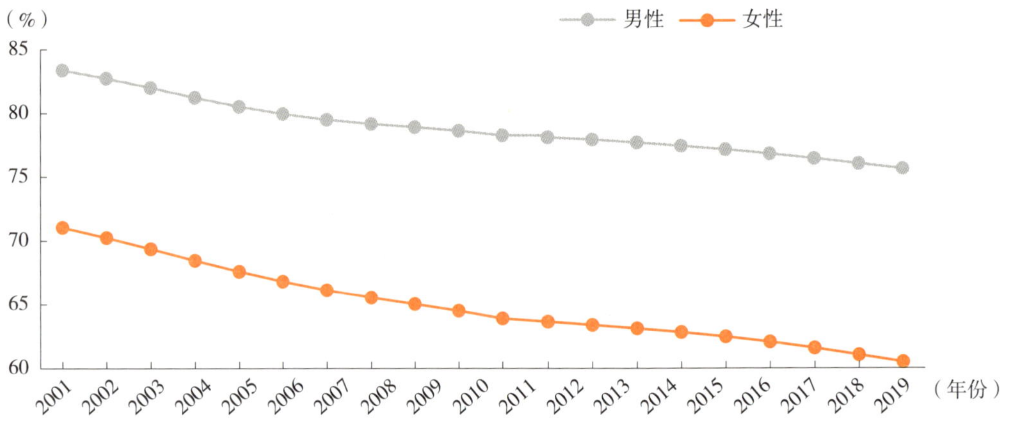

图6-3　2000—2019年15岁以上人口的劳动参与率

资料来源：世界银行数据库2000—2019年数据。

（男性为7.7个百分点）；最近10年降幅为4个百分点（男性为3个百分点）。劳动参与率的下降是多方面原因导致的。首先，年轻群体就读高中和大学的比例大幅上升，直接降低了劳动参与率。其次，随着家庭收入水平的提高，女性的劳动参与率趋于下降。

（二）劳动力质量稳步上升

中国劳动力的教育水平不断提升，一定程度上缓解了劳动力数量减少带来的负面影响。2020年全国15岁以上居民的平均受教育年限为9.91年，比2010年上升9.14%。另外，随着高等教育扩招，接受过高等教育的人数也在逐步增加。图6-4显示，无论是城镇还是农村地区，低年龄组中拥有大专及以上学历的劳动力数量都显著增加。在城市地区，60岁群体拥有大专及以上学历约为10%；40岁群体为25%，而在20岁群体中，超过70%拥有大专及以上学历。农村地区劳动力中高等教育毕业生的比例长期较低，在40岁人群中，拥有大专及

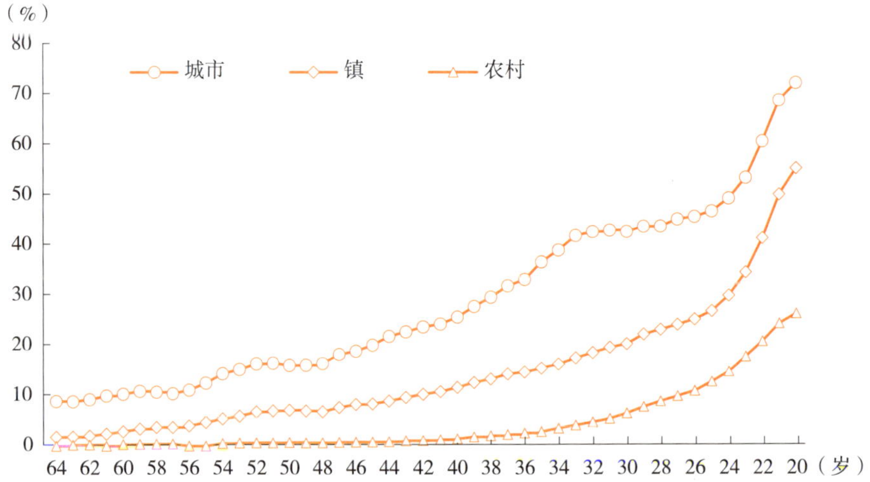

图6-4　不同年龄段城乡居民中拥有大专及以上学历的比例

资料来源：《2015年全国1%人口抽样调查资料》。

以上学历的不足2%，而在20岁人群中已超过25%。受教育水平提高和更高学历劳动力的增加，有助于提升总体劳动参与率，也有助于提高劳动生产率。

虽然中国劳动力的受教育水平与过去相比有较大提升，但是目前整体的受教育水平仍然很低。农民工群体和欠发达地区农村劳动力受教育水平更是有待提升。

（三）技术进步与就业结构变化

劳动力就业结构及其产业和地区分布，反映了经济结构、技术进步和消费需求结构变化的影响。近年来劳动力越来越多地分布在服务业部门，尤其是平台经济的兴起吸引更多劳动者从事服务业工作。信息与数字化技术改变着就业结构和职业构成，集中体现为工业机器人的大规模使用导致制造业工人数量减少。

技术进步改变了对不同类型劳动力的需求。在过去数十年中，计算机技术、人工智能、工业机器人、平台经济等新技术、新工具和新商业模式的兴起，对就业的规模与结构产生了显著影响，也影响到不同就业人群的相对工资水平的变化。数字经济和平台的兴起也对传统的劳动关系形成一定冲击。

改革开放以来中国职业结构出现明显变化。如表6–1所示，服务和销售人员从1990年的4.16%大幅上升到2015年的24.48%。特别在2010年以后，就业人群的职业构成越来越受到技术进步的影响。在2010年到2015年，制造业工作岗位略有减少，而服务类和专业类岗位不断增加。

表6–1　1982—2015年中国的职业结构变化（%）

职业（按照一位职业代码分类）	1982年	1990年	2000年	2010年	2015年
负责人/管理人员	0.46	1.2	1.76	2.34	1.78
专业人员	1.36	2.16	5.55	8.38	7.9
技术和辅助专业人员	4.09	4.86	3.99	6.4	7.68
办事人员	1.76	2.45	0.87	1.55	1.09
服务和销售人员	2.37	4.16	8.47	20	24.48
农林牧渔相关人员	74.57	72.31	62.44	32.46	31.27
手工和相关人员	8.33	6.96	6.39	12.31	13.46
工厂设备操作人员	4.93	3.87	8.62	13.08	10.7
非技术工人	2.11	2.07	1.93	3.51	1.59
按照低中高技能分类					
低技能（农业、非技术工人相关职业）	76.68	74.38	64.37	35.97	32.86
中等技能（办事人员、销售人员、生产人员）	17.39	17.44	24.35	46.94	49.73
高技能（管理、专业、技术人员）	5.91	8.22	11.3	17.12	17.36

资料来源：根据历年的人口普查数据或1%人口抽样调查数据计算。见Xing（2021）。

技术进步的另一个集中体现是工业机器人的大规模使用。2019年中国内地每万名制造业工人中安装的工业机器人的数量为187台，远高于世界平均水平（113台）。根据国际机器人联合会的最新数据，2019年中国在运行的工业机器人数量为78.3万台，新机器人的出货量为140.5千台，是全球工业机器人出货量最多的国家（见图6-5）。中国已成为目前世界上最大、增长最快的工业机器人市场[①]。

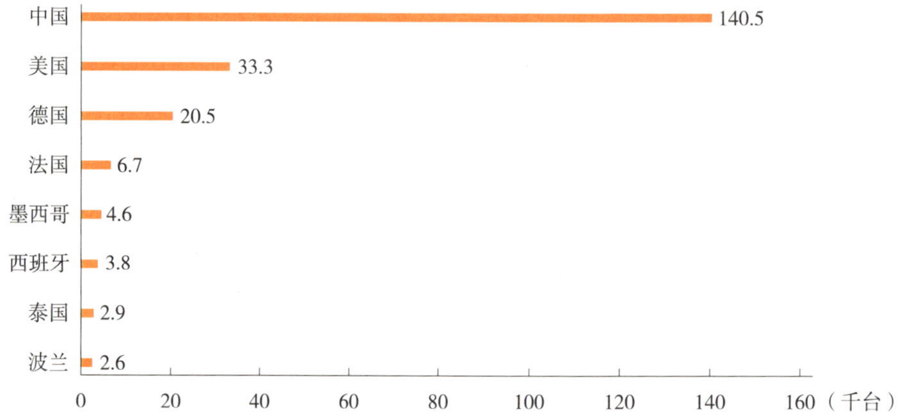

图6-5　2019年全球主要工业机器人安装市场

资料来源：《2020世界机器人报告》。

在工业机器人得到广泛使用的同时，制造业工人数量不断下降。图6-6给出了2004—2019年中国城镇地区制造业就业人数的变化情况。2004年至2014年，中国城镇地区的制造业工人数量从4207万人上升至7960万人，10年间几乎翻了一番。此后制造业工人的数量开

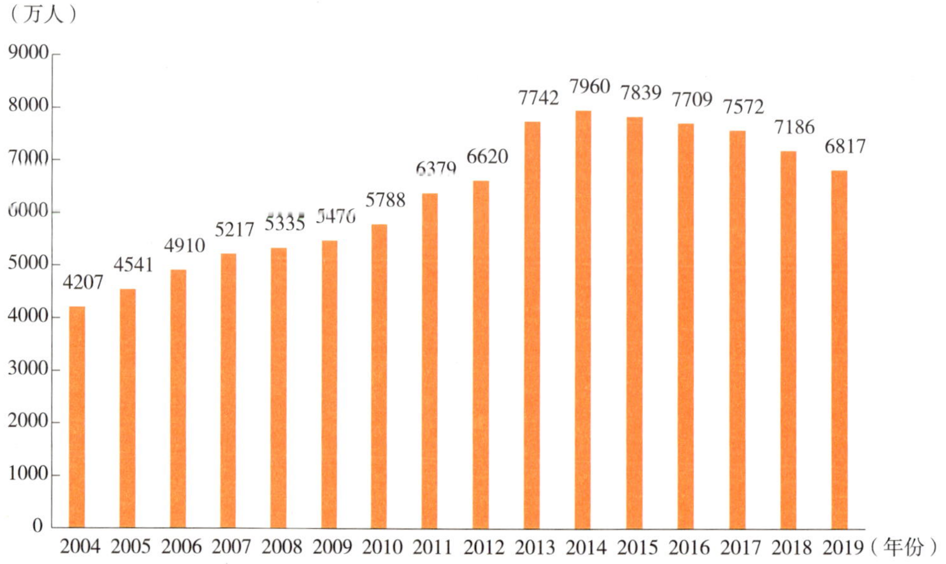

图6-6　2004—2019年中国城镇地区制造业就业人数

资料来源：2005—2020年《中国统计年鉴》。

---

① 数据来源：中国增长最快的机器人市场——IFR《世界机器人报告2020》。

始下降，2019年已经下降至6817万人，比2014年减少了1143万人。企业为了节省大规模生产的人工成本，用工业机器人替代工人劳动。

（四）新就业形态的挑战

伴随着技术进步，中国的新就业形态不断兴起，集中体现在共享经济、平台经济和基于平台的零工经济就业人员不断增加。根据国家信息中心（2021）的报告[①]，2020年中国共享经济服务提供者约为8400万人，比2019年增长7.7%；平台企业员工约为631万人，同比增长约1.3%[②]。

有多重原因导致了新就业形态的规模增加。一方面，是由于网络技术发展、智能手机的普及以及新商业模式的出现，使得平台以更低的信息成本将产品和服务的供给者和需求者连接起来，降低了搜寻成本，创造了更多需求，也降低了经营者的进入门槛。另一方面，新就业形态（包括整体服务业）规模的增加也是制造业中工业机器人大规模使用的结果。制造业岗位的减少、收入下降导致劳动者更多选择服务业，很多即为新就业形态。此外，随着制造业生产效率的提高，信息技术、AI技术、新型商业模式的出现以及新冠疫情影响，新就业形态的就业规模将进一步增加。

新就业形态对中国总体就业规模和就业质量的影响仍有待进一步研究。一方面，平台经济的兴起降低了就业门槛，为大量劳动者提供了工作机会；另一方面，也对传统职业产生负面影响，替代了很多传统的服务业职业（如商场售货员、出租车司机等），造成他们收入下降甚至失业。另外，对于平台经济工作者，在工作灵活性增强和就业门槛降低的同时，其工作的稳定性和社会保障福利也面临较大挑战。新就业形态产生的就业效应存在很大的不确定，这会带来对收入分配影响的不确定性，需要深入研究。

（五）就业质量有待提升

我们可以从收入、工作时间、劳动合同、社会保障（五险一金）等几个方面对就业质量进行考察。在这些维度中，收入是最重要的一项，就业质量更多地反映在员工的工资收入和社会保障水平。

2001—2020年城镇不同所有制单位职工相对工资增长趋势。不同所有制部门之间工资差距呈现一种不断扩大的趋势。股份制企业和国有部门的平均工资水平一直处于领跑位置，而以私有和个体部门为主的其他部门和集体单位的平均工资水平基本上处于滞后位

---

① 《中国共享经济发展报告（2021）》，国家信息中心，2021。

② 针对一些大型的平台企业如阿里巴巴、腾讯、滴滴、美团和抖音，也有研究分别估算了它们带来的就业机会。详见：中国人民大学劳动人事学院，2019a，《阿里巴巴零售平台就业机会测算与平台就业体系研究报告》。中国人民大学劳动人事学院，2019b，《滴滴平台就业体系与就业数量测算》。中国人民大学国家发展与战略研究院，2020，《灵工时代：抖音平台促进就业研究报告》。美团研究院，2020，《2020年上半年骑手就业报告》。需要注意的是，上述关于新就业形态就业规模的估计往往基于一定的假设，难以保证估计的准确性。平台经济和零工经济就业本身所具有的灵活性、临时性特征，使得就业统计更加困难。考虑到劳动者的就业选择以及就业替代作用，平台经济在创造就业的同时也替代其他就业岗位，平台经济的从业人员规模并非完全是净就业增加。但不难看出，新就业形态所涉及的就业规模十分庞大。

置，差距不断地扩大。2001年国有单位平均工资与“其他”部门几乎相当，到2020年前者比后者高出51%；2001年股份制单位平均工资只是比“其他”部门高出4%，到2020年高出51%。① 这意味着大量就业于私营、个体、集体企业的员工工资增长没有赶上社会的平均水平，一直是低工资人群。

就业稳定性下降已成为城镇劳动力市场中较为普遍的现象，而且城镇本地职工的就业稳定性下降、劳动强度上升。在将城镇劳动力分为本地职工和农民工后，可以看到本地职工的工作时间在过去10多年中呈上升趋势②，他们的月均工作时间从2002年的187小时上升到2018年的203小时。与此同时，他们在国有或集体部门就业的比例从2002年的49%下降至2018年的35%，拥有固定或长期合同的比例从77%下降至46%。这些都表明城镇本地职工的就业稳定性下降，劳动强度有上升趋势。

农民工的就业质量虽仍差于本地城镇职工，但近些年有明显改善。研究显示③，近些年中国农民工群体的就业质量明显改善，最突出的体现是其工资收入的上升。农民工在工作合同签订、保险覆盖等方面也有明显改善。

二、就业政策的选择与创新

（一）就业优先政策

对于一个人口大国而言，充分就业始终应该是经济和社会发展最重要的目标。不能保持充分就业，不仅造成劳动力资源的浪费，而且会影响到经济和社会的稳定。中国政府实行就业优先政策，成功地应对一轮又一轮的外部冲击，保持了就业和经济的稳定性，显示了经济的韧性。在未来推进共同富裕的进程中，就业优先仍是一项重要的政策选择。

就业优先政策是一套“组合拳”，包括调节宏观经济的货币政策和财政政策，以保持宏观经济稳定和一定的增长速度，同时也有促进经济发展的产业政策、区域发展政策，也包括就业支持政策等。

制定更有利于增加就业的产业政策，促进充分就业。要发展吸纳就业能力强的产业和企业，比如家庭服务业。注重发挥劳动密集型产业、工业制造业和生活服务业等就业容量大、就业门槛低的传统产业的就业促进作用，满足各种类型和各层次人群的就业需求。挖掘和发挥数字经济、平台经济、零工经济的就业促进作用。大力发展新兴产业，不断拓展互联网、物联网、大数据、云计算、人工智能、高端装备、新材料、新能源、节能环

① 数据来源：2001—2020年国家统计局数据。
② 本段的论述是基于2018年中国家庭收入调查（CHIP）数据计算出的结果提炼而得。
③ 邢春冰，屈小博，杨鹏：《农民工与城镇职工工资差距演变及原因分析》，《经济学动态》2021年第5期。

保等战略性新兴产业的就业创造作用。这些措施是面对科技进步和消费升级的主动作为，也是面对制造业部门效率提升、就业需求下降的应对之举。当然，一些产业政策的具体就业效应还有待进一步的考察，需要综合考虑其对就业的正面和负面影响，并采取措施扬长避短。

改善营商环境，促进民营经济中小企业发展，发挥创新创业的就业带动作用。通过优化市场环境、健全法治、破解融资难融资贵问题、完善财税支持政策、改进服务保障等措施促进民营经济、中小企业健康发展。优化创业环境，调动广大劳动者创业的积极性。推进“双创”[①]建设力度，全面落实创业扶持政策，营造宽松的准入环境，简化流程。加大创业补贴力度和解决创业融资难的问题。提供专业高效的创业指导服务，在创业的职业规划、项目培训、招聘用工、经营管理、经营场地、投资融资等方面提供切实可行和一体化的指导服务。

提升劳动者素质是促进就业的重要手段。劳动者的教育水平和专业能力要与经济发展和结构转型相适应，不断完善职业技能培养机制。根据就业技能、岗位技能和创业技能要求，结合社会经济发展的需要以及不同劳动群体实际情况，有针对性地开展培训计划。采用线上和线下相结合的培训形式，定向、定岗、定期开展专项技能培训。建立覆盖全体、贯穿终身的学习培训体系，鼓励和引导社会多方力量开展职业培训工作，进一步完善职业技能培训经费和补贴政策。

促进和扶持重点群体就业。促进充分就业的关键在于重点群体，包括高校毕业生、农民工、残疾人、女性、灵活就业人员等。这些群体往往由于缺乏工作经验、人力资本水平低、信息闭塞等原因无法找到合适的工作。应出台有针对性的政策措施帮助这些重点群体实现充分就业。比如，对于女性群体，应通过消除劳动力市场歧视、减轻其家务负担和育儿投入、提高其教育水平等措施提高其劳动参与率。

（二）提高就业质量

创造高质量的就业岗位是提高就业质量的关键。一方面，积极推进产业结构转型升级，加快发展现代化产业体系，巩固壮大实体经济根基，发展壮大战略性新兴产业，促进产业转型升级，显著增加高质量的就业岗位需求。另一方面，加快推进城镇化，通过深化户籍制度改革、实施居住证制度等，促进农村劳动力向城镇就业转移，优化农村劳动力资源配置，实现高效就业。

高素质的劳动力是提升就业质量的关键。应大力发展职业教育，提高技能型人才的供给。需要进一步普及高等教育，提高教育质量，培养创新型人才。

① “双创”指“大众创业、万众创新”。

为了消除就业市场摩擦对就业的影响，政府可以通过提供就业信息，搭建就业信息平台，促进就业，提升就业质量。加快形成统一规范灵活的人力资源市场、加强公共就业和人才服务。打造更加高效、精准的线上线下综合就业服务平台。加大互联网就业平台建设，搭建“互联网+就业”智慧平台，完善和扩充网上就业平台业务办理相关功能，加快实现招聘网站信息共享。加大人力资源市场建设，提高就业服务水平，定期举行区域性、行业性、联盟性、群体性线下招聘活动。构建部、省、校联通共享的高质量就业服务体系，帮助各类就业群体快速实现人岗精准匹配。

保障劳动者劳动报酬的合理水平和增长，是提高就业质量的重要内容。各地区根据本地经济发展水平、工资与物价等相关因素合理动态调整当地最低工资水平，加强监管执法，依法严厉打击恶意欠薪等违法行为，引导企业根据当地实际经济状况、劳动者技能水平、工作时长等建立劳动报酬合理增长机制，逐步提高劳动报酬水平。

加大劳动权益保障、完善社会保障体系。劳动权益保障是实现高质量就业的重要保障。落实公平就业制度，不得以性别、民族、年龄、户籍、教育形式、学习院校等歧视性条件作为用工原则；完善休息制度，健全并落实劳动安全卫生责任制，完善医疗、工伤、养老、失业、生育保险、住房公积金等相关政策，进一步加大社会保障制度覆盖率。及时把握新就业形态、新工种如数字经济、平台经济、零工经济等最新发展动态，推动将不完全符合确立劳动关系情形的新就业形态劳动者纳入制度保障范围。加大“五险一金”在各行业各企业各岗位覆盖力度，督促企业依法参加社会保险，严禁企业对新就业形态设置歧视性限制。

（三）充分就业与就业质量政策的协调配套

不同的就业政策在促进就业和提高就业质量方面具有不同的功能，需要选择在两个方面都能发挥作用的政策。如提高人力资本水平既能提高劳动者的劳动参与率、降低其失业率，也能够提高劳动者工资水平、福利待遇以及工作稳定性，从而起到促进就业和提高就业质量的双重作用。促进劳动力合理流动的政策亦是如此。地区间的劳动力转移（特别是城乡之间的迁移），有助于实现更加充分的就业，获得更高收入的岗位。

但是有些政策，促进就业和提升就业质量未必是一致的。一些产业政策在提升劳动生产率、提升就业质量的同时，可能带来就业规模的减少。在产业升级过程中，工业机器人的使用就是如此。还有一些政策领域，促进就业和提升就业质量之间存在权衡取舍，需要政府部门根据具体的情况选择合适的政策，并根据经济运行情况适时调整。一些政策的具体效果还需要深入系统地评估，如产业政策在多大程度上促进了就业，职业培训在多大程度上提高了就业质量，调整教育结构的措施能否有效缓解劳动力的供需结构不匹配，等等。

第三节　完善再分配政策，提高收入分配的调节力度

进一步缩小收入差距是实现共同富裕的一个主攻方向，在再分配阶段通过加大税收、社保和转移支付等政策手段的调节力度是完善收入分配制度的重要抓手。

一、中国的收入再分配政策及其效果

政府的再分配政策分为三大类，即税收政策、社会保障政策和转移支付政策。它们在不同程度地影响居民收入差距及其变化。在市场经济中，各种生产要素参与经济活动，个人和经济主体获得市场收入，形成了初次收入分配的格局。初次分配结果的合理性在很大程度上取决于要素市场的完善程度。初次分配的结果并非社会财富分配的最终结果，因为政府要参与再分配过程，经过再分配后个人和经济主体获得的收入称为可支配收入，这才是最终的分配结果。政府参与再分配的手段主要是税收和转移支付，以及提供公共服务（见图6–7）。从再分配政策的倾向性而言，政府转移支付应发挥“提低”的作用，个人所得税和社会保障缴费应发挥“调高”的作用。通过“提低”和“调高”，可以缩小初次分配中形成的过大收入差距。

近20年来中国的再分配政策缩小了居民收入差距，政策效应有逐年增强的趋势。表6–2显示，各年份对应的可支配收入基尼系数均小于市场收入基尼系数，意味着近些年再分配政策起到了缩小收入差距的作用。再分配政策改善收入分配的力度在持续增强。从基尼系数下降的绝对幅度看，基于可支配收入的基尼系数与基于市场收入的基尼系数之间的差额

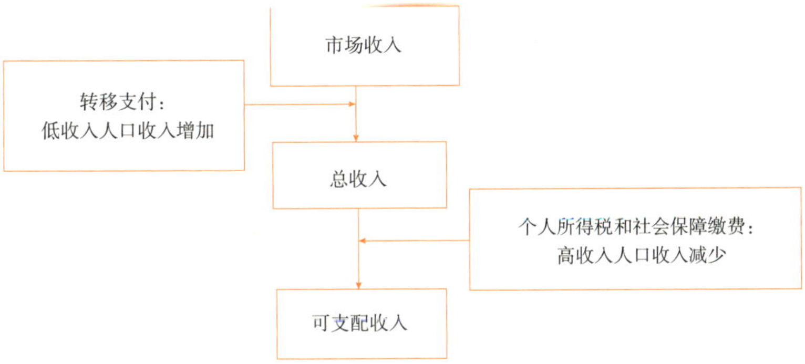

图6–7　政府收入再分配政策作用机制

资料来源：作者自绘。

越来越大，从2002年的0.016逐渐上升到2018年的0.0416。同期基尼系数的下降幅度从3.5%上升到8.4%。

表6-2 再分配政策对全国收入差距的影响

收入定义	2002年			2007年			2018年		
	全国	农村	城镇	全国	农村	城镇	全国	农村	城镇
	基尼系数			基尼系数			基尼系数		
市场收入	0.4628	0.381	0.4013	0.5197	0.3839	0.4369	0.4930	0.4471	0.4311
总收入	0.4538	0.3804	0.3229	0.4904	0.3764	0.3437	0.4531	0.4151	0.3706
可支配收入	0.4468	0.3832	0.3189	0.4813	0.3769	0.3472	0.4514	0.4210	0.3694
	收入再分配效应			收入再分配效应			收入再分配效应		
总效应	0.016	−0.0022	0.0824	0.0384	0.007	0.0897	0.0416	0.0262	0.0617
其中：转移支付	0.009	0.0006	0.0784	0.0293	0.0075	0.0932	0.0399	0.0321	0.0605
个税+缴费	0.007	−0.0028	0.004	0.0091	−0.0005	−0.0035	0.0017	−0.0059	0.0012

注：市场收入=工资性收入+经营性收入+财产性收入+来自私人部门的转移性收入+自有住房折算租金；总收入=市场收入+来自政府的转移支付；可支配收入=总收入-个人所得税-社会保障缴费。

资料来源：中国家庭收入调查（CHIP）2002和CHIP2007数据来自蔡萌和岳希明（2016），CHIP2018数据来自Yue和Chong（2020）。

相比于个人所得税和各项社保缴费，政府转移支付对收入分配的改善作用更明显。如表6-2所示，2002年政府转移支付的再分配效应为0.009，个人所得税和社会保障缴费的再分配效应为0.007，二者分别占再分配总效应的56.25%、43.75%。到2018年，两种再分配效应分别为0.0399、0.0017，分别占再分配总效应的95.91%、4.09%。这表明，中国再分配政策效应主要通过转移支付发生作用。

相比于城镇居民，政府再分配政策对农村居民收入差距的调节作用明显偏低。表6-2显示，无论哪个年份，对于农村居民来说，总收入和可支配收入的基尼系数与市场收入基尼系数相比下降幅度很小，明显低于城镇居民对应的下降幅度。以总效应为例，2002年收入再分配政策的总效应农村居民为-0.0022，明显低于城镇的0.0824。2018年时虽然收入再分配政策对农村居民的调节力度加大，总效应上升到0.0262，但仍明显低于城镇的0.0617。

二、税收的收入分配效应

税收会影响居民收入差距，起到调节收入分配作用。不同税收对收入分配的影响途径和效果不同。个人所得税和财产税直接改变居民可支配收入，增值税、消费税等间接税通过影响商品和服务的价格以及居民的消费结构而在不同人群分配税负，企业所得税影响要素收入的分配情况。每项税收对收入分配的影响取决于两个因素：该税收是累进性还是累退性，累进的税收有利于缩小收入差距，累退的税收会扩大收入差距；在累进（退）性一定的情况下，取决于平均有效税率。

全部税收中，有的税种如个人所得税具有累进性，而有的税种如增值税和消费税具有累退性。总税收是否有利于缩小收入分配差距，主要取决于累进税和累退税的相对收入份额[①]。累进税的份额更大，会更有利于缩小收入差距，反之亦然。表6-3是2000—2019年中国主要税种收入份额的变化情况。

表6-3 2000—2019年中国主要税种收入份额

年份	增值税（%）	营业税（%）	增值税+营业税（%）	消费税（%）	个人所得税（%）	企业所得税（%）	（增值税+营业税）÷个人所得税
2000	42.12	14.85	56.97	6.87	5.24	10.54	10.87
2001	45.11	13.49	58.60	6.13	6.50	21.80	9.02
2002	41.43	13.89	55.32	11.83	6.87	21.48	8.05
2003	42.82	14.21	57.03	6.04	7.08	18.11	8.06
2004	46.49	14.82	61.31	6.39	7.19	20.23	8.53
2005	44.11	14.71	58.82	5.83	7.28	22.56	8.08
2006	42.48	14.74	57.21	5.70	7.05	24.64	8.11
2007	39.03	14.43	53.46	5.19	6.98	23.52	7.66
2008	38.99	14.06	53.05	5.23	6.86	20.61	7.73
2009	36.39	15.14	51.53	8.75	6.64	19.38	7.76
2010	22.62	15.24	37.86	9.22	6.61	17.54	5.73
2011	33.10	15.24	48.34	8.77	6.75	18.69	7.16
2012	26.65	15.65	42.30	8.78	5.78	19.53	7.32
2013	31.22	15.59	46.81	8.16	5.91	20.29	7.92
2014	30.69	14.92	45.61	8.17	6.19	20.68	7.37
2015	27.08	15.46	42.54	9.03	6.90	21.72	6.17
2016	33.91	8.82	42.73	8.33	7.74	22.13	5.52
2017	42.87	0.00	42.87	7.60	8.29	22.25	5.17
2018	42.71	0.00	42.71	7.26	8.87	22.59	4.82
2019	38.60	0.00	38.60	8.37	6.57	23.61	5.88

资料来源：根据2001—2018年《中国税务年鉴》和2019—2020年《中国统计年鉴》相关数据整理计算而得。

具有累进性的个人所得税份额偏小但呈上升趋势，累退性的增值税和营业税虽份额大

① 各税种收入份额为该税种收入与税收总收入的比值。

但呈下降趋势，全部税收的收入再分配功能略有改善。然而，表6-3的数据显示，同累退性显著的增值税和营业税相比，具有累进性的个人所得税的收入份额要小得多，导致总税收的再分配效应是扩大收入差距。

三、政府转移支付的再分配效应

随着转移支付项目覆盖面的逐步扩大、社会保障制度的日益完善，中国政府的转移支付项目在帮扶低收入人口、缩小收入差距方面发挥了重要作用。政府的转移收入包括退休金、养老金、低保金和报销医疗费等，不同转移支付项目的收入分配效应存在一定的差异。

养老金是转移支付的重要组成部分，缴费比例高，对收入再分配影响较大。农村养老金收入严重不足，增加该收入可以减小收入差距①。同时养老金标准的城乡差异过大也会扩大收入差距，影响居民收入再分配。行政事业单位退休金远高于社会平均水平，成为扩大收入差距的因素②。

医疗保险是否改善收入分配目前没有定论，不同学者存在不同看法。部分学者发现政府提供的公共服务增加了医疗服务使用者的收入，具有调节收入分配的正向作用。有研究利用中国家庭追踪调查（CFPS）住户数据，在受益归宿框架下分析了公共医疗服务受益归宿及其收入分配效应，发现新医改后扩大的医疗保险覆盖面和更高的医疗服务保障能力，不仅提高了公共住院服务受益分配累进性，而且使最低收入组人群成为最主要受益群体。②也有学者发现，公共医疗服务调节收入再分配的作用很弱甚至有反向作用。有研究发现中国存在健康不平等、医疗服务利用不平等，高收入人群的健康状况更好并使用了更多的医疗服务，收入因素对医疗服务利用不平等的贡献在0.13～0.20之间，医疗保险等因素扩大了医疗服务利用不平等。③

低保的收入再分配的效果是直接的，农村低保的再分配效应高于城市。城镇低保对缩小收入差距所发挥的作用非常有限，应该适当提高低保的标准和覆盖面④。农村低保的瞄准率较低，导致低收入者得不到应有的保障⑤。总体而言，农村低保的收入再分配效应是正向的，增加农村低保的财政支出可以缩小居民收入差距。

社会保障支出（保障性转移支付）对农村贫困人口减贫效应明显。农村居民收入包括养老金、低保、医疗报销、惠农补贴以及其他政府对农户的补贴收入。表6-4展示了农村不同类型政府转移支付的减贫效果。在政府再分配之前，按农村居民市场收入计算的贫困发生率为7.91%，

①② 徐静，蔡萌，岳希明：《政府补贴的收入再分配效应》，《中国社会科学》2018年第10期。
② 李永友，郑春荣：《我国公共医疗服务受益归宿及其收入分配效应——基于入户调查数据的微观分析》，《经济研究》2016年第7期。
③ 解垩：《与收入相关的健康及医疗服务利用不平等研究》，《经济研究》2009年第2期。
④ 李实，杨穗：《中国城市低保政策对收入分配和贫困的影响作用》，《中国人口科学》2009年第5期。
⑤ 李实，朱梦冰，詹鹏：《中国社会保障制度的收入再分配效应》，《社会保障评论》2017年第4期。

经过养老金、低保、医疗报销、现金政策性惠农补贴和其他政府转移支付等转移支付政策的作用后，按农村居民可支配收入计算的贫困发生率下降为3.38%，下降了4.53个百分点。其中，不同类型转移支付项目的减贫力度呈现明显差异，养老金的贡献最大，使整体贫困发生率降低2.81个百分点，新农保养老金使其下降1.18个百分点，低保为0.66个百分点，医疗报销为0.57个百分点，退耕还林补贴等现金性惠农补贴为0.75个百分点，其他政府补贴为0.95个百分点。

表6-4　农村不同类型政府转移支付项目的减贫效果

收入分项	贫困发生率（%）	下降幅度（%）（与补贴前相比）
市场收入	7.91	–
市场收入+新农保	6.73	1.18
市场收入+养老金（新农保+其他农村养老金）	5.1	2.81
市场收入+低保	7.25	0.66
市场收入+医疗报销	7.34	0.57
市场收入+惠农补贴	7.16	0.75
市场收入+其他政府补贴	6.96	0.95
市场收入+养老金+低保	4.70	3.21
市场收入+养老金+低保+医疗报销	4.40	3.51
市场收入+养老金+低保+医疗报销+惠农补贴	3.97	3.94
可支配收入	3.38	4.53

注：养老金包含离退休金（含城镇职工养老保险）、（城镇）居民社会养老保险、新型农村养老保险和其他养老金；可支配收入=市场收入+养老金+低保+医疗报销+现金政策性惠农补贴+其他政府补贴。

资料来源：Yue X and Chong C. Effects of Social Security Spending on Income Distribution and Poverty Reduction in China. China Economist，2020，Vol.15，No.4。

四、强化税收缩小收入差距的功能[①]

近20年来，具有累退性特征的增值税在税收总收入中的比重有所下降，而具有累进性的个人所得税在税收总收入中的比重有所上升，这一定程度上有利于优化税制的收入分配功能。为进一步提高税收缩小收入差距的功能，改善收入和财富分配，建议适当提高个人所得税在税收总收入中的比重，尽快出台房产税，加快研究遗产税，对增值税进行结构性减税，适时调整消费税税制，加强税收征管和社会共治。

适当提高个人所得税收入规模。提高个人所得税收入规模是提高其收入分配效应的主要途径。提高个人所得税收入规模同个人所得税减负并不冲突。个人所得税减负应当主要

① 本部分参考张玄，岳希明，邵桂根：《个人所得税收入再分配效应的国际比较》，《国际税收》2020年第7期。

减轻中低收入群众税负，但同时通过提高对高收入者的调节力度，增加高收入群体个人所得税税负，进而提高个人所得税收入规模和收入分配效应。

个人所得税改革重点包括以下几个方面。第一，将个人所得税覆盖所有的高收入人群，而不仅仅是工薪阶层。个人所得税采取的是单位扣缴的方式，一些不是靠工薪收入的人群很容易通过不合规的方式规避缴纳个人所得税，因而需要通过扩大综合课征和纳税范围、加强对高收入行业和高收入群体的监管等途径，增强对高收入群体的税收征管，减少税收流失，提高个人所得税收入比重。第二，需要加强对高收入群体的资本利得征税，增强个人所得税调节财产性所得的能力。第三，为了减轻个人所得税对中低收入群众带来的税负，应当通过设计起征点的动态调整机制，每年根据物价水平和收入增长进行动态调整。第四，简化个人所得税制，减少税率分档，由现在的7档简化为5档，拉开每一税率的收入区间。第五，建立以家庭综合收入的征收制度，提高个人所得税的公平性。第六，完善专项附加扣除制度，增加扣除项目，让中低收入群众和家庭减轻税负。

适时调整消费税税基、税率和征收范围。在考虑居民收入水平和消费结构变化的基础上，选择恰当的时机，调整消费税的征收范围和税率。应取消原征收范围中已经成为居民日常消费品的税目，增加对新增奢侈品和奢侈性服务消费（如私人飞机、高级会所等）的征税。通过对消费税征收范围的适时调整，减轻低收入者税负，同时增加高收入者税负，可以在一定程度上提高消费税的累进性和收入分配效应。

合理运用企业所得税提高劳动要素收入份额，可以改善居民的收入分配情况。尤其是通过税收优惠政策促进低收入者就业，增加低收入者的收入份额，可以更好地发挥企业所得税的收入分配效应。例如，通过税收优惠扶持低收入地区的企业发展，带动低收入者就业。在利用税收优惠政策促进就业时，要设置一定的享受税收优惠的条件，以确保税收优惠政策可以增加低收入者的就业机会。

加强税收征管，提升征管效率。科学的所得税制需要坚强有力的征管来保障实施。建设全国自然人一户式归集的税收信息库，利用税收大数据开展申报信息审核、识别税收风险疑点，提升征管效率。个人所得税要实行查账征收，严格限制个人所得税核定征收范围。特别要针对高收入高净值人群具有较强的避税意愿和较多的避税资源，借鉴OECD等发达国家经验和做法，建立专门机制，组建专门工作团队，加强对高收入行业和高净值高收入人群的监控，防范税收流失。

五、完善转移支付制度和政策

加大政府转移支付力度，提高政策瞄准度，有助于提高其再分配作用。为进一步完善转移支付制度，提出如下政策建议。

优化转移支付结构，促进收入分配公平。中国社会保障支出的城乡差距明显，比如居民来自政府的转移性收入中占比最高的是养老金，机关事业单位人员、城镇职工和城乡居民之间的养老金水平差距较大。因此，需要对转移支付项目进行结构性调整，加大最低生活保障、农村居民养老保险等有利于低收入者收入增长的项目投入，将更多农村低收入者纳入低保，同时提升农村低保金水平和养老金水平。

健全农村居民社会保障待遇稳定调整机制。目前，中国机关事业单位、城镇职工和城乡居民在社会保障待遇调整机制方面仍存在差异。以养老保险为例，机关事业单位和城镇职工退休人员的待遇水平根据职工工资和物价变动等情况调整，调整幅度为省（区、市）当地企业在岗职工平均工资年增长率的一定比例。2008—2015年，中国企业退休人员基本养老金每年上调10%。从2016年起，企业和机关事业单位退休人员养老金依然保持连续6年每年5%左右的上调幅度，而城乡居民养老保险尚无全国统一、明确的调整机制。为缩小城镇职工养老保险和城乡居民养老保险的待遇差异，提高农村居民社会保障待遇水平，需要稳步提高农村居民社会保障标准，使更多低收入者分享到经济增长的果实。

解决中国收入分配不平等问题需要各种收入分配政策的协调配套。虽然个人所得税具有调节收入分配的功能，但效果弱于社会保障政策。作为再分配政策工具，社会保障和税收政策在作用对象、作用机制以及效果强弱等方面存在明显的不同，所以对收入分配进行调节时需要两者的搭配和分工。

第四节　缓解相对贫困的机制和政策

打赢脱贫攻坚战后，中国扶贫工作进入新阶段，即从消除绝对贫困转向缓解相对贫困，逐步建立解决相对贫困的长效机制。从缩小收入差距角度来看，缓解相对贫困与“提低”策略有异曲同工之妙。

一、中国相对贫困人口规模及变动趋势

随着经济发展和居民收入提高，以及收入差距扩大，中国绝对贫困发生率逐渐下降，相对贫困发生率持续提升。2020年中国消除了现行标准下的绝对贫困，今后缓解相对贫困成为扶贫工作的主要任务。在制定扶贫政策之前，首先需要了解贫困人口的规模，贫困程

度和贫困人口的分布。这离不开相对贫困标准的设定。考虑到中国城乡之间存在很大的收入差距，采用全国统一的贫困标准会低估城镇中的贫困状况，本章采用城镇和农村各自的贫困标准，即以农村居民收入中位数的40%作为农村相对贫困线，用城镇居民收入中位数的40%作为城镇相对贫困线。

分别按照农村、城镇收入中位数的40%作为农村、城镇的相对贫困线，2018年中国农村相对贫困发生率为11%，农村相对贫困人口约6000万人；城镇相对贫困发生率为9%，城镇相对贫困人口约7000万人，全国共计接近1.4亿相对贫困人口（见表6-5）。

表6-5　2018年不同标准设置下的相对贫困规模和相对贫困发生率

	按中位数40%标准		按中位数50%标准		按中位数60%标准	
	贫困率（%）	贫困规模（亿人）	贫困率（%）	贫困规模（亿人）	贫困率（%）	贫困规模（亿人）
全国一条线	14	2.0	20	2.8	27	3.7
其中：农村贫困线	30	1.7	42	2.4	54	3.1
城镇贫困线	3	0.3	5	0.4	8	0.7
农村相对贫困线	11	0.6	17	1.0	23	1.3
城镇相对贫困线	9	0.7	14	1.2	21	1.8

资料来源：中国家庭收入调查（CHIP2018），作者计算整理。

二、相对贫困人口的分布和特征

（一）农村相对贫困人口的区域分布和人口结构特征

西部、山区仍是贫困高发区域。按照40%农村居民收入中位数标准得到的相对贫困线，东部、中部、西部的相对贫困发生率分别为7.2%、11.6%、13.8%，西部地区最为贫困的结论并没有得到逆转。按照相对贫困标准进行衡量时，山区的相对贫困发生率依然最高，远高于平原和丘陵地区。西部、山区依然是扶贫工作的重点区域。

老人、儿童和人力资本欠缺者仍是未来贫困人口的主体。相对贫困人口中留守老人和留守儿童比例较高。受教育程度较低以及健康状况较差是导致贫困发生的重要原因。例如，农村贫困人群受教育程度普遍较低，且健康状况更差、残疾比例更高、医疗费用负担更重。

经营亏损是部分相对贫困家庭收入较低的主要原因。基于农村样本，我们发现经营净收入小于0的家庭人口数在所有相对贫困人口中占30%，主要是亏损以后收入比较低，拉低了平均数。一种可能性是家庭遭遇到不可抗力风险（如生病、意外事故、天灾等）从而导致了亏损等负收入，有些家庭可能会因此陷于暂时性贫困甚至陷入持久性贫困。

（二）城镇相对贫困人口的区域分布和人口结构特征

城乡接合部存在一些仍以务农为主的相对贫困人口，其中约10%从事第一产业，该比例是非贫困户的3倍。这部分人群在2018年约占全部城镇常住居民的3%，占全部城镇相对贫困户的30%，在城镇贫困中需要引起重视。

农民工的相对贫困是多维度的。很多专家学者提出，农民工在城镇所遭遇的困境往往不在工资，而在社会保障和生活条件（邢春冰等，2021）。不少农民工，虽然从收入层面看贫困问题不突出，但从多维贫困角度观察则较严重。需要关注这些农民工群体的多维贫困问题。

三、相对贫困人口面对的主要困境：基于多维视角

利用“家户多维贫困”框架分析中国相对贫困人口面临的主要困境，在经典多维贫困指标方法[①]上使用相对剥夺方法进行分析，得到结果如下。

表6-6显示，从全国层面看2018年中国整体多维贫困发生率为16.9%。其中，17岁及以下儿童、18～60岁成年人的多维贫困发生率分别为14.8%、14.7%，都低于全国平均水平；而60岁以上老年人的贫困发生率则高达27.1%，显著高于其他年龄段群体。

分城乡看，农村多维贫困程度显著高于城镇地区。农村居民多维贫困发生率高达29.4%，显著高于全国16.9%的平均水平，更显著高于8.9%的城镇贫困率。城乡之间特殊年龄段群体存在差异，例如，农村儿童贫困发生率为25.7%，城镇儿童贫困发生率为7.7%，前者是后者的3倍多。

分区域看，西部多维贫困程度最高。西部的多维贫困发生率为24.4%，其次是中部（15.8%），最低的是东部地区（12.8%）。中部和东部地区的多维贫困发生率均低于全国平均水平。值得注意的是，无论哪个区域，老年群体的多维贫困现象都比较突出。

表6-6　2018年中国及分城乡多维贫困发生率（%）

多维贫困发生率	全国	农村	城镇	东部	中部	西部
全部居民	16.9	29.4	8.9	12.8	15.8	24.4
17岁及以下儿童	14.8	25.7	7.7	10.5	12.6	23.9
18～60岁成年人	14.7	26.0	7.9	11.1	13.2	22.0
60岁以上老年人	27.1	43.8	14.6	21.5	28.9	33.9

资料来源：根据CHIP2018数据计算。

① 包含的指标具体有自评健康、医疗保险、儿童上学、成人教育、信息获取、小资产、饮水安全、炊事燃料、取暖设备、住房安全、厕所、洗浴等。

四、缓解相对贫困的建议：基于多维视角

相对贫困是一个与收入分配格局、收入差距紧密相关的概念。鉴于此，我们对中国新发展阶段构建相对贫困治理长效机制提出如下几点政策建议。

一是重视多维度扶贫，提高相对贫困人口的发展能力。贫困的诱因不仅在于收入的匮乏，更是发展能力的缺失。不同贫困人群致贫、返贫原因不同，收入低只是表象，只有找到穷根才能找到解决办法，在精准识别的前提下因人施策。例如，以就业保障机构和失业保险机制帮助失业人群，以医疗保险和社会慈善力量救助因病致贫，以发展教育（如12年义务教育、营养餐、“互联网+”）降低因学致贫，等等。①

二是重塑扶贫治理体系。转变政府角色，为社会最弱势的群体提供统一而公平的最低生活保障，并建立健全有利于市场机制和社会力量发挥作用的政策体系。在针对具体人群的政策方面，对因天灾人祸所引起的绝对贫困问题和绝对贫困群体，需要借鉴发达国家良好的数据联网体系和发达的福利体系，有效结合临时救济制度，对上述群体进行托底；对因丧失劳动能力而失去增收来源的群体，需要采用低保托底的手段有效扶助；对于脆弱贫困群体，建议建立健全防贫机制，建立反贫困预警机制。继续结合具有中国特色的精准扶贫思路，有针对性地对上述群体进行救助。②

保障相对贫困人口的均等就业机会，采用就业激励措施。从国际经验看，美国采用的税收激励方案以及巴西采取的有条件现金转移支付，是两类被证明可以提高低收入者就业激励的有效手段。中国实践方面，西南财经大学“劳动奖励计划”以及中国农业大学云南勐腊河边村“民宿实验”，③都证明就业激励政策对改善贫困人口收入、提升其劳动效率具有积极效果，可作为中国未来探索的政策方向。同时建议规范企业招聘制度，并通过反腐败等手段进一步抑制寻租和“走后门”行为，降低来自家庭背景和贫困代际流动的不利影响。④

加强相对贫困人口的社会保障。建立健全覆盖全民、统筹城乡、公平统一、可持续的多层次社会保障体系，以此作为巩固脱贫攻坚成果，缓解相对贫困的制度保障。对于相对贫困群体，要根据群体特征和对应需求开展如下社会保障体系的完善工作：允许非户籍人员在就业地以灵活就业身份参加职工基本养老和医疗保险，尽可能将各类就业群体都纳入社保安全网，确保医疗救助与基本医疗保险、大病保险政策有效衔接，因地制宜加强养老服务供给，将农村地区养老服务视作乡村振兴的关键点，建立留守儿童的关爱服务体系和事实无人抚养儿童基本生活补贴制度，推动儿童、老年人和残疾人福利以及相关补充性社

①②④ 李实，沈扬扬：《中国农村居民收入分配中的机会不平等：2013—2018年》，《农业经济问题》2022年第1期。
③ 陈岑，沈扬扬，李实，赵永生：《关于构建农村相对贫困治理长效机制的若干思考》，《华南师范大学学报（社会科学版）》2022年第3期。

会保障制度发展，满足人民群众多层次、多样化需求。

缓解儿童、老人、妇女等特殊群体的贫困。要切实采取相应策略缓解老年贫困，如提高公共养老金标准，改善老年人医疗、生活等方面的公共服务。儿童贫困问题仍然严峻，要重点设计有关儿童减贫与发展的治理体系，如偏远地区学前教育的提供，贫困家庭婴幼儿照护服务和儿童抚养补贴等。

将脆弱易返贫群体或抵御风险能力低的各类潜在贫困群体纳入扶贫治理体系。突发事件可能导致经营性收入和非正规就业人群的工薪收入短期内大幅下降，2020年以来的新冠疫情就使很多人陷入短期贫困，农民工所受冲击更大。应对类似突发经济风险的主要措施，是完善社会保障政策。一方面需要对农村脆弱户应保尽保，另一方面需要完善补偿措施，关键时刻国家可以考虑对农村低收入者进行无条件现金转移支付。[①] 民政部门要建立完善的急难社会救助体系。

重视完善教育体制和医疗体制建设，阻隔贫困的代际传递。教育和健康是人力资本的重要组成部分，容易通过代际传递导致贫困的固化，对偏远农村地区和相对贫困人口负向影响程度更高。对此，建议继续完善教育机制，加大政府公共教育和公共卫生支出向落后地区和相对贫困人口的倾斜力度，有效提升家庭子辈代际收入流动性，阻断代际贫困传递。建议政府提高对农村儿童早期发展的重视，将教育均等化理念贯彻到新生儿到学前阶段。

构建缓解相对贫困的政策体系。以乡村振兴战略带动相对贫困缓解，将相对贫困纳入实施乡村振兴战略统筹安排。根据国家的财力，在基础设施和公共服务方面，向相对贫困地区倾斜。“两不愁、三保障”[②]问题解决后，可以考虑在宏观上采取区域瞄准，对贫困区域内实行特惠措施，而在贫困区域外采取普惠办法，个体瞄准与区域瞄准互为补充，相辅相成。[③]

针对城镇相对贫困人群的扶持政策，在统筹城乡贫困的大背景下，对城镇贫困的农民工，在破除户籍歧视的制度外，需要解决他们的住房、社会保障、工作保险、健康、子女入学等方面的匮乏问题。可参考农村扶贫“建档立卡”做法，借助城镇人口信息登记记录，监测城镇相对贫困；借鉴精准扶贫思路，扶贫办可联合人社、教育、公安、财政、住建、交通、民政等部门构建信息网络和扶贫救助工作小组，对城镇贫困群体实施更加精准的扶贫措施。

---

① 陈岑，沈扬扬，李实，赵永生：《关于构建农村相对贫困治理长效机制的若干思考》，《华南师范大学学报（社会科学版）》2022年第3期。

② “两不愁”就是稳定实现农村贫困人口不愁吃、不愁穿；“三保障”就是保障其义务教育、基本医疗和住房安全，是农村贫困人口脱贫的基本要求和核心指标。

③ 张琦，沈扬扬：《不同相对贫困标准的国际比较及对中国的启示》，《南京农业大学学报（社会科学版）》2020年第4期。

第五节　发挥第三次分配的作用

在2019年中国人均GDP达到1万美元，沿海一带1亿以上人口已经达到2万美元之后，经济与社会结构发生根本变化，第三次分配的问题日益紧迫地被提上议事日程。

一、中国第三次分配的现状和主要特点

以公益慈善事业发展为重要内容的第三次分配在中国经历了一个历史性的过程，在21世纪进入了新发展阶段。中国有着悠久的慈善历史，改革开放后中国慈善事业开始新的发展。1999年全国人大常委会通过《中华人民共和国公益事业捐赠法》，系统规范捐赠行为，支持公益捐赠事业的发展。2004年的中共十六届四中全会决议，是党的文件第一次明确将慈善事业作为社会保障体系的组成部分，同年国务院颁布《基金会管理条例》。2016年《中华人民共和国慈善法》颁布实施。

专栏9　发挥中国公益慈善在社会公平中的作用

尊老爱幼、扶危济困是具有久远传统的中国传统美德。在3000多年前的周朝就出现了官方的赈灾体系，历史上民间依托家族（如义庄）、宗教团体以及个人的慈善活动在应对灾难和扶助弱势人群上也起了积极的作用。

当代中国公益慈善事业是在改革开放的进程中实现复兴的。1981年，中国儿童少年基金会成立，这是中国第一家国家级公募基金会。此后，中国公益慈善事业开始蓬勃发展。20世纪80年代，以公益彩票、春蕾计划、希望工程为代表的中国公益慈善渐入正轨。20世纪90年代中国出现了志愿者、社会工作、电视募捐等，越来越多的人参与到中国公益慈善事业中。进入21世纪，伴随中国经济的高速发展，相关法规和制度安排逐渐完善，公益慈善事业驶入发展快车道。据《中国慈善捐助报告》显示，2007—2020年，中国接受境内外慈善捐赠总额从309.25亿元升至2253.13亿元，占GDP的比重从0.1%升至0.21%。

中国企业一直是慈善捐赠的中坚力量，个人慈善捐赠在总量上和份额上逐步增长。2020年企业和个人的捐赠总额分别为1218.11亿元、524.15亿元，分别占公益

捐赠总额的54.06%和23.26%。这和美国个人捐赠占60%～70%的结构有显著的不同。从慈善捐赠投向的领域看，34.05%的慈善捐款投向健康卫生领域，21.58%的慈善捐款投向教育领域，此外社会各界向扶贫领域的捐赠达385.58亿元，在改变贫困乡村落后面貌、改善贫困人口生活状况、提升贫困地区基层治理能力等方面发挥出积极作用。

中国慈善领域的创新也十分活跃，公益创投、公益信托、社会影响力投资等被称为“公益产业”的新业态正在酝酿形成。随着互联网的普及，普通网民通过支付宝等工具参与到公益慈善中来，中国进入“新公益时代”。据统计，2020年慈善组织通过20家互联网募捐平台共筹集善款逾82亿元，超100亿人次点击、关注和参与了网络捐赠。

虽然中国的公益慈善捐赠事业呈现蓬勃发展的态势，但与发达国家和地区相比还有显著的差距。以美国为例，2020年美国慈善捐赠总额4714.4亿美元，占GDP比重为2.2%，约为中国的10倍；人均捐款额1200多美元，约为中国人均捐赠147.77元的50倍之多。中国公益慈善发展的主体能力、机制和人才不足，尚未形成完整的系统生态链，制度环境、体制和文化缺失等问题仍是制约中国公益慈善事业发展的突出问题。

资料来源：

美国施惠基金会：《Giving USA 2021：2020年度美国慈善捐赠报告》。

中国慈善联合会：《2020年度中国慈善捐赠报告》。

纵观中国现代慈善事业的发展历程，第三次分配具有以下特征：

一是第三次分配的动力机制和基本杠杆是爱心与情怀的驱使，而以捐赠财产或者提供服务等方式自愿开展的公益活动，是第三次分配的主要形式。

二是社会力量是第三次分配的主体。第三次分配是在市场的初次分配、政府的再分配之后，企业、社会组织和个人等再将自己的所得奉献于社会，带有很强的道德性与自主性、自治性。

三是第三次分配的主要资源是资金、财产与志愿服务，即通常所讲的捐款、捐物、捐服务等。分配的过程较短，程序并不复杂，往往能够及时解决较为困难的问题。

四是第三次分配需要法律与政府的规范与保护。到2016年《中华人民共和国慈善法》的颁布，中国关于第三次分配的有关法律与政策的基本框架已经形成。

二、社会组织和慈善事业发展及其制约因素

与传统的个体积德行善行为不同，由于现代的捐赠数量巨大，新的社会需求与过去也有很大不同，现代慈善事业的发展需要以社会组织作为枢纽和平台，实现社会组织与慈善事业发展的有机统一。中国慈善组织的架构主要由三大体系构成：一是中国红十字会系统，二是中国慈善会系统，三是基金会系统，另有少量的社会服务机构。

近些年中国社会组织和慈善事业发展，也面临着一定的制约因素。主要表现在如下几个方面。

一是慈善组织的法律定位还相对宽泛。在法律上将基金会、社会团队与社会服务机构等量齐观，统一认定、统一注册程序和管理标准，造成慈善组织发展的较大障碍。据北京师范大学中国公益研究院比对，截至2021年4月，在全国经过认定的8444家慈善组织中（不含红十字会系统），基金会5683家，社会服务机构656家，社会团体2105家（基本上都是慈善会系统），而全国至少2000多个基金会并不是慈善组织①。

二是社区性的慈善行为得不到有力的鼓励。当前我国对公益慈善活动的定义过于狭窄。在城市和农村社区中，还存在大量互助性的活动，严格来说也属于公益慈善范畴，并且对其他社会公益活动以及基层治理是非常有益、不可小觑的补充。但是这类活动并没有被纳入政策文件的公益慈善定义，因此很难得到政府和其他社会主体的支持，社区性的慈善行为得不到更为有力的鼓励。这使得慈善事业好像是水土不服的舶来品，因而还缺乏社会性和群众性。

三是在捐赠领域的免税政策不到位，最突出的挑战是基金会的投资收益不能免税，妨碍慈善财产的做大做强。比如，如果一个慈善家捐款10亿元来注册基金会，按照现行规则，该基金会每年必须花去8000万元用于公益事业，其投资所得还需要缴纳所得税，通常为25%以上，而基金会到年底年检还要保持一亿元的原始基金，这就意味着每年必须筹措8000万元才能保持平衡。而且，一次捐得越多，保持平衡的数额就越大。也就是说，现行政策并不鼓励大额捐赠。在慈善信托方面，也同样存在着免税方面的障碍。

四是限制慈善组织工作人员的工资水平的做法也妨碍了慈善业专业化水平的提高。在慈善行业建设方面，本来慈善服务需要专业化，因而需要稳定的队伍和工资福利保障。但现行政策却明确规定：慈善组织工作人员工资水平不能超过行业工资或当地人均工资的两倍，这不利于中国慈善业专业化水平的提高。

---

① 根据《基金会管理条例》规定：基金会，是指利用自然人、法人或者其他组织捐赠的财产，以从事公益事业为目的，按照本条例的规定成立的非营利性法人。《中华人民共和国慈善法》规定：本法所称慈善组织，是指依法成立、符合本法规定，以面向社会开展慈善活动为宗旨的非营利性组织。慈善组织可以采取基金会、社会团体、社会服务机构等组织形式。基金会与慈善组织可以相互交叉，也可以相互独立。

三、慈善事业发展的国际经验

从全球范围看，当一部分社会成员富裕起来并产生一定的收入差距之后，政府都会注意鼓励慈善事业发展以增强第三次分配的社会影响力从而使财富转化为提高社会道德的重要手段。其主要做法是：

鼓励捐赠性慈善组织的发展。在欧美不少国家，基金会的注册如同注册一个公司一样简便。同时，发达国家往往对慈善组织实行非政治化管理，也就是说，不允许慈善组织参与公共职位竞选或者与政府机构发生政治性矛盾。他们特别注重防范政治性的关联交易，一旦越轨，就会失去免税资格。在英国，早在1853年即成立国家级的慈善委员会，对慈善组织的资格进行明确的管理。

鼓励慈善类基金会的投资收益不断增大。一般奉行的是基金会年度需支出上年资金5%的规则，慈善投资所得不收所得税，也不要求基金会必须保持注册资金数额，因为国际上并没有注册资金的限额。这样慈善资金就能够进行较为灵活的投入并有较大的收益。如美国福特基金会开始注册资金为2.5万美元，后来不断增值，经过70多年的发展，已经捐赠超过100亿美元，现有财产仍然超过100亿美元。

鼓励慈善与社会服务机构对接，政府购买社会服务，支持慈善专业化地解决社会问题。政府机构往往购买慈善组织的服务，许多慈善组织过半的经费主要来自政府购买，慈善组织客观上已经成为社会就业的广阔领域。

通过遗产税、财产税来调节收入差距，从而鼓励富裕人群将大量资金与设施捐赠给社会。

基层慈善的发展相当普及。主要依托基层的教区与学区发起捐赠并用于基层的慈善事业。不少国家的慈善资金绝大多数都是用于基层慈善活动。

四、推进第三次分配体系建设的建议

发展慈善事业，推进第三次分配的体系性建设，已经摆上党和国家的重要日程。2021年8月17日，中央财经委员会第十次会议指出，要坚持以人民为中心的发展思想，在高质量发展中促进共同富裕，正确处理效率和公平的关系，构建初次分配、再分配、第三次分配协调配套的基础性制度安排。为此，特别需要做到：

第一，进一步健全法律和制度体系，并在此基础上，进一步确立法律法规相协调的机制。从社会反映看，最为紧迫的，就是2016年颁布的《中华人民共和国慈善法》和实际上依然有效的1998年国务院颁布的《民办非企业单位登记管理暂行条例》以及2004年3月国务院颁布的《基金会管理条例》并行，存在有矛盾的地方。客观上，行政部门的管理依据的是两个条例，在法律上已经缺乏地位的民办非企业还在实践中得到延续。《中华人民共和国慈善法》要求慈善组织可以在县以上民政部门申请登记，2020年已经有1732个基金会在市级登记，672个在县级登记，但执行的法规却规定基金会只能在省一级登记，法律与法规的矛盾日益凸显。在《中华人民共和国慈善法》已经颁布实施5年的时期内，多年前的暂行办法仍在执行，亟须依法进行调整。

第二，调整有关政策以鼓励大众的捐赠。特别需要改革束缚更大规模资金捐赠的政策与机制，真正让慈善财产得到较快发展。取消基金会必须保持原始基金的政策，同时降低基金会支出的门槛，例如从8%降低到5%，并取消基金会投资的所得税。

第三，鼓励专业化社会服务的开展。加大对于老年人、儿童和残疾人服务机构的购买服务力度，以鼓励更多的从业人员投入公益慈善事业。取消对于从事慈善事业工作人员工资水平的限制。

第四，鼓励基层社区慈善。慈善事业在中国有着广泛的社会基础，但还缺乏基层慈善的支持力度。需要进行明确的法律规范和政策支持，鼓励基层发展多种形式的小额捐赠以直接解决社区的困难。

第五，遗产税、财产税的制定需要提上日程，同时把慈善信托的免税、基金会投资所得的免税制度尽快建立起来。这样的收与放，将使慈善事业的发展能够得到更为有力的政策支持。

慈善事业的发展与第三次分配的格局，在进行新的全面升华。党中央已经全面部署第三次分配工作，全国人大常委会已经把修改慈善法提上日程，许多地方也都在总结经验，制定有关的条例与办法。具有中国特色的第三次分配格局，将会随着慈善事业的系统发展与壮大而展现出其广泛的社会影响力。

第六节　提高收入阶层流动性

在一个充满活力的社会中，位于社会阶层底部的人群及其后代有更多机会摆脱原有的阶层、社会身份、家庭背景对其发展的束缚，实现阶层的跃迁。这样的社会带给其成员更多的内生发展动力，人们也更少因为现时的不平等以及发展落后产生绝望无助的感觉。提高社会阶层流动性，也成为促进社会公平、和谐的重要手段。

一、收入阶层流动的现状、趋势和影响因素

改革开放以来，中国居民收入流动性水平总体较高，但有下降趋势。居民收入差距长期处于扩大状态，人们对于收入差距的动态走向也越来越关注。20世纪80年代到21世纪初，中国整体居民收入流动性较高[①]。但是随着时间的推移，不仅城镇地区的收入流动性呈现下降趋势[②]，农村地区的收入流动性总体上也表现出下降趋势[③]。也有研究认为，农村最穷的25%家庭向上流动的可能性在增加[④]，而农村中间收入群体的向上收入流动性却逐步陷于停顿[⑤]，中间收入群体相较于高收入群体，更加容易跌落为低收入群体[⑥]。

关于中国居民收入的代际流动性是上升还是下降，目前没有定论，不同研究结论有所不同。代际收入弹性是用来衡量收入流动性的一个重要指标，代际收入弹性越大意味着收入流动性越低。由于调查数据来源和估计方法的差异，不同研究文献所得到的代际收入弹性的结果存在比较明显的差异性[⑦]。不过，基于相同数据来源，估算出的不同年份和不同出生组的代际收入弹性估计系数表明，中国代际收入流动性在下降。

中华人民共和国成立以来，中国居民受教育程度的代际流动性基本呈先上升后下降的趋势，不同群体的教育代际流动性有所不同。1930—1960年出生的子女的受教育程度的代际流动性逐渐上升，1951—1965年出生的子女的教育代际流动性达到顶峰，之后持续下降[⑧]。分城乡看，农村居民和农民工的教育代际流动性高于城镇居民[⑨]；分民族看，汉族的教育代际流动性高于少数民族[⑩]；分不同学历层次看，不同学历层次的配对父子代际间教育继承性发生比从高到低依次为“研究生”“没有受过任何教育”“大学本科”“大学专科”“技校/职高/中专”；而学历为“小学”“初中”“普通高中”三类配对父子代际间教育流动继承性并不显著[⑪]。

父代的职业特征对子代职业有重要影响，并且具有上升趋势。这里的职业特征不仅包括职业的社会经济地位，也包括体制内就业、非农就业等特征。与来自体力劳动者阶层的子代本科毕业生相比，来自脑力劳动者阶层的子代本科毕业生更可能获得职业地位，且更

---

① 如Khor和Pencavel（2006）发现中国1990—1995年的收入流动性高于美国。
② 王海港：《中国居民收入分配的代际流动》，《经济科学》2005年第2期。
③ 见尹恒等（2006）、杨穗和李实（2016、2017）、朱诗娥等（2018）。
④ 孙文凯，路江涌，白重恩：《中国农村收入流动分析》，《经济研究》2007年第8期。
⑤ 章奇，米建伟，黄季焜：《收入流动性和收入分配：来自中国农村的经验证据》，《经济研究》2007年第11期。
⑥ 严斌剑，周应恒，于晓华：《中国农村人均家庭收入流动性研究：1986—2010年》，《经济学（季刊）》2014年第3期。
⑦ 曹晖，罗楚亮：《为了机会公平而流动——收入代际传递对劳动力流入的影响》，《劳动经济研究》2021年第1期。
⑧ 见Golly（2013）利用RUMIC2008年的数据、李力行（2014）利用中国家庭收入调查（CHIP）数据和2005年的中国人口抽样调查数据、李任玉（2017）利用中国家庭金融调查数据（CHFS）的研究结果。
⑨ Golley J & Kong S T（2013）. Inequality in intergenerational mobility of education in China. China & World Economy，21（2），15-37.
⑩ 马骍：《教育代际流动的民族差异》，《中南民族大学学报：人文社会科学版》2014年第3期。
⑪ 张义祯：《教育获得与教育流动实证研究——基于代际视角》，上海大学博士学位论文，2016。

可能流向资源含量丰富、工作自主性强和发展机会好的职业领域[①]。父母双方均在体制内就业的劳动者更可能进入体制内就业，父母均不在体制内就业的人群则更难进入体制内就业[②]。农民工整体代际职业流动性偏弱[③]。父辈的优势地位对子代的精英地位获得有着显著正效应，且这种效应是在不断强化的，但体制精英和市场精英的代际流动仍然遵循着两条相互隔离的轨迹[④]。从事非农职业的群体，其职业的代际流动性有所增强[⑤]。

二、收入代际流动性的影响因素

收入代际流动性会受到许多因素的影响。我们更应该关注的是那些通过施加公共政策可以改变的因素。第一，借贷约束会降低收入代际的流动性。在没有借贷约束的情况下，家庭无论贫富都可对子代的人力资本进行投资，此时的代际流动仅取决于禀赋继承的程度，代际流动性较强。如果存在借贷约束，低收入家庭由于面临紧的借贷约束而无法对子女进行人力资本投资，子代由于人力资本水平较低从而继续获得低收入[⑥]。

第二，婚姻正向匹配会降低代际流动性。一方面，在婚姻匹配机制作用下，每个人倾向于寻找与其收入能力相当的配偶，从而会使家庭之间的收入差距更大；另一方面，父代的婚姻匹配模式可能直接影响到父代的家庭收入，通过子代的家庭人力资本投资作用于子代的收入能力[⑦]，社会收入阶层从而更为固化。因此，婚姻正向匹配程度越高，代际流动性可能会越低，进而形成更为严重的社会收入阶层分化[⑧]。分性别看，女性的收入代际流动受婚姻匹配的影响程度要高于男性[⑨]。

第三，人力资本投资是影响代际流动性的重要因素，公共教育支出增长会提高收入代际流动性。人力资本投资包括私人投资和公共投资。前者主要指家庭的人力资本投资，后者主要指公共投入。由于政府的人力资本投资能够在某种程度上形成对私人投资的替代或补充，可发挥促进公平的作用。财政教育支出能够提高来自低收入家庭子代的人力资本投

---

① 李黎明，李卫东：《阶层背景对本科毕业生职业地位获得的影响 市场转型与分割的阶层再生产》，《社会》2009年第5期。
② 李中建，袁璐璐：《体制内就业的职业代际流动：家庭背景与学历》，《南方经济》2019年第9期。
③ 卓玛草，孔祥利：《农民工代际职业流动：代际差异与代际传递的双重嵌套》，《财经科学》2016年第6期。
④ 吕鹏，范晓光：《中国精英地位代际再生产的双轨路径（1978—2010）》，《社会学研究》2016年第5期。
⑤ Emran，M. Shahe & Sun，Yan - GSP05，2015. Are the children of uneducated farmers doubly disadvantaged ? farm，nonfarm and intergenerational educational mobility in rural China，Policy Research Working Paper Series 7459，The World Bank.
⑥ Becker G S，Tomes N. Human Capital and the Rise and Fall of Families. Journal of Labor Economics，1986，4（3，Part 2）：S1-S39；李力行，周广肃：《家庭借贷约束、公共教育支出与社会流动性》，《经济学（季刊）》2015年第1期。
⑦ Güell M，Rodríguez Mora J V，Telmer C I. The Informational Content of Surnames，the Evolution of Intergenerational Mobility，and Assortative Mating. The Review of Economic Studies，2015，82（2）：693-735.
⑧ 见Greenwood et al.（2014），Schwartz（2010）。
⑨ Hirvonen L H. Intergenerational earnings mobility among daughters and sons：Evidence from Sweden and a comparison with the United States. American Journal of Economics and Sociology，2008，67（5）：777-826.

资水平，而对来自高收入家庭子代的人力资本投资水平没有影响[①]。如果财政教育支出能够缩小对不同收入水平家庭子女人力资本投资水平的差距，就会提高收入代际流动性[②]。

应当进一步区分不同层次教育的投资对收入代际流动的影响。从不同教育层级来看，义务教育的财政支出要在超过一定门限值后才会促进人力资本的有效积累[③]，而高等教育的财政支出可能阻碍收入的代际流动[④]。高考制度显然是向上流动的重要渠道，但高校扩招对收入代际流动性的影响可能不太明确[⑤]，也可能降低了收入的代际流动性[⑥]。这一降低的机制可能是精英主义的教育体系放大了家庭背景从教育和社会网络两个渠道对收入代际流动的影响[⑦]。

第四，职业代际流动也是收入代际流动的重要影响因素。劳动力市场回报主要受到劳动力市场决策和宏观经济环境的影响。职业选择是劳动力市场决策的重要内容，职业代际流动也是收入代际流动的重要影响因素。目前在劳动力市场上，工作机会的不均和特定职业的进入门槛普遍存在。“子承父业”现象证明家庭背景与家庭社会关系在求职者的工作搜寻过程中扮演着重要角色。职业是收入的载体，劳动力市场结构的不完善与市场分割使得不同职业之间存在明显的收入差异。收入代际流动可能与职业传承和流动有着直接的联系。

第五，劳动力迁移也影响收入代际流动。迁移能够使劳动者增加个人见识、学习新事物，通过“干中学”提高自身劳动技能，并且获得新的就业机会，增加新的社会关系，最终增加个人收入，改变原有的收入代际流动性。未迁移者被动或主动地固守在从父代传承下来的社会、经济和地理空间，表现出较低的收入代际流动性[⑧]。

第六，宏观经济环境通过改变劳动力市场回报对收入代际流动产生影响。经济发展水平和经济结构可能改变收入代际流动性，工业化和市场化伴随代际流动性上升是一种普适逻辑[⑨]。一方面，经济发展能够带来收入的提升，缓解家庭对教育投入的信贷约束，高流动的经济体又能够对人力资本进行更高效的配置；另一方面，经济发展能够提升对个体能力

---

① Solon G. A model of intergenerational mobility variation over time and place. //Corak M. Generational income mobility in North America and Europe, Cambridge: Cambridge University Press, 2004.

② Chusseau N, Hellier J. Educational systems, intergenerational mobility and social segmentation. European Journal of Comparative Economics, 2010, 8: 255-286；Card D, Domnisoru C, Taylor L. The intergenerational transmission of human capital: Evidence from the golden age of upward mobility. National Bureau of Economic Research, 2018；周波，苏佳：《财政教育支出与代际收入流动性》，《世界经济》2012年第12期；徐俊武，易祥瑞：《增加公共教育支出能够缓解“二代”现象吗?——基于CHNS的代际收入流动性分析》，《财经研究》2014年第11期。

③ 宋旭光，何宗樾：《义务教育财政支出对代际收入流动性的影响》，《财政研究》2018年第2期。

④ 陈琳：《促进代际收入流动：我们需要怎样的公共教育——基于CHNS和CFPS数据的实证分析》，《中南财经政法大学学报》2015年第3期。

⑤ 杨娟，周青：《增加公共教育经费有助于改善教育的代际流动性吗?》，《北京师范大学学报（社会科学版）》2013年第2期。

⑥ 周明海，徐杨云涛：《高校扩招与中国代际收入流动》，《教育经济评论》2017年第6期。

⑦ 王学龙，杨文：《精英主义教育体系对代际流动的消极影响》，《经济经纬》2016年第4期。

⑧ 孙三百等（2012）使用2006年CGSS数据的研究证实，迁移能够降低落后地区迁移者的代际收入弹性，增强收入代际流动性。章奇等（2007）、Shi et al.（2010）、严斌剑等（2014）也得到了类似的结论。

⑨ Blau P M, Duncan O D. The American occupational structure. New York: John Wiley and Sons, Inc., 1967.

的需求和对高能力劳动者的劳动回报，使得市场更有效地决定个体收入水平[①]。

基于中国数据的实证研究发现，市场化水平的提高和经济发展有助于提高收入代际流动性。市场化水平会削弱收入分配不公平在代际传递的程度，有助于增强收入代际流动性[②]。经济发展对收入代际流动的促进作用主要体现在收入分布中间位置，收入分布两端群体的流动性并未随着经济发展得以提升[③]。对低收入者而言，非农业人口占比的提高对代际流动性的促进作用优于经济总量增长和产业结构升级。

其他家庭背景因素也会对收入代际流动性产生影响。家庭背景是形成收入代际流动的重要机制。家庭可以通过社会资本（或“关系”）来直接或间接地增加子代的收入。例如，社会关系网络、父代的政治身份有助于子代进入高收入的行业[④]；父代的政治身份会显著增加子女的收入，影响机制主要来自权力的寻租[⑤]。代际的财富转移是收入代际传递的重要影响机制之一，家庭的住房价值、金融资产对于收入代际流动的解释力度远高于其他因素[⑥⑦]。

三、提高收入代际流动性的主要政策措施

从代际收入流动性影响因素的研究文献中可以看出，社会经济中存在着一些强化代际传递性的因素，如遗传、婚姻正向匹配等，这些因素不可能通过外在的政策措施予以消除。但更多的因素则与人力资本形成、市场机会均等性相关联，降低这些因素对于代际传递的影响，并降低社会经济中业已存在的代际传递强化机制，畅通社会底层人群向上流动的渠道，应当成为政策的目标。相应的政策措施可以分为两种类型：一种是完善以机会均等为核心的市场竞争机制，另一种是实施以可行能力发展为基础的公共政策干预。

完善的市场机制，将会降低人们从当期经济活动中获得的收益对初始状态的依赖，减少初始状态对人们选择范围的制约。不完善的市场以及过度管制，往往会限制初始状态较差人群的选择范围。对经济活动的管制，往往会形成相应的经济租金，在社会经济活动中居于优势地位的人群更有可能从中获得额外收益，进而降低收入流动性以及收入代际流动性。因此，提高收入流动性与代际流动性的根本措施，在于完善市场机制，以公平竞争的机制保障机会公平。往往有错误观念认为，收入流动性以及代际流动性的降低是市场竞争

① Erikson & Goldthorpe（1992）发现，经济发展水平高的国家有更强的代际流动性。
② 郭丛斌，闵维方：《中国城镇居民教育与收入代际流动的关系研究》，《教育研究》2007年第5期。
③ 李任玉，杜在超，龚强，何勤英：《经济增长、结构优化与中国代际收入流动》，《经济学（季刊）》2018年第3期。
④ 陈钊，陆铭，佐藤宏：《谁进入了高收入行业?——关系、户籍与生产率的作用》，《经济研究》2009年第10期。
⑤ 杨瑞龙，王宇锋，刘和旺：《父亲政治身份、政治关系和子女收入》，《经济学（季刊）》2010年第3期。
⑥ 陈琳，袁志刚：《授之以鱼不如授之以渔？——财富资本、社会资本、人力资本与中国代际收入流动》，《复旦学报（社会科学版）》2012年第4期。
⑦ 陈琳，袁志刚：《中国代际收入流动性的趋势与内在传递机制》，《世界经济》2012年第6期。

的结果。实际上，完善市场机制，总体上要求降低各种市场准入壁垒，消除市场分割，促进各种要素流动，对微观个体形成正确的激励机制，从而更为充分地发挥各自的生产潜能，赚取更高的工资，创造更多的财富，更加有助于社会阶层的流动性。

以可行能力为基础的公共政策干预，通过改善弱势人群、父辈社会经济状况较差的子女在人力资本积累方面的不利状况，减弱父辈社会经济状况对子女可行能力发展的不利影响，降低代际传递的可能。现有的研究大多表明，代际传递主要是由于教育的不均等造成的。收入水平高的父母可以通过对子女的人力资本投资，提高其未来在劳动力市场的竞争力，从而提高其收入水平。提高代际流动性的主要措施是提高教育的均等化水平，让低收入家庭的子女更多地分享到优质教育资源。因此，国家应该增加农村和贫困落后地区的教育投入，以保障每个小孩都能够享受到较好的教育资源，改善社会经济状况较差的子女的受教育机会。政府为在劳动力市场上处于劣势的员工提供工作培训的机会或是招聘工作信息，也能提高他们的工作技能和工资水平。

增加对儿童早期发展的投入对于提高代际流动性具有特别重要的意义。儿童早期发展主要包括对于儿童认知能力、非认知能力和健康的投资和培养。Heckman and Mosso（2014）指出，早期的家庭环境和父母的教育对于个人的发展尤为重要，因为这些因素决定了个人一生的技能基数。人力资本投资的收益可能是逐年下降的。由于技能的动态互补性，早期的技能基数水平有助于提高后期的人力资本和技能投资的效率。他们还发现，早期对于弱势群体的小孩进行投资对于社会是最有效的投资，后期阶段的补救措施往往会得不偿失。对于贫困家庭的小孩来说，因为他们有更低的人力资本投资，相同的政策对于他们会带来更大的积极影响。

旨在促进儿童早期发展的项目还有长期效果，会改善受干预者未来在劳动力市场的表现。Heckman等（2020）发现，短期来看高质量的儿童早期干预计划（如家访等）能极大地改善儿童的语言能力、认知技能以及社交技能。来自弱势家庭的儿童往往收益更多[①]。Heckman and Karapakula（2019a）进一步发现儿童早期的干预明显改善了他们进入劳动力市场后的表现，如提高就业率，增加劳动收入以及中年时期的健康和社交能力，同时降低了其发生犯罪行为的概率。他们同时发现早期受干预的小孩相比控制组的小孩有更低的概率退学，身体更加健康，更有可能获得大学学位并找到工作。其作用机制是早期受干预者更容易形成稳定的双亲家庭，有更好的社交能力，更高的工资等。这些为他们小孩的良好成长提供了更好的条件[②]。

① Felfe C，Lalive R. Does Early Child Care Affect Children's Development?. Journal of Public Economics，2018，159：33-53.

② Heckman J，Karapakula G. Intergenerational and Intragenerational Externalities of the Perry Preschool Project. Cambridge，MA：National Bureau of Economic Research：w25889，2019b.

专栏10 中国发展研究基金会的儿童早期发展干预实践

投资儿童早期发展，促进儿童体格、认知、情感、社会适应及语言等方面的综合发展，对于提升儿童福祉、促进人力资本积累和社会公平发展具有重要意义。

中国发展研究基金会长期关注欠发达农村地区儿童发展问题，致力于通过社会试验探索促进儿童早期发展的有效方式。自2009年起，中国发展研究基金会与当地政府合作开展了一系列促进农村儿童早期发展的项目。多项评估研究表明，这些儿童早期发展干预的有益实践，有效改善了最弱势儿童群体的生长发育状况，为儿童健康发展提供了一个阳光起点。

“慧育中国·山村入户早教计划”为居住偏远的农村儿童和家庭提供每周60分钟入户养育指导，并在有条件的地区开办亲子养育中心。2017年基金会对甘肃华池试点的评估研究发现，“慧育中国”项目干预使得儿童智力筛查“正常”的概率提高51.4%，儿童消瘦率降低13.7%。此外，项目的实施有效改善了受益儿童家庭养育和教育环境，家庭环境观察量表得分提高4.41分。2020年，诺贝尔经济学奖获得者赫克曼教授对甘肃华池的“慧育中国”项目试点的研究表明，84%接受过项目干预的儿童在语言认知技能、社交情感技能上都优于未经干预的儿童。

“一村一园·山村幼儿园计划”为贫困山区儿童提供低成本、有质量的学前教育。该项目利用农村的闲置场地，通过适当改造作为幼儿园的活动场所，招募本地志愿者教师，以教育部《3-6岁儿童学习与发展指南》作为指导，保证山村幼儿园的教育质量。2019年第三方机构对青海乐都“一村一园”项目实施十周年开展追踪评估表明，接受过山村幼儿园教育的儿童升入普通高中的比例（81.4%）远远高于未接受过学前教育的儿童（25.2%）。同时，接受干预的儿童在初三时亲社会行为、心理弹性等非认知能力得到了显著提升。“一村一园”项目于2018年获得WISE世界教育创新项目奖，是首个获得此奖项的中国项目，得到了国际社会的广泛认可。

资料来源：

李伟：《反贫困与中国儿童发展Ⅱ》，中国发展出版社，2018。

因此，促进收入流动性和代际流动性，建立更加公平的收入和财富分配机制，不仅需要对弱势群体进行政策干预，提供更多的转移支付，更应该在儿童早期发展阶段，加强对家庭条件比较差的儿童给予干预和支持，来最大限度地消除儿童早期发展阶段的机会不平等，从而进一步降低不同家境儿童将来在职业选择和收入水平上的差距。

第七章

扩大中等收入群体*

- 中等收入群体的规模变化趋势
- 中等收入群体的特征事实
- 如何“扩中”

* 本章的部分内容根据李实，杨修娜写的文章《中等收入群体与共同富裕》整理而来，该文发表在《经济导刊》2021年第3期。

扩大中等收入群体规模是“十四五”时期发展目标之一，也是实现共同富裕的重要途径。实现共同富裕需要大幅度地提高低收入者的收入水平，促进他们成为中等收入群体，逐步形成中等收入群体占多数的“橄榄型”社会结构。随着中等收入群体成为主体人群，社会会变得更加稳定和谐。

扩大中等收入群体也是扩大内需，促进经济增长的重要路径。中国进入新发展阶段，高质量发展已成为主线。实现高质量发展需要转变经济发展方式，而转变经济发展方式和扩大中等收入群体是一个过程的两个方面，是相互促进的关系。高质量发展会促进中等收入群体的不断扩大，中等收入群体的成长和扩大又会有利于高质量发展和新经济发展方式的顺利实现。中等收入群体扩大的基础条件是高质量就业岗位的不断涌现和高素质人才的不断成长，这些条件也是高质量发展的主要特点。

中国新的经济增长动力蕴含在4亿多并日益增加的中等收入群体所形成的最有成长潜力的消费市场中。扩大中等收入群体，不仅是跨越“中等收入陷阱”的有效措施，也是构建新发展格局的关键一环。

中等收入群体是维护社会稳定的中坚力量、支撑创新转型的人力资本基础、释放消费红利的主力军。确立扩大中等收入群体战略，明确中等收入群体比重增长目标，关系到经济社会转型与改革的全局。

第一节　中等收入群体的规模变化趋势

一、如何界定中等收入群体

中等收入群体的概念最早来自西方“中产阶级/中产阶层”的概念，指处于社会中间位置的人群。中产阶级的界定，不仅涉及收入、财产，还会涉及教育、职业、生活方式等。中等收入群体的概念与中产阶级的概念不同，它更多的是指经济地位处于中间位置的人群。在将收入作为经济地位的指标时，中等收入群体则是指其收入水平处于全社会收入分布中间层的人群。目前学术界对“中等收入群体”的概念有一定的共识，但在具体划分标准上却有很大的差异。除了在使用消费、财富还是收入来代表经济地位上有着不同的意见，在主张使用收入指标的学者中也有分歧，有的主张采用绝对标准，有的主张采用相对标准[①]。

① 划分中等收入群体的绝对标准是采用一个不随时间变化的收入区间来划分中等收入群体，如世界银行提出的每人每天10～100美元的标准，而相对标准是将收入区间的上下限设定为全部人口收入的平均值或中位数的一定百分比，如欧盟国家采用中位数的67%～200%为中等收入群体的收入区间。

中等收入群体，顾名思义是指收入水平处于全部人口收入分布中间的人群，应该从收入角度来看社会群体的分化状态，家庭（人均）收入应该是主要（唯一）划分指标。在收入指标确定的情况下，是使用绝对标准还是相对标准？这是没有定论的。它往往取决于一个国家的发展水平，也取决于学术界通常的做法。从国际经验来看，发展中国家大多采用绝对标准，而发达国家大多采用相对标准。对于一个国家来说，基于不同标准估算出的中等收入群体规模会有不小差别。不同的研究文献对中国2012年中等收入群体比重进行了估算，最高值为54%，最低值为7.7%；在对2025年的预测中，最乐观的结果是59.4%，最悲观的结果则为19.8%（见图7-1）。

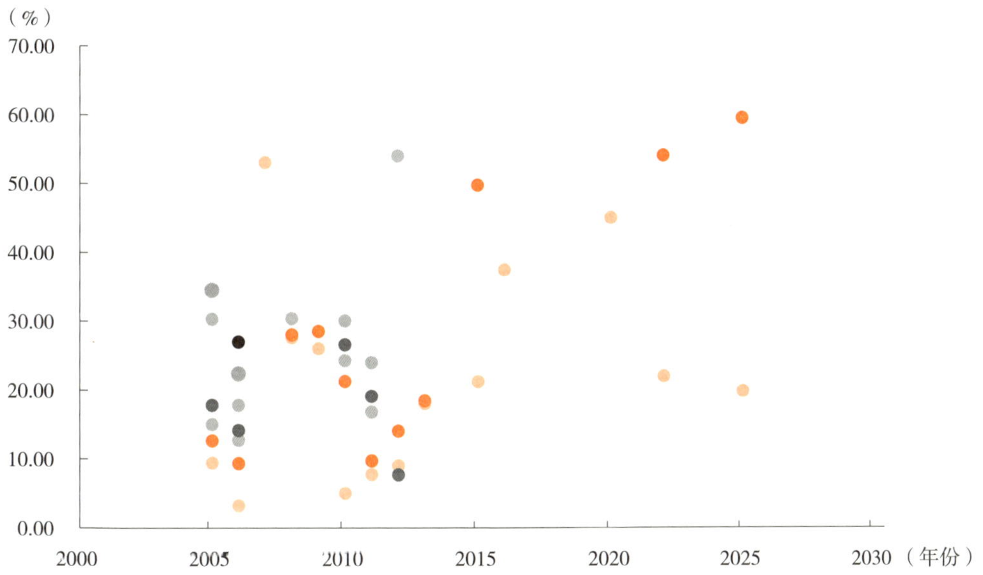

图7-1　不同文献估算出的中国不同年份中等收入群体比重

注：横轴是年份；纵轴是中等收入群体比重；图中的每个圆点代表每篇文献的估计结果。

本章使用4种不同的界定标准来估算中国中等收入群体的比重。第一个标准是国家统计局采用的划分方法，是一种绝对标准，是将2018年价格下家庭（典型的三口之家）年收入介于10万～50万元之间的人群界定为中等收入群体。第二个标准是选取全世界200多个国家收入中位数的67%、200%分别作为中等收入群体收入的上下限。这个标准相当于全球的标准。各个国家都可以使用这一标准，计算出可以比较的中等收入群体的规模①。第三个标准是借用欧盟的做法，用28个欧盟成员国居民收入中位数的60%～200%来划分中国中等收入群体的收入区间。考虑到中国在不久的将来会成为高收入国家，借用欧盟的标准可以比较中国与欧洲国家的差别。第四个标准是由Kharas提出的，以每人每天10～100美元作为界定

① 这个标准的最大优点是在全球范围内考察一个国家的中等收入群体的比重，不同国家的中等收入群体比重具有可比性。从动态上看，一个国家中等收入群体比重的变化主要决定于3个因素：本国收入增长，世界平均收入增长，本国收入差距变动。本国收入增长超过国际平均水平会带来本国中等收入群体比重上升，本国收入差距缩小也会起到相同的作用。

中等收入群体的收入区间[①]，这也是世界银行等国际机构向发展中国家推荐的标准。本章利用上述4种标准以及CHIP数据，分别测算了21世纪以来中国中等收入群体的收入区间及其变化（见表7–1）。

表7–1 不同界定标准对应的下限和上限（万元）——年收入

标准		2002年	2007年	2013年	2018年
家庭年收入10万~50万元（2018年价格）	下限（户人均收入）	2.22	2.53	3.04	3.33
	上限（户人均收入）	11.10	12.63	15.22	16.67
世界人口当年收入中位数的67%~200%（当年价格）	下限（户人均收入）	1.01	1.60	2.47	3.03
	上限（户人均收入）	3.02	4.78	7.38	9.02
28个欧盟国家2018年收入中位数的60%~ 200%（当年价格）	下限（户人均收入）	3.76	4.31	5.18	5.66
	上限（户人均收入）	12.56	14.31	17.23	18.83
每人每天10~100美元	下限（户人均收入）	1.18	1.37	1.70	1.86
	上限（户人均收入）	11.75	13.72	16.97	18.57

注：上述基于欧盟收入中位数来界定中国中等收入群体的标准时的收入是指用每个家户的户可支配收入除以加权后的家户人数的收入。欧盟统计局的具体赋权方式是：每个家户第一个成年人赋权重为1，其他成年人赋权重为0.5，14岁及以下的孩子赋权重为0.3。为和欧盟标准保持一致，在用CHIP数据估算中国中等收入群体比重时，也采用了相同的加权方式调整了每户的人数并使用加权后的家户人数来计算户人均可支配收入。其他标准对应的户人均收入，都是用户可支配收入除以一个家户的实际人数。

资料来源：作者基于历年的CHIP数据估算而得。

二、中等收入群体比重到底有多高

按照上述4种划分中等收入群体的标准，本章使用2002年、2007年、2013年和2018年的CHIP数据[②]，对21世纪以来中国中等收入群体的规模及其变化趋势进行估算。

（一）近20年中等收入群体比重的变化

在使用上述4种划分标准的情况下，近20年来随着经济高速发展和居民收入提高，中国中等收入群体比重都有不同程度的提高。在2002年4种标准下中等收入群体比重基本上在10%以下，2018年上升到近30%或更高。如表7–2所示，在国家统计局的界定标准下（标准三口之家年收入在10万~50万元之间），2002年仅有1.6%的人口属于中等收入群体，2013

① 10美元是贫困线最低的两个发达国家（葡萄牙和意大利）的贫困线的平均数，100美元是最富裕发达国家（卢森堡）的收入中位数的2倍。见Kharas（2010），Kharas H（2010），The Emerging Middle Class in Developing Countries. OECD Development Centre Working Paper No. 285。

② CHIP数据的样本抽选自国家统计局的大型住户调查数据。在计算过程中我们利用CHIP团队提供的基于两个层级（东部、中西部，城市、农村/农民工）的权重进行了调整。

年上升到25.4%，2018年进一步上升到28.2%。这意味着居民收入分布逐渐向“橄榄型”转变。单从比重来说，现阶段中国中等收入群体比重依然偏低，但若从绝对数量来看，中等收入群体的人数还是相当可观的。2018年中国中等收入群体规模接近4亿，相当于除美国之外五大发达国家（日本、德国、英国、法国、意大利）人口之和。

表7-2还给出了另外3种划分标准下，估算出的中国中等收入群体比重。按照世界人口收入中位数的67%～200%测算出来的中等收入群体比重，在2002年为10%，到2018年已接近30%。按照世界银行提倡的每人每天10～100美元的标准，2018年中国中等收入群体比重已超过54%。相比而言，欧盟的标准最高，得出的中国中等收入群体的比重要低得多。如果使用欧盟的标准，2018年中国中等收入群体比重不足25%。

表7-2　在不同界定标准下估算出的各年份全国中等收入群体比重（%）

		2002年	2007年	2013年	2018年
全国	世界人口收入中位数的67%～200%	10.0	20.2	27.3	29.4
	28个欧盟国家2018年收入中位数的60%～200%（当年价格）	0.6	2.0	13.8	24.7
	每人每天10～100美元（2005 PPP）	7.4	27.2	46.1	54.2
	家庭年收入10万～50万元（2018年价格）	1.6	9.5	25.4	28.2

资料来源：作者基于历年的CHIP数据估算而得。

（二）未来中等收入群体比重的变化趋势

实现共同富裕是一个长期的发展目标，需要几代人持续努力奋斗。同样地，扩大中等收入人群规模以达到收入分布“橄榄型”社会结构，不断缩小收入差距以建立共享发展的社会，也是一项长期而又艰巨的任务。

为了对未来中国中等收入群体的变动趋势作出基本预判，本章分别测算了2025年、2030年和2035年3个时间节点的中等收入群体的比重。沿用国家统计局的划分中等收入群体的标准，假定每年在不同的经济增长率[①]的情形下，居民收入增长率与经济增长率同步且收入分布保持不变，基于2018年CHIP数据，我们估算了中国 2025年、2030年、2035年的中等收入群体比重。

从2018年到2035年，如果居民收入增长率能保持在5%以上，那么到2030年将有超半数（51.8%）的人口成为中等收入群体，2035年的中等收入群体比重将达到59.4%，甚至

① 这里提到的经济增长率和居民收入增长率，都是扣除价格因素后的实际增长率。

超额完成中等收入群体倍增的目标①。考虑到2035年将有部分收入较高的中等收入群体晋升到高收入群体，在收入增长率保持在4%的情形下，也勉强能实现中等收入群体倍增的目标。但如果从现在到2035年收入增长率下滑到3%，那么2035年中等收入群体比重仅能达到48.6%，还未超过半数，也无法实现中等收入群体倍增目标（见图7-2）。由此看出，为提高中等收入群体比重，保持一定的经济增长速度和居民收入增长率至关重要；在经济增长速度和居民收入增长率保持不变的情况下，缩小收入差距也会起到扩大中等收入群体规模的作用。

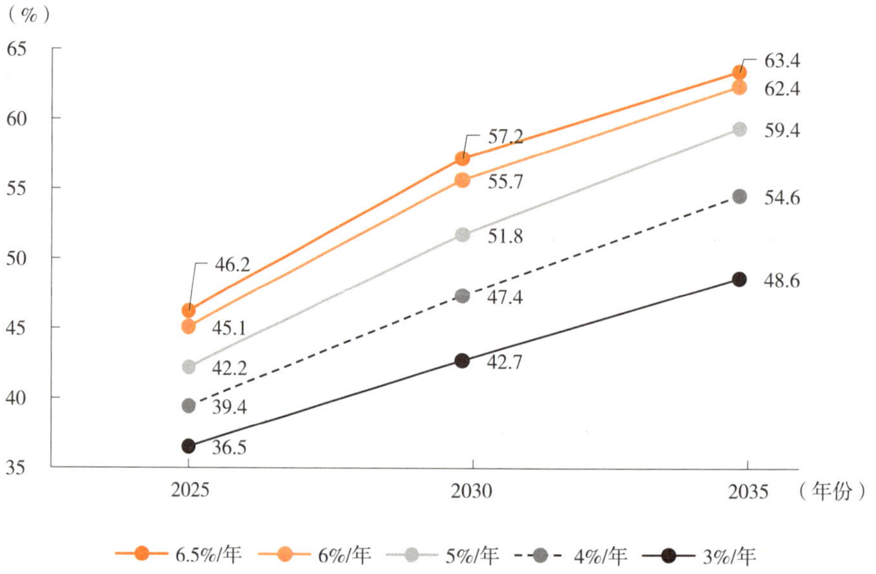

图7-2　中国未来中等收入群体比重的估算

资料来源：作者基于2018年CHIP数据估算而得。

专栏11　全球中等收入群体变化

中等收入群体是维持社会稳定的中坚力量，也是高收入者和低收入者的桥梁和纽带。如果一个社会中等收入群体占比较大，呈现出一种“两头小、中间大”的“橄榄型”社会结构，被认为是一种较为理想的结构。

20世纪50年代以来，全球中等收入群体规模经历了快速扩张。1985年，中等收入群体规模达到了10亿人。到2006年，中等收入群体人口又增加了10亿。得益于中国等新兴市场国家的快速发展，预计到2028年全球中等收入群体总人数将达到50亿

① 2018年中等收入群体比重为28.2%，翻倍将是56.4%。在5%居民收入增长率下，预测的2035年中等收入群体比重达到59.4%，比翻倍的目标高出3个百分点。

人。从全球中等收入群体每年的变化情况可以发现，这一数字在世纪之交开始加速，在2030年之前会达到顶峰。有研究认为，预计在接下来进入全球中等收入群体的10亿人中，绝大多数（几乎90%）将来自亚洲：3.8亿印度人，3.5亿中国人，以及2.1亿其他亚洲人。

如果进一步看中等收入群体的分布变化，可以把全球的国家分为两大类，这两类国家中等收入群体的变化具有重要的政治经济含义。

在北美和欧洲的许多发达国家，中等收入群体人数众多，但在数量上停滞不前。自2008年国际金融危机后，一些发达国家中等收入群体的经济地位越发脆弱和敏感，表现出逐渐萎缩的发展趋势。OECD报告指出，青年一代越来越难以成为中等收入群体。数据显示，OECD成员国中在1946年至1964年间出生的“婴儿潮一代”将近70%都进入了社会的中等收入群体，而这一数字在1982年到2000年间出生的“千禧一代”中已下降至60%左右。中等收入群体的出现是20世纪最典型的社会特征，而其衰落又成为21世纪初最令人不安的挑战。发达国家中等收入群体的大幅度衰落使社会的传统生活和思维方式逐步改变，“保守主义价值观”遭受冲击，社会矛盾开始集中爆发。人们在移民问题、种族问题、税收、医保等社会议题上尖锐对立。在此背景下，争取中等收入群体的政治支持可能是一个更大的挑战。

在一些新兴的发展中大国，快速增长的中等收入群体正在重塑全球经济。在所有发展中国家，中等收入群体都在增长，截至目前，亚洲的中等收入群体人数最多。到2030年，亚洲人可能占全球中等收入群体人口的2/3。从中等收入群体的消费市场规模看，2015年中产阶级的消费约为35万亿美元，人均1.2万美元。中产阶级消费占全球经济的比重超过1/3。到2030年，全球中等收入群体消费可能比2015年增加29万亿美元。中国的占比将达到22%，印度17%，美国7%，印度尼西亚4%，日本3%，俄罗斯3%，德国、墨西哥、巴西、英国为2%。消费力量的变化，将会带来全球生产布局、经济话语权以及全球政治经济秩序的深刻变化，需要各国政府在国际政策协调中更多考虑相关因素。

资料来源：

Kharas H . The unprecedented expansion of the global middle class: An update. Global economy and development working paper , 2017.

经合组织：《在压力之下：被挤压的中产阶层》，2019。

第二节　中等收入群体的特征事实

受到城乡和区域发展不平衡的影响，中国中等收入群体在城乡和区域之间存在着较大的不平衡。经济发展程度和居民收入水平较高的地区具有较高比重的中等收入群体，反之亦然。

一、中等收入群体分布的城乡差异和区域差异

在存在很大城乡差距的情况下，中国的中等收入群体在城乡之间存在着严重的不平衡，绝大多数中等收入群体集中在城镇，乡村中中等收入群体占比很低。基于国家统计局的界定标准计算出的结果显示（见表7–3），在城镇居民中，中等收入群体所占比重从2002年的3.8%上升到2018年的43.8%；在农村人口中，中等收入群体所占比重从2002年的0.4%提高到2018年的5.1%。在其他划分标准下算出的结果也呈现类似的城乡不平衡的特征。表7–4中测算结果显示，2018年的全部中等收入群体中74.3%为城镇居民，18.4%为农民工，农村居民占7.3%。中国中等收入群体将近4亿人，其中约3亿人属于城镇居民，约3000万为农村居民，约7000万为农民工。

表7–3　在不同界定标准下估算出的各年份城镇和农村中等收入群体比重（%）

		2002年	2007年	2013年	2018年
城镇	世界人口收入中位数的67%～200%	25.9	45.2	48.5	45.0
	28个欧盟国家2018年收入中位数的60%～200%（当年价格）	1.5	4.8	27.1	38.2
	每人每天10～100美元（2005PPP）	19.6	59.1	74.2	76.4
	家庭年收入10万～50万元（2018年价格）	3.8	24.2	43.4	43.8
农村	世界人口收入中位数的67%～200%	1.5	1.8	7.4	6.6
	28个欧盟国家2018年收入中位数的60%～200%（当年价格）	0.1	0.2	2.0	4.2
	每人每天10～100美元（2005PPP）	1.0	3.0	18.1	20.6
	家庭年收入10万～50万元（2018年价格）	0.4	1.2	9.2	5.1

资料来源：作者基于历年的CHIP数据估算而得。

分地区看，全国半数以上的中等收入群体分布在东部地区（55.8%），约2.2亿人；位于中、西部地区的人数相近，分别占22.9%和21.2%，人数分别为9079万人和8406万人。各省份中等收入群体比重与其经济发展水平和城市化水平有关，人均GDP、人均可支配收入、城镇人口所占比重高的省份，中等收入群体所占比重也高。

表7-4　各收入组人群的地域分布

	比重（%）			人数（万人）		
	低收入群体	中等收入群体	高收入群体	低收入群体	中等收入群体	高收入群体
城镇	37.2	74.3	68.8	37289	29413	396
农村	52.9	7.3	8.8	53118	2881	50
农民工	9.9	18.4	22.5	9967	7282	129
东部	35.8	55.8	76.8	35944	22092	443
中部	34.6	22.9	15.4	34689	9079	89
西部	29.6	21.2	7.8	29741	8406	45

资料来源：作者基于2018年CHIP数据估算而得。

二、中等收入群体的主要经济特征

为了更好地理解中等收入群体与低收入群体之间差异性，本章对两个群体在受教育程度、收入结构、消费和储蓄方面进行了比较。

（一）受教育水平

中等收入群体的受教育水平明显高于低收入群体，但与高收入群体还有一定差距。中等收入群体的平均受教育年限为11年，比低收入群体（8.3年）高出将近3年，但比高收入群体（12.5年）低1.5年。就受教育程度而言，中等收入群体中约42.5%拥有大专及以上学历，明显高于低收入群体对应的比重（12.5%），但与高收入群体对应的比重（62.8%）差20个百分点（见表7-5）。

（二）收入来源和结构

中等收入群体以工资性收入为主，主要是工薪阶层，其工资性收入占比高于低收入群体和高收入群体。2018年他们的工资性收入占比为62.0%，明显高于低收入群体和高收入群体（54.8%、50.8%）。养老金收入对于中等收入群体也很重要，占其总收入的16.5%，明显高于低收入群体和高收入群体的9.0%和3.9%。这是因为，中等收入群体中有较大数量的退休人员，主要是行政机关和事业单位的退休人员，他们有较高的养老金收入。经营性收

表7-5　各收入群体的受教育程度占比（%）

	低收入群体	中等收入群体	高收入群体	整体
未上过学	2.9	0.6	0.9	2.2
小学	18.3	6.0	5.2	14.5
初中	46.4	25.9	11.0	40.0
高中	13.3	17.6	12.6	14.6
职高/技校	2.8	2.7	2.5	2.8
中专	3.8	4.9	5.1	4.1
大专	7.7	18.9	17.3	11.2
本科	4.5	21.2	35.8	9.7
研究生及以上	0.3	2.4	9.7	0.9

注：本表中中等收入群体的划分是依据国家统计局的标准，其收入在该标准的上限以上的群体为高收入群体，而在该标准的下限以下的群体为低收入群体。

资料来源：基于2018年CHIP数据计算的结果。

入对中等收入群体的重要性相对低于其他收入群体，在中等收入群体总收入中的比重仅为14.1%，明显低于低收入群体和高收入群体的相应比重（21.0%、42.5%）（见表7-6）。

表7-6　各收入组的收入来源结构——全国（%）

	工资性收入	经营性收入	财产性收入	养老金	转移性收入
低收入群体	54.8	21.0	5.5	9.0	9.6
中等收入群体	62.0	14.1	10.0	16.5	-2.5
高收入群体	50.8	42.5	8.0	3.9	-5.2
整体	56.8	19.1	6.8	11.1	6.2

注：本表中中等收入群体的划分是依据国家统计局的标准，其收入在该标准的上限以上的群体为高收入群体，而在该标准的下限以下的群体为低收入群体。

资料来源：基于2018年CHIP数据计算的结果。

城乡中等收入群体的收入来源结构有不小差异。分城乡看，由于农村地区的二、三产业明显滞后于城镇地区，工资性就业的机会相对较少，农村地区中等收入群体的工资性收入比重（37.6%）明显低于城镇地区中等收入群体（63.9%）。农村地区中等收入群体的收入主要来源于经营性收入（42.6%），包括农业经营性收入和非农经营性收入。农村中等收入群体的财产性收入比重仅4.2%，比城镇低6.2个百分点。由于政府推行惠农政策，农村中等收入群体的转移性收入比重（7.8%）明显高于城镇（-3.3%）（见表7-7、表7-8）。

表7-7　各收入群体的收入来源结构——城镇地区（%）

	工资性收入	经营性收入	财产性收入	养老金	转移性收入
低收入群体	64.2	11.6	8.7	12.3	3.1
中等收入群体	63.9	11.8	10.4	17.2	−3.3
高收入群体	55.4	37.4	8.8	4.2	−5.8
整体	64.0	11.9	9.5	14.4	0.3

注：本表中中等收入群体的划分是依据国家统计局的标准，其收入在该标准的上限以上的群体为高收入群体，而在该标准的下限以下的群体为低收入群体。

资料来源：基于2018年CHIP数据计算的结果。

表7-8　各收入群体的收入来源结构——农村地区（%）

	工资性收入	经营性收入	财产性收入	养老金	转移性收入
低收入群体	46.5	29.3	2.7	6.0	15.4
中等收入群体	37.6	42.6	4.2	7.9	7.8
高收入群体	3.2	95.1	0.4	0.4	1.0
整体	46.0	30.1	2.8	6.1	15.0

注：本表中中等收入群体的划分是依据国家统计局的标准，其收入在该标准的上限以上的群体为高收入群体，而在该标准的下限以下的群体为低收入群体。

资料来源：基于2018年CHIP数据计算的结果。

（三）储蓄差异

中等收入群体的储蓄率明显高于低收入群体，边际消费倾向随收入增长而下降。2018年全国中等收入群体的平均储蓄率为36.8%，而低收入群体仅为4.3%（见表7-9），这也表明中等收入群体的平均消费率低于低收入群体。随着低收入群体分批地成为中等收入群体，一方面它会降低全社会的平均消费率，提高平均储蓄率；另一方面它会产生收入增长的消费效应，从而提高全社会的消费总额。

表7-9　各收入群体的储蓄率（%）

	平均值	中位数
低收入群体	4.3	22.4
中等收入群体	36.8	42.0
高收入群体	59.1	65.7
整体	13.7	29.1

注：本表中中等收入群体的划分是依据国家统计局的标准，其收入在该标准的上限以上的群体为高收入群体，而在该标准的下限以下的群体为低收入群体。

资料来源：基于2018年CHIP数据计算的结果。

（四）财产结构

中等收入群体的财产结构相对单一，72.4%是房产。三个收入群体相比，中等收入群体的房产净值在总财富中所占的比重是最高的，分别比低收入群体和高收入群体高出8.4个百分点和20.6个百分点。与高收入群体相比，中等收入群体不仅严重依赖房产且财富结构相对单一，总财富中金融资产和生产性固定资产所占比重分别比高收入群体低13.1个百分点和9个百分点。相比于低收入群体，由于中等收入群体更集中于城镇地区，所以其总财富中土地价值所占比重相对偏低，比低收入群体低4.2个百分点（见表7-10）。

表7-10 各收入群体的财产结构（%）

	低收入群体	中等收入群体	高收入群体	整体
房产净值	64.0	72.4	51.8	67.8
金融资产	18.1	15.8	28.9	17.2
生产性固定资产	5.6	4.1	13.1	5.0
耐用消费品价值	9.3	7.1	7.0	8.2
土地价值	5.2	1.0	1.4	3.1
非住房负债	-2.7	-1.0	-2.7	-1.9
其他资产	0.5	0.6	0.6	0.6

注：本表中中等收入群体的划分是依据国家统计局的标准，其收入在该标准的上限以上的群体为高收入群体，而在该标准的下限以下的群体为低收入群体。

资料来源：基于2018年CHIP数据计算的结果。

（五）消费结构与消费率

中等收入群体的扩大无疑会增加消费需求，升级消费结构，促进高质量发展。2018年CHIP数据显示，虽然中国中等收入群体的人口规模在全国仅占28.2%，但他们的消费总支出约占全国总体的50.2%，其中居住消费支出占全国的52.9%，医疗支出占全国的46.0%，教育支出占全国的49.3%。

然而，从当前中等收入群体的消费结构来看，仍以生存型消费为主，发展型消费支出占比偏低。中等收入群体日常消费的80%左右都用于为满足衣食住行等较低层次基本需求的生存资料。排在前三位的依次是食物支出（28.9%）、居住支出（24.7%）和交通支出（12.9%），教育支出仅占10.4%、医疗支出仅占6.9%（见表7-11）。

中等收入群体的消费需求有待进一步释放。全国范围内中等收入群体的消费支出占可支配收入的比重约为62.9%。其中，农村中等收入群体的平均消费率（47.7%）低于城镇中等收入群体（64.4%）（见表7-12），这和农村中等收入群体就业和收入不稳定，社会保障水平低，疾病及自然灾害导致的脆弱性，有着很大的关系。若农村居民和农民工能够享受

表7-11　各收入群体的消费结构（%）

	低收入群体	中等收入群体	高收入群体	整体
食物	33.4	28.9	23.1	32.1
衣着	6.1	7.3	8.2	6.5
交通	11.0	12.9	16.5	11.5
生活	5.6	6.2	7.0	5.8
居住	22.7	24.7	25.1	23.3
教育	11.1	10.4	11.3	10.9
医疗	8.4	6.9	5.2	8.0
其他	1.7	2.6	3.5	2.0

注：本表中中等收入群体的划分是依据国家统计局的标准，其收入在该标准的上限以上的群体为高收入群体，而在该标准的下限以下的群体为低收入群体。

资料来源：基于2018年CHIP数据计算的结果。

到和城镇居民均等的社会保障和公共服务，即使在现有收入水平下，他们的消费率也会进一步提高，消费需求得到释放。这意味着，在扩大中等收入群体的同时，还需要鼓励他们放心消费，才能达到拉动消费促进经济增长的目标。

表7-12　各收入组的平均消费率（%）

	低收入群体	中等收入群体
城镇居民	83.7	64.4
农村居民	105.1	47.7
农民工	91.1	62.6
整体	95.6	62.9

注：本表中中等收入群体的划分是依据国家统计局的标准，其收入在该标准的上限以上的群体为高收入群体，而在该标准的下限以下的群体为低收入群体。

资料来源：基于2018年CHIP数据计算的结果。

专栏12　“扩中”的消费效应

对于提高中等收入群体比重产生的消费效应，我们做了一些相关的模拟分析。就消费支出占收入的比重而言（即消费率），低收入群体和中等收入群体的差别还是非常明显的，也就是说，低收入群体的消费率远高于中等收入群体。其中一些相对贫困人口的消费率可能超过100%，这是因为消费是刚性的而相对贫困人口的收入很低，他们可能会举债消费。

如果低收入群体转变为中等收入群体是靠收入增长实现的，那么收入增长会带来两个效应：第一是价格效应，低收入群体的边际消费倾向较高，如果成为中等收入群体，其边际消费倾向会有所下降，收入不变的情况下，消费倾向下降导致消费减少，而不是消费增加。第二是收入效应，收入本身的提高带来消费的增加。这两个效应要加以区分。如果低收入群体中分别有20%、50%、80%成为中等收入群体，我们估算了其对整体消费产生的影响。另外，关于低收入群体成为中等收入群体的过程也有很多的假定条件，比如是随机的过程还是低收入群体中收入偏高的人群会成为中等收入群体。在不同的假定下估算出的结果也不尽相同。但总体可以看到，由于收入效应远大于价格效应，所以总效应是正的。如果低收入群体有20%成为中等收入群体，总消费会提高约8%；如果有50%成为中等收入群体，总消费会提高21%左右；如果有80%成为中等收入群体，总消费提高的幅度会更大。

资料来源：作者整理。

三、关注中等收入群体中的较脆弱者

当前中国人口中的主体人群是低收入群体，占比在65%以上。他们是中等收入群体的潜在人群，在实施扩大中等收入群体的战略中，让更多的低收入群体晋升为中等收入群体是主攻方向。与此同时，还要防范中等收入群体滑落为低收入群体，稳定现有中等收入群体的收入增长，并稳定其群体规模。

在中等收入标准的下限附近分布着为数不少的中等收入群体，他们属于中等收入群体的底端。在国家统计局的标准（三口之家年收入在10万～50万元）下，中国中等收入群体占到28.1%。进一步按照收入高低将中等收入群体细分为10万～20万元、20万～30万元、30万～40万元、40万～50万元4个收入组，其中介于10万～20万元之间的人群占全国总人口的21.5%，占中等收入群体总人数的77%。这意味着约3/4的中等收入群体的收入位于中等收入分布区间（10万～50万元）的底端。分人群看，城市居民和农民工的中等收入群体中，年收入在10万～20万元之间的人群也约为3/4；农村居民的中等收入群体中，年收入在10万～20万元之间的人群甚至高达90.2%（见表7-13）。

表7-13　2018年中等收入群体内部不同收入组所占比重（%）

	城市	农村	农民工	全国
低收入群体	55.6	94.8	57.4	71.5
中等收入群体（10万元≤户年收入<20万元）	33.0	4.6	32.0	21.5
中等收入群体（20万元≤户年收入<30万元）	7.9	0.4	7.2	4.8
中等收入群体（30万元≤户年收入<40万元）	2.1	0.1	2.0	1.3
中等收入群体（40万元≤户年收入<50万元）	0.8	0.0	0.8	0.5
高收入群体	0.6	0.1	0.8	0.4

注：采用国家统计局（10万～50万元）对中等收入群体的界定标准。
资料来源：作者基于2018年CHIP数据估算而得。

同样在国家统计局标准下，将收入介于下限与上限的120%的人群视为“脆弱”的中等收入群体，即10万元≤户年收入≤12万元[①]，将其他中等收入群体视为相对“稳定”的群体。图7-3显示，2018年中国中等收入群体中约1/4的人群属于脆弱的中等收入群体，收入刚刚超过下限；农村中等收入群体中属于脆弱的中等收入群体的更是高达42.2%。他们的收入随时可能因工作变动、失业、家庭变故、疾病和自然灾害等不确定因素的冲击而受到严重影响，甚至跌落为低收入群体。

防范这些脆弱的中等收入群体跌落为低收入群体，需要进一步了解这部分人群的特征和制约他们收入增长的因素，以采取更有针对性的政策。

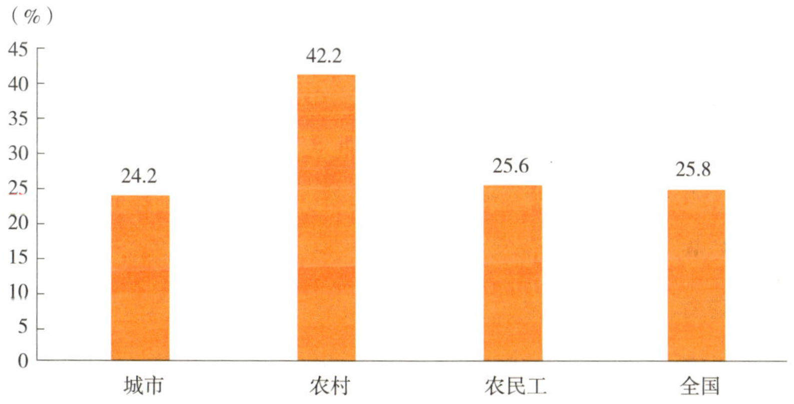

图7-3　脆弱的中等收入群体所占比重

注：使用国家统计局的标准（户年收入介于10万～50万元）来界定中等收入群体。这里“脆弱的中等收入群体”指收入高于下限但低于上限的120%的人群，即10万元≤户年收入（三口之家）≤12万元。
资料来源：作者基于2018年CHIP数据估算而得。

① 考虑到国家统计局的标准10万～50万元对应的是三口之家的户年收入，所以在具体计算时，我们首先将此标准换算成“户人均收入/天=户年收入÷3÷365”对应的人民币数额，即91.3～456.6元。然后用91.3元×120%=109.6元作为分界线将中等收入群体分为脆弱的中等收入群体和稳定的中等收入群体两个子群体。

首先，脆弱的中等收入群体的受教育水平偏低，创收能力弱。脆弱的中等收入群体中一半以上（51.2%）为初中及以下学历，而稳定的中等收入群体中初中及以下学历仅占37.8%；脆弱的中等收入群体中拥有大专及以上高等学历的人群仅占24.7%，比稳定的中等收入群体（38.8%）低14.1个百分点。脆弱的中等收入群体的平均受教育年限为10.1年，明显低于稳定的中等收入群体的11.3年。

其次，脆弱的中等收入群体中约2/3（67.3%）工作于个体或私营企业等私有部门且多为中小企业，享受不到党政机关事业单位等公有部门那样完善的社会保障和公共服务。他们的未来生活存在很大的不确定性，一旦发生外部冲击比如2020年以来的新冠疫情，便首当其冲受到影响，随时可能变为低收入群体。

再次，脆弱的中等收入群体大多从事的是技术含量低、替代性比较高的职业，随时面临被机器替代的风险。他们中仅有很低比例的人为高技能劳动者或从事管理工作，仅21.4%为党政机关企事业单位负责人和专业技术人员，明显低于稳定的中等收入群体（31.6%）。他们中70%以上从事的是技术含量低、替代性比较高的职业，约1/4（23.3%）为一般的办事人员即低技能的白领工作者，约40%为一般的商业服务业人员、农林牧副渔水利业生产人员、生产运输设备操作人员等蓝领工作者。

最后，脆弱的中等收入群体中30.2%为农民工和农村居民，他们是脆弱的中等收入群体中的最脆弱者。相比于脆弱的中等收入群体中的城镇居民，他们的就业和收入存在更大的不确定性，多为个体户或工作于小微企业，享受不到像城市居民那样完善的公共服务和社会保障，且受教育水平更低、技能水平更差、抵御外界风险的能力更弱，变为低收入群体的风险更大。

因此，要防范刚刚越过中等收入门槛的中等收入群体降为低收入群体，一种有效的办法是通过减负来稳定中等收入群体。教育、医疗、住房和养老等高昂的生活成本对中等收入群体造成很大生活负担和压力，也抑制了他们的消费需求。因此，在教育、医疗和养老保障等方面增加公共投入，减轻中低收入群众的支出负担，有助于他们生活水平改善。完善医疗保险、养老保险、失业保障、住房保障等社会保障制度，增强政策的托底保底作用。中国的小微企业经营者、个体商贩已占全社会就业人群的很大比重，他们或是中等收入群体中的脆弱者或仍是低收入者，需要通过改善营商环境促进他们的收入增长。通过落实税收优惠、资金补贴等财税政策，创造公平竞争的市场环境，促进中小企业和个体私营经济的发展。加大教育和培训投入，建立和完善终身教育和培训体系，可以提高脆弱的中等收入群体的教育水平和技能水平，提高他们在就业市场中的竞争力和创收的能力。

第三节　如何“扩中”

中等收入群体的划分标准既可以是绝对的，也可以是相对的。中国官方采用国家统计局提出的一种绝对标准。按照这个标准，随着经济增长和居民收入水平上升，一部分低收入者会进入中等收入群体，带来中等收入群体的不断扩大。因此，未来中国中等收入群体增加的幅度在很大程度上取决于经济增长和居民收入提高。考虑到中国低收入群体庞大，如何使他们以更高速度实现收入增长，更快地成长为中等收入群体，仅仅靠总体经济增长是不够的，还需要使经济增长变得更加包容。

为了促进中等收入群体不断扩大，有必要提出一个中等收入群体倍增的目标（刘世锦，2021[①]），在已有的4亿中等收入群体的基础上，再用10～15年的时间，推动这个群体再增加一倍，达到8亿人左右，占到总人口的60%左右。实现这一目标，一方面需要最大限度地稳定现有中等收入群体，使其中的脆弱人群免于滑落成为低收入者；另一方面要为最有潜力成为中等收入群体的部分低收入者创造更好的条件和更多的机会，让他们稳步地迈入中等收入群体的行列。

一、扩中的关键是“提低”

扩大中等收入群体，首先要“提低”，让低收入群体中收入较高的那部分晋升为中等收入群体。他们也是未来中等收入群体扩大的主要来源。本章根据国家统计局的界定标准[②]来计算中国低、中、高收入人群的比重，结果显示，在2018年低收入群体比重（71.5%）超过2/3，在农村的比重高达94.8%。从不同地区的三类收入人群的分布来看，中部和西部地区的低收入群体都占有更大的比重，分别为79.1%和77.9%。

低收入群体是一个庞大的群体，其内部不同人群的收入有很大差别。他们中有相当一部分人群的收入与中等收入群体的下限标准相差不大，还有一部分人群处于相对贫困状态。因此，在实施扩大中等收入群体的发展战略中，应该识别那些低收入群体中最有潜力成为中等收入群体的人群，并对这个人群采取有针对性的扶持政策。

一般而言，低收入群体中收入较高的前40%人群是未来最有潜力成为中等收入群体的。如果将占中国人口71.5%的低收入群体进行五等分组后，每组人群所占比重为14.3%，

① 刘世锦：《新倍增战略》，中信出版社，2021。
② 即户年收入介于10万～50万元之间的人群为中等收入群体，低于10万元的为低收入群体，高于50万元的为高收入群体。

那么，低收入群体中收入最高和较高的前40%人群所占比重为28.6%，约等于当前中等收入群体比重（28.2%）（见表7-14）。也就是说，若未来要实现中等收入群体倍增，低收入群体中收入较高的前40%人群是政策应重点瞄准的对象，他们最有希望加入中等收入行列、最有潜力成为中等收入群体。

表7-14　低收入群体五等分组及各组人群所占比重（%）

	城市	农村	农民工	全国
低收入群体（最低20%人群）	2.6	32.0	2.4	14.3
低收入群体（较低20%人群）	6.8	26.3	4.4	14.3
低收入群体（中间20%人群）	11.4	18.4	12.2	14.3
低收入群体（较高20%人群）	15.9	11.2	18.0	14.3
低收入群体（最高20%人群）	18.9	6.8	20.3	14.3
中等收入群体	43.8	5.1	41.9	28.2
高收入群体	0.6	0.1	0.8	0.4

注：本表中中等收入群体的划分是依据国家统计局的标准，其收入在该标准的上限以上的群体为高收入群体，而在该标准的下限以下的群体为低收入群体。

资料来源：基于2018年CHIP数据计算的结果。

收入较高的低收入群体（即潜在中等收入群体）主要生活在城市地区，收入较低的低收入群体主要生活在农村地区。图7-4显示，低收入群体的城乡分布不均衡，在低收入群体的五等分组中，收入越低的组别，农村居民所占比重越高；收入越高的组别，城市居民和农民工所占比重越高。在收入最低的20%的低收入群体中，将近90%为农村居民；而在收入最高和较高的前40%的低收入群体中，一半以上为城市居民，如果将农民工也加进来，70%～80%的潜在中等收入群体都生活在城市地区，农村地区仅为20%～30%。

从区域分布看，收入较高的低收入群体（即潜在中等收入群体）主要生活在东部地区，收入较低的低收入群体主要生活在中部、西部地区。如图7-5所示，在收入最低的20%的低收入群体中，东部地区占22.4%，中部、西部地区分别占35.3%、42.3%；而在收入较高的前40%的低收入群体中，40%以上生活在东部地区，其余相对均匀地分布在中部、西部地区。

二、潜在中等收入群体的特点

为了进一步了解潜在中等收入群体收入增长的潜力，本章将中等收入群体、低收入群体分为4组：低-低收入群体、潜在中等收入群体、脆弱中等收入群体、稳定中等收入群体，并对4组人群的收入结构和创收能力加以比较，重点是比较潜在中等收入群体与稳定中

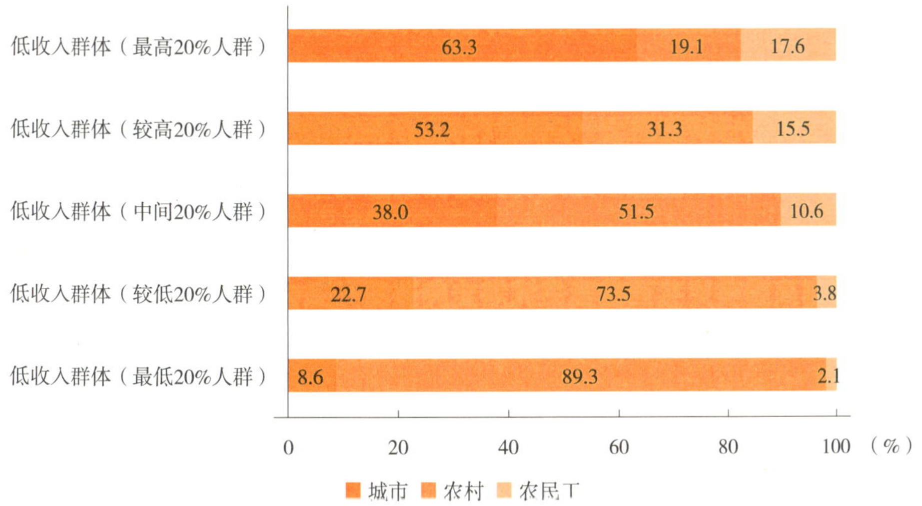

图7-4　低收入群体内部不同收入组的城乡分布

注：本图中中等收入群体的划分是依据国家统计局的标准，其收入在该标准的上限以上的群体为高收入群体，而在该标准的下限以下的群体为低收入群体。

资料来源：基于2018年CHIP数据计算的结果。

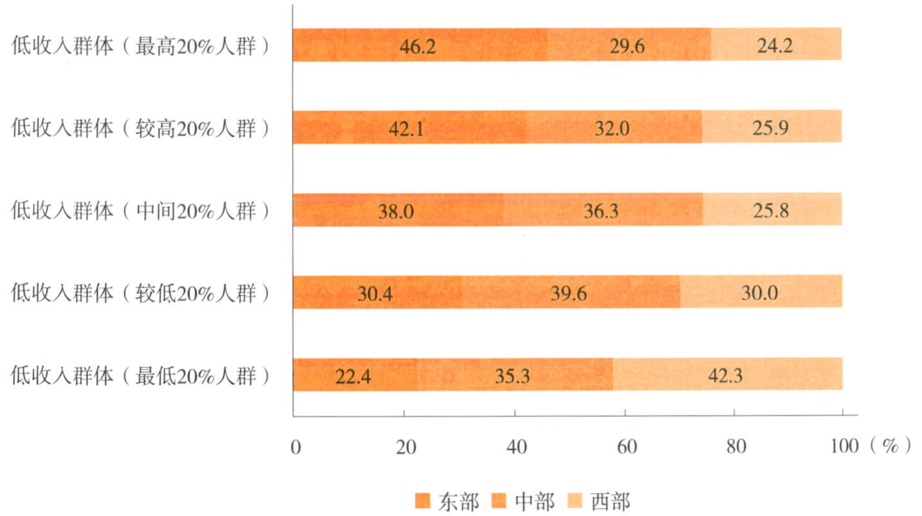

图7-5　低收入群体内部不同收入组的地区分布

注：本图中中等收入群体的划分是依据国家统计局的标准，其收入在该标准的上限以上的群体为高收入群体，而在该标准的下限以下的群体为低收入群体。

资料来源：基于2018年CHIP数据计算的结果。

等收入群体。

首先，与稳定中等收入群体相比，潜在中等收入群体的经营性收入偏高，财产性收入和养老金收入偏低。就经营性收入而言，潜在中等收入群体比稳定中等收入群体高近3个百分点；就财产性收入和养老金收入而言，潜在中等收入群体比稳定中等收入群体低约3～4个百分点（见表7-15）。

表7-15 各收入组的收入结构（%）

	低收入群体		中等收入群体		总体
	低-低收入群体	潜在中等收入群体	脆弱中等收入群体	稳定中等收入群体	
工资性收入	50.1	62.0	60.5	62.5	56.8
经营性收入	24.2	16.2	15.5	13.6	19.1
财产性收入	4.5	7.2	8.9	10.4	6.8
养老金收入	6.5	12.6	16.2	16.6	11.1
转移性收入	14.7	2.0	-1.0	-3.1	6.2

注：本表中中等收入群体的划分是依据国家统计局的标准，其收入在该标准的下限以下的群体为低收入群体。
资料来源：基于2018年CHIP数据计算的结果。

其次，潜在中等收入群体的受教育水平低于稳定中等收入群体。前者与后者的平均受教育年限相差2年左右，如表7-16所示，前者61.8%为初中及以下学历，比后者高24个百分点；前者仅有16.3%的人群为大专及以上学历，比后者低22.5个百分点。由此看出，未来要想“扩中”，关键是提高潜在中等收入群体的受教育水平和人力资本，从而提高创收的能力。

表7-16 不同收入组的受教育程度（%）

	低收入群体		中等收入群体		总体
	低-低收入群体	潜在中等收入群体	脆弱中等收入群体	稳定中等收入群体	
未上过学	9.6	5.9	4.9	3.1	6.8
小学	30.0	20.7	15.7	11.4	22.3
初中	39.0	35.2	30.6	23.3	33.9
高中	9.9	14.8	16.9	16.5	13.2
职高/技校	2.1	3.0	2.6	2.3	2.4
中专	2.0	4.1	4.6	4.6	3.4
大专	4.2	9.2	12.5	16.5	8.9
本科	2.9	6.6	11.5	19.9	8.3
研究生及以上	0.2	0.5	0.7	2.4	0.8

注：本表中中等收入群体的划分是依据国家统计局的标准，其收入在该标准的下限以下的群体为低收入群体。
资料来源：基于2018年CHIP数据计算的结果。

再次，潜在中等收入群体中，工作于私有部门的人群比重更高。潜在中等收入群体中，3/4以上（77.2%）工作于私有部门，比稳定的中等收入群体高出20个百分点。而且，他们中有更高比例的人群从事低技能、替代性高的职业，且多为蓝领工作者，管理人员、专业技术工人或一般办事人员等白领工作者所占比重仅为34.2%，比稳定的中等收入群体低23.8个百分点，而超过60%的群体为蓝领工作者。

最后，根据户籍和流动情况，进一步分析潜在中等收入群体中的农村居民、城镇居民、农民工的主要特征。在这个群体中，城镇居民占58.2%，农村居民占25.2%，农民工占16.6%。其中，农村居民和农民工，比城镇居民受教育程度更低，农民工集中于东部地区，更多为个体户和工作于私营企业的员工，职业为商业服务业人员和生产运输设备操作人员的比例也更高。即使在农村居民中，也有41.7%是商业服务业人员和生产运输设备操作人员，仅有6.9%从事农林牧副渔生产。这也说明，要使更多的农村居民晋升到中等收入群体，仅仅发展第一产业——农业是不够的，还要拓宽农村居民的收入来源渠道，提高他们的非农收入来源。

三、潜在中等收入群体的收入制约因素

受教育水平偏低，自身创收能力弱。潜在中等收入群体的平均受教育年限较低，仅为9.2年，比中等收入群体低2年左右。潜在中等收入群体大多为低学历，初中及以下学历者所占比重为61.8%，比中等收入群体高35个百分点。而潜在中等收入群体中拥有大专及以上的高学历者却很少，仅有不到12.5%，明显低于中等收入群体对应的42.4%。由此看出，未来要想“扩中”，提高潜在中等收入群体的受教育水平和人力资本，从而提高他们自身创收的能力，也是关键。

受技能水平的限制，潜在中等收入群体大多从事的是低技能、替代性高的职业，收入增长空间有限。将近2/3（65.8%）的潜在中等收入群体都是商业服务业人员、生产运输设备操作人员等替代性强的低技能劳动力，比中等收入群体高23.8个百分点。剩下的潜在中等收入群体职业为党政机关企事业单位负责人、专业技术人员、办事人员，他们也主要是低学历、技术含量低、随时可能被淘汰或替代的底层普通员工。潜在中等收入群体就业稳定性差，就业质量不高，收入随时可能受外部冲击而下降。以经营性收入为主要收入来源的潜在中等收入群体，约3/4工作于中小私营企业或是个体户，他们营商环境存在很大的不确定性，就业不稳定，收入也不稳定，一旦受到外部冲击比如新冠疫情，收入随时可能下降甚至面临失业无收入的风险。大多潜在中等收入群体享受不到应有的社保待遇和公共服务，抵御外界风险的能力差。无论是潜在中等收入群体中的农民工还是农村居民，大多工

作于个体或私营企业等私有部门，享受不到应有的社会保障和公共服务，未来生活存在很大的不确定性。一旦发生如2020年以来的新冠疫情等外部冲击，这些脆弱群体会首当其冲受到影响。另外，教育、医疗和养老等高昂的生活成本在很大程度上侵蚀了他们的生活水平，也压制了他们的消费需求。

各领域存在不同程度的机会不平等，制约了不少潜在收入群体收入增长的潜力。比如，由于户籍制度改革还不到位，不少农民工在劳动力市场上面临歧视，无法实现与城镇职工的同工同酬，享受不到应有的社保待遇。出生于农村家庭、出生于不利环境的孩子无法享有同等的受教育机会，严重制约他们未来在劳动力市场的竞争力和获取收入的能力，也降低了代际传递向上流动的可能性。所以，要进一步推进户籍制度改革步伐，促进劳动力跨地区自由流动，消除劳动力市场歧视等不合理因素，降低城乡间、地区间、性别间、不同年龄人群间存在的教育机会不平等、就业机会不平等、收入机会不平等。

四、“扩中”的路径和制度保障

收入增长和收入分布变化是影响中等收入群体比重的两个重要因素。近20年中国中等收群体比重的提高主要源于居民收入增长，而不是收入分布的变化。在国家统计局的标准下，2002—2018年中国中等收入群体比重提高，居民收入增长贡献约90%，居民收入分布变化贡献约10%。要进一步扩大中等收入群体，应在保证发展质量前提下保持较快经济增长，同时考虑以下“扩中”途径。

制定差异化的策略。城市白领群体、城镇自营就业的商贩群体、小微创业者、技能人才和科研人员等都是中间群体的重要组成部分，基层干部队伍、农村中先富起来的新型职业农民和相当数量的农民工，也应该是其中的重要成员。不同职业群体面临的主要问题和诉求存在很大差异，如小微企业创业者的诉求在于经营环境的改善，而白领的主要问题在于教育医疗负担的减轻等。针对不同中等收入群体所面临的不同问题，有区别地解决他们的政策诉求是非常重要的。在“扩中”的政策设计中，应该对不同特点人群采取不同的对策措施，避免从国家层面制定“一刀切”的数量标准。

“扩中”的重心在“提低”上。目前的低收入者人数仍然很多，他们并没有从经济增长中同步获益，未来“扩中”的根本着力点应在“提低”上，使尽可能多的低收入者进入中等收入群体，而绝不是把高收入人群拉回到中等收入群体。低收入者的收入有很大的差别，他们中有相当一部分人群的收入与中等收入群体的下限相差不大，而有一部分还处于相对贫困状态。因此，在实施“扩中”战略中应该识别那些低收入群体中最有潜力成为中等收入群体的人群，并对这个人群采取有针对性的扶持政策。

“提低”的同时也要“稳中”，稳住现有的中等收入群体。从收入流动性的研究发现，当前有一部分中等收入群体掉入低收入群体，主要是因病致贫、因学返贫，各种意外冲击也使得相当一部分中等收入群体又重新回到低收入群体。从这个角度来看，完善医疗保险、养老保险和失业保障等各种社会保障制度，增强政策的托底保护，应该是未来扩中的政策核心。①

完善“立中”的中等收入群体友好型政策体系，促进中等收入群体的收入和生活福祉持续发展。须进一步推进教育、医疗和养老等政策的改革，支持中等收入群体比重稳定提升并释放他们的消费需求。另外，还要防止资产价格泡沫的大起大落。当前，房产、股票等已成为相当部分中等收入群体的重要财富载体。地价、房价持续上升，严重增加了中等收入居民的负担。每次股市的大起大落，几乎都是对中等收入群体的一次“洗劫”，房价过快增长几乎把整个年青一代从中等收入群体拉入低收入阶层。因此必须稳定宏观政策，抑制资产价格泡沫，防止资产价格的过度上涨给中等收入群体带来损害。建立健全合理有序的房地产市场，变住房为消费性产品而非投机性商品，减少住房等的高消费支出。

加强收入再分配政策的调节力度。中国收入差距居高不下的一个重要原因，是收入再分配政策的调节力度不够。这一点从初次分配与再分配后收入差距的变化中可以看出。一些相关研究分别估计了中国居民再分配前的市场收入和再分配后可支配收入的基尼系数，其结果显示经过政府的各种再分配措施以后，基尼系数下降了8%左右②。相比而言，大多数OECD国家在初次分配阶段的收入差距与中国相差不大，但是经过再分配以后，收入差距都出现了较大幅度的缩小，基尼系数平均降幅为30%左右。因此，在扩大中等收入群体比重和推进共同富裕的进程中，加大收入再分配政策的调节力度非常必要。一方面，在居民税负不变的情况下，提高税收的调节力度，改革现有的税种结构，特别是要提高直接税的比重，降低间接税的比重；另一方面，改变政府的财政支出结构，增加民生支出比例，而且民生支出更加偏向于低收入群体和中等收入群体中的脆弱者。

完善社会保障制度。建立健全覆盖面广的社会保障体系，对于提升中等收入群体抗风险的能力，避免中等收入群体的向下流动，有很重要的意义。社会保障体系，涉及养老、义务教育、医疗、住房、救济、抚恤、灾害应急等。这些保障措施还能减少中等收入群体的收入不确定性。

加强教育和培训，扩大人力资本公共投资，促进人力资本公共投资均等化，提高人们增收的能力，让更多的低收入者晋升到中等收入群体的行列。均衡配置义务教育和高等教

① 引自李实教授领衔的北京师范大学中国收入分配研究院课题组于2020年写的报告《“十三五”时期中等收入者规模及发展趋势》。

② 岳希明，张斌，徐静：《中国税制的收入分配效应测度》，《中国社会科学》2014年第6期；李实，朱梦冰，詹鹏：《中国社会保障制度的收入再分配效应》，《社会保障评论》2017年第4期。

育、职业教育资源，缩小城乡、地区、校际硬软件差距，缩小不同人群在获得受教育机会、受教育质量方面存在的差距。比如，从儿童早期发展做起，建议增加对学前教育的支出，特别是对农村地区、落后地区的学前教育。将高中教育纳入义务教育，把人力资本公共投资的均等化落实到农村和落后地区教育经费的更快增长上，通过增加对农村和落后地区高中教育的经费，缩小城乡和地区之间的差别。与此同时，还要关注如何能使流动儿童和留守儿童享有平等的受教育机会。

着力改善营商环境，促进中小企业、民营经济的发展。我国的小微企业经营者、个体商贩已占全社会就业人群的很大比重，他们或者是中等收入群体中的脆弱者，或者仍是低收入群体。促进他们的收入增长，需要进一步改善营商环境，如落实税收优惠、资金补贴等财税政策，促进中小企业和个体私营等经济发展，扶持劳动者创业。保护企业家的物权、债权、股权等基础性财产权，以“两平一同”①为核心，为企业家创造公平竞争的市场环境。塑造新型政商关系，建立社会容错机制，为企业家创新营造良好的社会氛围，同时要建立企业家自我约束、自我净化、自我纠错机制。

“扩中”的同时要避免收入差距进一步扩大，中低收入群众的收入增速不低于全国平均水平。近些年一些国家，比如美国，在中等收入群体规模萎缩的同时伴随着收入差距的扩大。在20世纪90年代美国已拥有很高比例的中等收入群体，但由于近些年处于收入分布顶端人群的收入增速较快而底端和中端人群的收入增速较慢，导致中等收入群体比重从1991年的63.8%下降到2018年的55.1%，由此引发许多社会问题。我国2002—2018年中等收入群体比重持续高速增长的同时伴随着收入差距的先上升后下降再上升后保持高位徘徊，收入差距已明显高于发达国家，这是非常值得注意的问题。在保持中等收入群体比重提高的同时避免收入差距进一步扩大，中低收入群体的收入至少保持全国平均增速。

五、对重点人群采取有针对性的措施

扩大中等收入群体，除了采取综合性举措，还应聚焦重点人群和突出问题采取有针对性的措施。

针对农民工：须深化户籍制度改革和促进基本公共服务均等化，推动农民工市民化促进社会融合。农民工是未来“扩中”的主要来源，也是未来消费的主力军。他们从“潜在的”成为“实际的”中等收入群体，需要更多的政策支持和发展空间。一要尽快推进农民工市民化进程，让他们同城市居民享有同等权利和发展机会，尤其在就业、收入、社会保

① “两平一同”，指各类市场主体平等使用生产要素，公平参与市场竞争，同等受到法律保护。

障和公共服务方面具有平等权利。二要重点解决他们的住房保障问题。他们大多是中低收入群众，没有能力购买商品房，只能依靠公租房，而绝大多数城市并没有将包括农民工在内的外来人口纳入公租房的服务对象，很多农民工只能住在工厂、工地宿舍，解决住房保障是当务之急。三要解决流动儿童的就学问题。流动儿童就学困难导致存在大批的农村留守儿童，这不仅影响到儿童的身心健康，影响到他们未来的发展机会，也为社会稳定种下了隐患。要下决心解决流动儿童的就学问题，这个问题解决了，农村的留守儿童问题就会得到很大的缓解。

针对农民：拓宽低收入农村居民的收入来源渠道，提高其非农收入。促进农村居民增收，仅靠提高其农业收入是不够的，还要着力采取措施提高他们的非农收入。一要完善农业转移人口政策，加快农业转移人口市民化，促使农村劳动力顺利转移到就业机会更多的城镇地区或发达地区。二要推进乡村振兴战略，盘活农村土地等要素资源，为农村居民创造更多增收机会。在稳步推进土地规模经营和农业经营现代化的同时努力增加农民财产性收入。要加快落实集体经营性建设用地入市改革，建设城乡统一的建设用地市场，允许农村集体经营性建设用地在符合用途管制和规划的前提下，实行与国有土地同等入市、同价同权。探索宅基地所有权、资格权、使用权“三权分置”改革，落实宅基地集体所有权，保障宅基地农户资格权和农民房屋财产权，适度放活宅基地和农民房屋使用权、交易权，重点结合发展乡村旅游、返乡下乡人员创新创业等先行先试，盘活利用农村闲置农房和宅基地，促进城乡要素双向流动。①

针对技术工人：以职业技能培训和提高技术工人待遇为重点，拓展产业工人进入中等收入群体的空间。职业技能培训和提高技术工人待遇是产业工人进入中等收入群体的重要渠道。要促进校企深度合作，切实提升职业教育质量，让职业院校的专业设置、师资队伍和教学方式与现代制造业的生产实践相对接，培养技能精湛且能够满足现实需求的技术工人。提高技术工人福利待遇和社会地位，让技术工人能够获得体面的薪酬待遇。破除身份差别，让技术工人能够享受同等的职业发展权利和职业发展机会。推进职业资格与职称、职业技能等级制度有效衔接，推动实现技能等级与管理、技术岗位序列相互比照。鼓励用人单位建立首席技师和特级技师等岗位，建立技能人才聘期制和积分晋级制度。支持用人单位打破学历、资历等限制，将工资分配、薪酬增长与岗位价值、技能素质、实际贡献、创新成果等因素挂钩。②

针对老年人：通过改善人力资本提高他们的劳动参与率，并提供更好的社会保障。让老年人成为中等收入群体的根本，一是通过改善人力资本提高老年人的劳动参与率。树立

①② 王一鸣：《扩大中等收入群体是构建新发展格局的重要途径》，《金融论坛》2020年第12期。

终身学习的社会共识，增强老年人就业参与的法律保障和政策引导，建立更为合理的老年就业模式，加强社会和家庭的代际支持与和谐关系共建，重视科技对促进老年人社会参与的辅助作用，积极引导老年人参与基层社区治理。二是要提供更好的社会保障，使老年人的生活水平不断提高，不让他们有后顾之忧。分领域充实养老服务内容，形成居家社区机构紧密衔接、服务内容相对丰富、服务质量有所保障的养老服务体系。借助乡村振兴契机，加大农村养老基础设施建设，充实农村养老服务内容，提升农村老年人养老服务质量。制定实施城乡居民基本养老金待遇水平定期调整的常态机制，完善养老保险异地无障碍衔接机制。

第八章

建设全民共享型社会福利体系*

- 共享经济发展成果
- 社会福利体系的理论与实践
- 全民共享型福利体系的基本特征
- 全民共享型福利体系的基本框架
- 全民共享型福利体系的财政基础
- 打破社会福利体系的财政瓶颈

* 本章的部分内容参考蔡昉写的文章。蔡昉，吕薇，洪永淼，政武经：《庆祝中国共产党成立一百周年笔谈——学习习近平总书记“七一”重要讲话精神》，《数量经济技术经济研究》2021年第11期；蔡昉：《共享生产率成果——高质量发展与共同富裕关系解析》，《中共中央党校（国家行政学院）学报》2022年第3期。

做大蛋糕是经济发展追求的目标，却不是唯一和终极目的。满足人民日益增长的美好生活需要，必须在做大蛋糕的基础上分好蛋糕，在高质量发展中促进全体人民共同富裕。中国特色社会主义现代化所要实现的共同富裕，说到底就是使全体人民共享改革开放发展的成果。

在高质量发展中促进共同富裕，初次分配、再分配和第三次分配这3个领域既是相互重叠的也是互补的。无论是破除涓流经济学的神话，还是顺应发展阶段的变化，都要求再分配领域措施发挥更积极作用，改善收入分配和提供更充分、更均等的基本公共服务。为此，需要根据尽力而为和量力而行的原则，从“七有”着眼，建设中国特色、全民共享、覆盖全生命周期的社会福利体系。

第一节 共享经济发展成果

在高质量发展中促进全体人民共同富裕，既宣示了中国特色社会主义现代化的根本目标，也指出了实现这一目标的基本路径。这一目标与实现路径相统一的表述，在经济学的语境中就是共享生产率提高的成果。在改革开放40多年的时间里，中国正是靠解放生产力创造出的经济快速发展奇迹，推动了社会生产力的发展，增强了国家的综合国力，显著提高了人民的生活水平。

在新发展阶段上，中国面临新挑战的特点是发展中的问题和成长中的烦恼，挑战和机遇并存。以人民为中心的高质量发展是解决中国一切问题的基础和关键。同时，进一步深化改革和扩大对外开放是赢得新机遇、实现共同富裕的保障。本节着眼于对高质量发展与共同富裕之间的关系进行分析，尝试从目标和路径的统一性出发，阐释推动共同富裕本质上就是共享生产率提高的成果，揭示经济发展成果共享的路径，提出促进相关领域改革、赢取改革红利的政策建议。

一、经济发展与共享的统一

改革开放40多年，以全要素生产率和劳动生产率显著提高为前提，中国的人均GDP跨过一个又一个阶梯，实现了对发达经济体历史性的追赶。以1978年为基期，1978年国内生产总值为3678.7亿元，2020年国内生产总值为147560亿元，提高39.1倍。1978—2020年，每个就业人员创造的实际GDP即劳动生产率从916元增加到19678元，提高20.5倍，同期人均实际GDP从385元增加到10475元，提高27.2倍。之所以人均GDP的水平低于劳动生产率，增长幅度却高于劳动生产率，是因为这个时期总体来说劳动年龄人口增长较快，人口结构具有较强的生产性。

然而，这个人口结构特点在2010年劳动年龄人口到达峰值之后发生了变化，2010—2020年，人均GDP增长83.6%，劳动生产率以更快的速度提高96.4%。也可以说，未来在基本实现社会主义现代化的10余年历程中，鉴于劳动年龄人口以及劳动力数量减少的趋势，可以预计劳动生产率的提高幅度将大于人均GDP的提高幅度。然而，从经济增长内在动力的角度看，人均GDP增长要保持在合理区间，需要以劳动生产率以更快的速度提高、不断达到更高的水平为前提。进一步，在新发展阶段上贯彻新发展理念，就要把人均GDP或居民平均收入进行合理分配这个要求，转化为共享经济发展成果。这不仅是因应现实需要的紧迫任务，有助于在实践中推进共同富裕取得明显的进展，也是顺应经济发展阶段变化的必然要求。

如果没有经济持续增长这个必要的物质条件，共享和共富都只是无源之水、无米之炊，共享也就背离了量力而行的原则。国际经验和教训表明，生产率的提高和经济增长，都不能自然而然带来涓流效应，蛋糕能够做大并不必然保证能够分好。在一些发达的市场经济国家，很多政治家和政策执行者笃信涓流经济学这一新自由主义理念，没有在再分配方面作出足够的政策努力，导致在高度发达的社会里出现收入差距扩大、贫富两极分化、中产阶级萎缩的局面，在贫富之间形成难以逾越的鸿沟，及至形成政治分裂和社会冲突。因此，国家、社会和个人都必须树立共享经济发展成果的理念，有所作为才能同时实现做大蛋糕和分好蛋糕。

树立共享经济发展成果的理念，有助于自觉运用初次分配、再分配和第三次分配这3个领域的各种有效政策手段，把社会各方面的积极性和创新精神引导到共享发展的轨道。在3个分配领域进行的分配和再分配，既有形式上的差别，更有内涵和目标的相同相通之处，在共同富裕这一目标之下，通过经济发展成果的共享达到全体居民收入均衡增长、城乡基本公共服务充分覆盖、高质量供给能够满足人民日益增长的美好生活需要。

二、经济发展成果共享的路径

首先，初次分配需要发挥决定性作用。劳动生产率也好，全要素生产率也好，归根结底都来自资源和要素的重新配置。这个在初次分配领域进行的配置过程，涉及要素报酬的决定、激励的形成和效率的创造，更加注重效率原则和激励机制。作为中国式现代化目标的共同富裕，是在高质量发展中实现的共同富裕，是生产率不断提高的共享。因此，依靠市场形成的激励机制，调动各个群体的就业创业积极性，促进各行各业各个地区的均衡繁荣发展，是实现经济发展成果共享的前提。

从世界经济发展史看，在初次分配领域处理好公平与效率的关系，是可以做到的。从初次分配领域创造效率的功能来看，大众创业带来的创新和生产率提高，不仅表现为物质财富的创造和经济繁荣，还塑造了参与创造、探索和迎接挑战的价值观，点燃了实现广泛的自主创新所必需的草根经济活力，有助于广泛就业、自我实现和个人成长。[①]再从初次分配领域促进公平的功能来看，研究发现，欧洲之所以比美国具有更小的收入差距，并不仅在于欧洲再分配力度更大，还在于欧洲国家在初次分配领域具有更利于缩小收入差距的政策和制度安排。也就是说，在利用税收和转移支付等手段进行再分配之前，欧洲的收入差距就已经显著低于美国了。[②]而提高和共享经济发展的成果，同样需要更好发挥政府作用，突出体现在促进创业、就业和推动改革等方面。在共同富裕目标要求下，产业政策亟待以共享生产率的理念拓展实施的内涵和外延，从而促进产业发展，扩大就业规模，转向创造更多更高质量的岗位。要畅通生产要素特别是劳动力的合理配置渠道，不断改善国民经济分配结构，促进各群体社会性流动。

其次，再分配政策作用需与时俱进。在初次分配的基础上，政府通过税收、公共支出特别是转移支付等方式，实施国民收入的再分配，提供基本公共服务和其他社会福利，是在再分配领域更好发挥政府作用的最重要方式，是在全社会范围共享经济发展成果的必要途径，也是实现全体人民共同富裕的终极手段。从社会保障这个最基本的公共服务制度来看，它作为一种与时俱进的社会契约，通常有3个彼此重合的重要功能，具有既彼此相通又相互独立的特征。第一是社会福利的功能，即满足全民共同的基本公共服务需要。这既符合共享经济发展成果的理念，也符合各国遵循的一般规律。第二是社会共济的功能，即遵循精算原则在全社会范围筹集社会保险资金，平滑个人在生命周期不同时期收入与支出之间的不均衡等风险，为病残、失业、年老和其他不时之需提供社会保障。第三是社会保护的功能。在市场竞争条件下，市场主体可以而且必须经历优胜劣汰，使经济整体的生产率在创造性破坏中得到提高。然而，从人的基本生计、基本权利和发展机会等角度来说，却不应该由市场竞争的结果而划分“赢家”和“输家”。

当然，再分配还有一项重要的政策任务是通过政府的公共支出，保障和扩大基本公共服务供给，降低和应对居民面临的生计风险，补足居民的基本公共服务需求，所取得的总体效果与缩小收入差距是一致的。从39个包括OECD成员在内的国家看，在社会领域公共支

① 埃德蒙·费尔普斯：《大繁荣：大众创新如何带来国家繁荣》，中信出版社，2013。

② Thomas Blanchet，Lucas Chancel，and Amory Gethin. Why Is Europe More Equal Than the United States? WID.world Working Paper，No. 2020/19，2020.

出占GDP比例与基尼系数之间，存在着显著的负相关关系（见图8-1）。[①]也就是说，政府在社会保护等领域的支出力度，明显有利于改善收入分配状况。

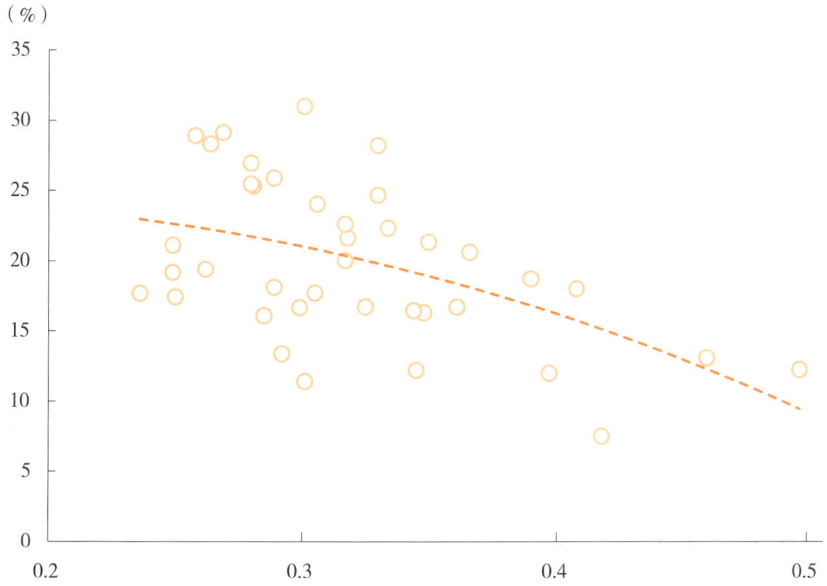

图8-1 社会支出占GDP百分比与收入基尼系数

资料来源：OECD（2021），Social spending（indicator）. doi：10.1787/7497563b-en（Accessed on 12 November 2021）。

此外，发挥第三次分配的补充作用。推动经济发展成果分享，也应该成为包括企业在内的各类主体履行社会责任的行动。最重要的参与方式是自愿捐赠、慈善事业、志愿者活动和其他承担社会责任的行动。这些内容对社会来说是再分配的必要补充，对企业来说是应该履行的社会责任，对每一个人来说则是体现诚信、友善的日常行为准则。这是促进全社会和谐、增强凝聚力的必要途径。

三、通过改革实现发展成果共享

共享经济发展成果这个命题，有助于我们从理论、政策和实践的角度，把推动高质量发展与促进全体人民共同富裕相统一，把实现中国特色社会主义现代化的目标和途径相统一，把保障和改善民生、提高人民福祉的尽力而为和量力而行两个原则相统一，把构建覆盖全民和全生命周期的社会福利体系建设的紧迫性与可持续性相统一，进而把在高质量发展中促进全体人民共同富裕的要求，与新发展阶段的一系列其他重要目标和重大部署在逻辑上统一在一起。

① 蔡昉：《三个分配领域的改革红利》，《劳动经济研究》2021年第6期。

作为推动实现共同富裕目标的相互协调配套基础性制度安排，3个分配领域都有着紧迫的改革任务，也存在着获得改革红利的巨大机会。因而改革具有报酬递增性质的合理预期，有助于形成在关键领域推动改革的激励；每一步改革所获得的真实收益及其合理分享，有助于形成参与各方的激励相容，推动改革的进一步深化。由此便可以形成改革开放促进高质量发展，进而推动发展成果共享，实现在高质量发展中不断促进全体人民共同富裕目标的良性循环。

改革固然有共同的目标以及多重的目标，但是，改革的社会收益或改革红利，主要体现在供给侧和需求侧的相关方面。改革在供给侧一些关键领域实现突破，可以显著地改善生产要素供给和提高生产率，稳定乃至提高中国经济的潜在增长率。改革在需求侧一些关键领域实现突破，则有助于提高居民收入水平以及解除其消费的后顾之忧，通过扩大居民消费扩大国内需求，进而增强社会总需求的平衡性，以保障实际增长速度符合潜在增长率。还有一些领域的改革，同时具有供给侧和需求侧效应，在提高潜在增长率的同时，也创造更好的需求环境以保障潜在增长率的实现。

第二节　社会福利体系的理论与实践

社会福利体系的建设，在世界范围内已有长期的历史，各国的实践也兴衰起伏。国际学术界长期以来进行着关于社会福利体系的讨论，得失评判则是围绕着福利国家建设进行的。甚至可以说，在社会福利问题上进行的学术和政策争论，和市场与政府关系这一更大范围的争论密切相关，并且形成在政策倾向上大相径庭的两种对立思潮的此消彼长和周而复始。

从20世纪80年代开始，随着新自由主义经济学在很多发达国家和发展中国家占据主流地位，有两种思潮产生了重要的政策影响。一种是认为市场机制可以自动解决收入分配的涓流经济学，[①]另一种是认为效率与公平天然存在着对立关系的“大取舍”理论。[②]两者均对社会福利体系理念造成有力冲击，使得相关的实践也多年陷入低谷。进入21世纪以来，特别是经历了国际金融危机对全球及各国经济社会的冲击，人们开始反思上述经济理论的错误以及政策危害。新冠疫情的全球大流行，提高了人们对社会保护等公共品的需求，也激发了相关的讨论热情。相应地，更加关注改善收入分配、强调重构国家和个人之间的社

① Milton Friedman，Capitalism and Freedom，Chicago · London：The University of Chicago Press，1962，pp. 161–162.
② Arthur M. Okun，Equality and Efficiency：The Big Tradeoff，Washington，D.C.：Brookings Institution Press，2015.

会契约等政策理念，也重新获得普遍的认同。

研究者和舆论界也好，国际组织和各国政府也好，越来越一致地认识到，社会福利体系所履行的社会保障、社会共济和社会保护等职能，有助于均等地为公民提供基本公共服务，为脆弱群体提供扶助，促进人力资本投资，提高就业和收入的稳定性，扩大国内消费需求，为经济和社会转型提供托底保障，对于经济发展和社会公平具有不可或缺的促进作用。在联合国2030年可持续发展议程的17项目标中，很多都需要通过建立和完善社会福利体系来实现。

以下3个要点，有助于我们从历史逻辑来理解社会福利的理念、制度和实施。首先，社会福利是因应社会需要而形成，以政府主导提供一系列基本公共服务为核心内涵的一种政策理念。其次，社会福利随着其相关理念逐渐为社会和政府所接受，在一些国家通过立法等程序得到广泛推动，从而建立起福利国家构架。可以说，福利国家是一种政治宣示或法律化的社会契约。最后，社会福利的实际水平归根结底取决于经济发展水平和社会富裕程度，所以，建设社会福利体系是一个循序渐进、量力而行和水到渠成的过程。

从17世纪英国逐步完善“济贫法”，到19世纪末德国社会保障体系的建立，再到20世纪30年代和40年代，在瑞典、英国和美国建立起现代福利国家，西方国家逐渐接受并实践了社会事务国家化的理念。相应地，福利制度也经历了长期的发展和嬗变的过程，逐渐从慈善式的道德规则、惩戒性的“矫治”措施、防备性的安抚行为，最终产生社会公民权利保障的观念变革。[①]在此过程中，社会福利政策从被动式应对转变为政府主动制定并贯彻，成为一种基本社会政策，国家通过全面介入社会事业建立福利国家。概括而言，西方国家关于福利国家的定义，着眼于以下体现其内涵和基本特征的结构框架。

第一是确立责任主体。通常把国家或政府作为保护人，明确其在社会福利事业中担负主要的保障责任。作为社会福利体系建设经典文本的《贝弗里奇报告》确定了3条实践指导原则，其中第三条原则突出的就是国家和个人的合作，既强调给个人留有一定的空间，也强调国家承担保障服务供给和资金筹措的责任，确保最低水平的保障。[②]

第二是确认保障对象和实施保障的方式。以国民或公民为保障对象，通过制度化的方式，以法律的名义对社会的公民权利给予承诺和保障。我们可以根据国际劳工组织对社会保护界定的内容来看社会福利体系内涵。遵循1952年国际劳工组织社会保障（最低标准）大会确立的基本内容，该组织强调的社会保护包括：医疗服务、疾病保险、失业保险、养老保险、工伤保险、家庭/子女保险、生育保险、伤残失能保险和遗属保险等。[③]类似的内

① 郑秉文，史寒冰：《试论东亚地区福利国家的“国家中心主义”特征》，《中国社会科学院研究生院学报》2002年第2期。
② 社会保险研究所：《贝弗里奇报告——社会保险和相关服务》，中国劳动社会保障出版社，2004。
③ International Labour Office，World Social Protection Report 2017–19，Universal Social Protection to Achieve the Sustainable Development Goals. Geneva：ILO，2017，p. 6.

容也反映在《贝弗里奇报告》中。

第三是确定保障的内容和范围。从其诞生之日的理念和发展的历史看，福利国家主要是针对工业化社会与传统社会相比更大的社会风险，为了从制度上解决对部分社会群体的冲击问题应运而生。由于不同生命周期面临不同的冲击风险，福利国家的建设倾向于从摇篮到坟墓的全生命周期覆盖。至于福利国家的保障程度，早期讨论中曾表述为“最低标准或基本福利”；从推行的过程来看，各福利国家在此方面显示出明显差异，且随时代变迁而形成不同的类型或模式。各国都是根据自身的经济发展阶段和特殊的针对性，在不同时期从不同的保障领域入手，促进福利体系的建设。

从国际范围和历史过程，可以看到社会福利体系建设的渐进性质。从20世纪开始，各国通过立法建立社会保障制度，通常遵循了一个大概的顺序，即最早解决工伤保险问题，然后是实施养老保险、残疾保险和遗属保险，接下来是疾病保险、医疗服务和生育保险，至于子女和家庭保障以及失业保险，一般出现得较晚。[①]各国在不同时期均对福利体制进行了改革和调整，虽然方向和效果不尽相同。

例如，以“从摇篮到坟墓”的福利体制著称的瑞典模式，在新自由主义经济学流行期间曾经广受诟病，甚至一度被作为失败的典型。但是，瑞典在并未丢弃这种福利体制的前提下，进行了成效显著的改革。从20世纪90年代开始进行的经济改革，旨在从劳动力市场、产品市场以及税收等领域强化创造性破坏机制的作用，显著降低了企业的进入障碍，对提高劳动生产率产生了积极的效应。根据经济学家估算，1996—2009年，在瑞典劳动生产率的明显提高中，配置效率改善的效应十分显著，而企业进入和退出的贡献更是在65%左右。[②]这就是说，只有从社会层面为劳动者可能面临的就业冲击进行托底保障，如失业保险和政府举办的技术培训和岗位介绍等公共服务，企业和政策制定者才无须以保护岗位为借口阻碍进入和退出。

在更高的发展阶段上实现高质量发展，需要鼓励企业进行熊彼特式的创新。熊彼特本人并没有就形成创造性破坏机制的条件展开论述，但是，许多国家的发展经验和后来涌现出来的大量文献都表明，一方面，这种机制对于创新发展是不可回避的；另一方面，创造性破坏不仅不排斥社会保护，更因牢固的社会保障体系的存在而得以更健康地发展。北欧模式的成功表明，社会保护可以成为经济健康发展的手段和保障，福利型国家与竞争型国家不仅完全可以并行不悖，而且互为条件。[③]体现了把优胜劣汰与社会保护两种机制有机结

① International Labour Office，World Social Protection Report 2017–19：Universal Social Protection to Achieve the Sustainable Development Goals. Geneva：ILO，2017，p. 4.

② Fredrik Heyman，Pehr-Johan Norb-ck and Lars Persson，The Turnaround of Swedish Industry：Reforms，Firm Diversity and Job and Productivity Dynamics，IFN Working Paper，No. 1079，Research Institute of Industrial Economics，2015.

③ 克劳斯·彼得森：《北欧国家经济发展和社会保障之间的动态关系——为福利而增长还是为增长而福利？》，载郑功成、沃尔夫冈·舒尔茨《全球社会保障与经济发展关系：回顾与展望》，中国劳动社会保障出版社，2019。

合的理念和实践。[①]

社会福利的水平通常随着现代化进程和人均收入水平的提高而提高，这个规律性现象被称为“瓦格纳定律”。德国经济学家阿道夫·瓦格纳（Adolf Wagner）指出，随着发展水平的提高，人们对社会保护、反垄断和规制、履约和执法、文化教育和公共福利的需求不断扩大。由于这类公共品需要政府充当供给者和付款人，因此，政府支出占GDP的比重呈现逐步提高的趋势。[②] 更进一步观察瓦格纳定律所揭示的现象，我们可以看到，在一个国家刚刚跨入高收入阶段的一段发展时期，社会福利水平会经历一个显著提升的跨越，可以称这个发展时期为“瓦格纳加速期”。

世界银行提供的跨国数据显示，人均GDP从10000美元到25000美元的发展阶段，是福利国家建设的完成期，平均来说政府社会支出占GDP比重在此期间跃升10余个百分点，达到建成福利国家的标志性水平（见图8-2）。值得指出的是，在世界银行数据库中，中国的政府支出比重数据付之阙如。因此，我们需要使用中国的统计数据进行比较，以便得到相应的政策含义。

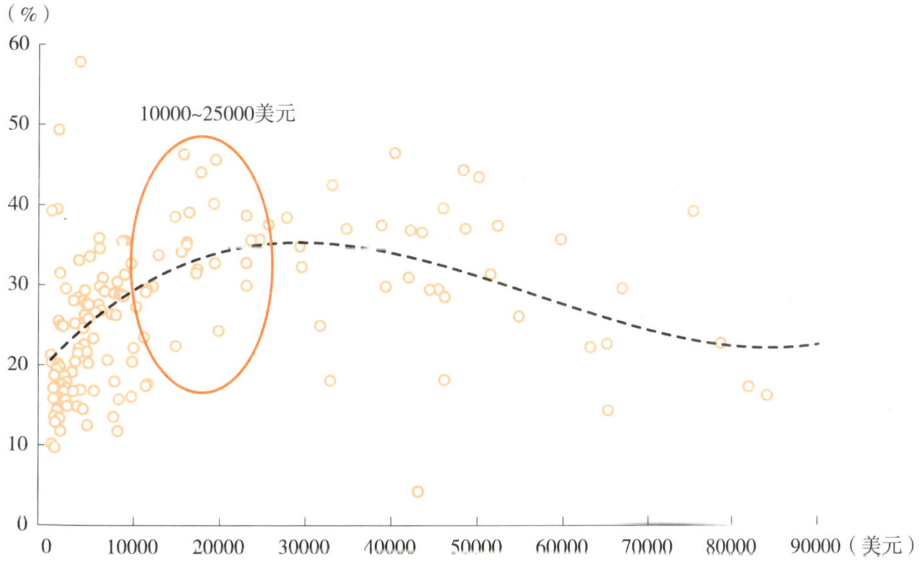

图8-2　福利支出水平随人均GDP增长而上升

资料来源：世界银行数据库。

从中国全口径类似指标来看，2015—2019年算术平均值为32.4%，看似并不低。但是，由于其中用于经济建设性支出的部分占到11.7%，显著高于其他国家的水平。因此，用于社会福利性和基本政府职能的支出比重处于偏低的水平。[③]今后10余年，中国的人均GDP增

① 蔡昉：《三个分配领域的改革红利》，《劳动经济研究》2021年第6期。
② Magnus Henrekson, Wagner's Law-A Spurious Relationship? Public Finance / Finances Publiques, Vol. 48 (2), 1993, pp. 406-415. 蔡昉：《三个分配领域的改革红利》，《劳动经济研究》2021年第6期。
③ 数据来源：汪德华《全民共享型福利体系的财政基础》背景报告。

长，预计将依次达到2025年成为高收入国家、2035年成为中等发达国家的目标，恰好处于这样一个社会福利水平显著提高的发展阶段，或“瓦格纳加速期”，自然不应该成为这一规律性变化的例外。

从以上的阐述和统计事实中，可以得出如下几个结论。其一，作为现代化任务的一般规律，要达到提高人民福祉的目标，建立和完善社会福利体系是一个必然之举，不可能存在例外。其二，无论是构造社会福利体系还是建设福利国家，都不必然意味着形成高福利或过度福利。其三，建设社会福利体系，既存在着一般规律和共同要求，也允许各国根据国情和面临的任务而具有自身特色，并且因时因地进行调整和改革。

第三节　全民共享型福利体系的基本特征

党的十九大强调坚持在发展中保障和改善民生，要求在幼有所育、学有所教、劳有所得、病有所医、老有所养、住有所居、弱有所扶上不断取得新进展，保证全体人民在共建共享发展中有更多获得感，不断促进人的全面发展、全体人民共同富裕。这“七有”覆盖了基本公共服务的范围，构成一个完整的全民共享型福利体系。依据尽力而为和量力而行的原则，可以预计随着经济发展水平的提高，这个福利体系可以得到不断的完善和提升。[①]下文中，我们按照中国特色社会主义现代化共同富裕的要求，结合中国所处发展阶段和人民群众的现实需要，描述这一体系的基本特征。

一、社会福利保障的普惠性

确保福利保障的普惠性，就是要提供面向全体人民的共享和均等服务。普惠性是指以社会全体成员作为基本公共服务的供给对象，不以社会身份及人口学特征作为依据而差别对待。在实际操作中则是根据社会成员的现实需求，在特定时间为特定人群提供确定的基本公共服务内容。例如，生殖健康服务针对的是孕期和哺育期妇女儿童，义务教育针对的是学龄青少年，公共就业服务和失业保险面向的是劳动年龄人口，养老保障服务于退休人员，等等。普惠性的核心含义是指相关基本服务是社会成员普遍享有的权利，是“民有所呼，我有所应”的制度约定。

① 蔡昉：《基本实现现代化需要补足哪些短板?》，《清华金融评论》2022年第4期。

要做到兼顾公平与效率，同时强调在再分配中更加注重公平，就是要从基本公共服务供给的均等性着力。这主要依据以下3个针对性。其一，现实中的社会群体之间，如城镇居民与农村居民之间，在获得基本公共服务方面的差距，常常比收入差距更为突出。其二，基本公共服务覆盖面和保障水平的差别性，往往导致对弱势群体的双重伤害。这是由于这些公共服务的供给差异具有累退的性质，即就业不正规、不充分以及收入偏低的群体，通常与享受基本公共服务不足的群体相重合。其三，由于基本公共服务的供给主体是政府，基于以人民为中心的发展思想，遵循政府职能更加着重公平的原则，解决上述问题具有紧迫性和可行性。

由于基本公共服务供给的不均等性常常与社会福利项目的碎片化联系在一起，所以，强调普惠性还有另一层意思，即以普惠性为目标对相关社会福利项目进行整合，以消除碎片化的弊端。以社会养老保险的覆盖和给付水平为例。2019年，全国有2.83亿人共领取社会基本养老保险金52342.3亿元。其中，占领取养老保险待遇人数56.6%的人，享受的是城乡居民养老保险，领取的金额仅占当年全部支出的5.9%。硬币的另一面则是，43.4%享受城镇职工基本养老保险待遇的人群，领取了当年全部支出的94.1%。此外，领取城镇职工基本养老保险的人群，还被区分为企业职工和非企业职工（行政事业单位退休人员），两者之间也有显著的待遇差别。在人口老龄化带来新的致贫风险的情况下，社会养老保险等再分配政策，应着眼于利用社会福利政策托底功能，避免新型贫困现象的发生。

二、覆盖全体人民的全生命周期

基本公共服务和社会福利保障针对的是全体人民，人口的基本特征首先表现为年龄结构。根据年龄的分布，人们具有从孕育、出生、抚养、在学，到就业、医疗、安居、济困和养老等公共服务的基本需要。因此，社会福利供给着眼于全生命周期，是基本公共服务充分覆盖和均等化的重要保障，也是实现全体人民共同富裕的基本前提。

根据国家统计局数据，2020年中国总人口为14.12亿，其中0～14岁少年儿童人口2.53亿，占总人口的17.92%；15～64岁人口9.68亿，占总人口的68.56%；65岁及以上人口1.91亿，占总人口的13.53%。同年，在受教育年龄阶段上，4818.3万人接受学前教育，88.1万人接受特殊教育，10725.4万人在普通小学就读，4914.1万人在初中就读，2494.5万人在普通高中就读，3285.3万人在普通高等学校就读。在劳动年龄人口中，81104万人为劳动力（2019年），其中75064万人在城乡实际就业。此外，人口年龄分布还与人口的性别、居住地、就业和职业等特征相互交叉。所有这些人口分布特征，都意味着对基本公共服务的需求既是全生命周期的，也是具有多样性和差异性的，需要社会福利体系与之对应。

三、突出促进经济发展的社会政策特征

从理论和各国实践来看，社会福利体系建设可以概括为3种彼此区别又相互重叠的模式，分别遵循不尽相同的政治理念和研究范式。根据蒂特马斯（Richard Titmuss）的类型划分，最为流行也最为基础的是两种总体对立的模式，通常是研究的起点和争论的焦点。[①]第一是剩余型社会福利模式。这与新自由主义经济学理念相吻合。该模式强调市场、个人、家庭和社会组织的作用，政府只需在最困难群体的社会救助和有限的基本生活服务方面承担责任。但是，在这种理念下的实践，特别是其保障水平并非一成不变，常常随着经济发展水平的提高而演变到更为全面和充分的保障模式。第二是制度型社会福利模式。这种模式与剩余型模式相比，并不在于两者在保障水平上的差异，更主要是理念上的不同。这种理念认为，作为一种再分配机制，社会福利保障在任何社会和任何发展阶段，都应该是政府履行的责任。

作为扬弃上述两种模式的一种尝试，一些学者提倡发展型社会政策，一些国家也依照这种理念进行实践，可以认作为第三种模式。[②]在这一模式的代表性人物——米奇利（James Midgley）看来，前述两种模式共同的缺陷是，都把社会干预建立在对经济活动的隶属和依赖关系上面，导致社会福利体系过于脆弱且不可持续。与之相反，他主张实行一种发展型社会政策，即把社会发展项目与经济发展融为一体，希冀同时解决经济和社会的协调发展问题以及社会政策的资源可持续性问题。

上述3种模式的划分固然过于机械，但也揭示出在不同发展理念以及不同发展阶段上，影响社会福利模式选择因素的差异和变化。从相关争论中也可以看到，各种相互竞争的模式都尝试提供各自对于财政可持续性的方案。在谈到欧美国家如何应对政府债务率（债务与GDP的比率）过高的问题时，斯蒂格利茨（Joseph Stiglitz）借助历史经验指出，把债务率维持在可持续发展水平有两种途径，一是通过实行紧缩政策减小分子，二是通过投资带来的增长扩大分母。他认为，前一种途径被国际金融危机后的欧盟实践证明是失败的，而后一种途径被第二次世界大战后美国的实践证明是成功的。[③]这个思路及其背后的经验，同样适用于解决社会福利支出的可持续性问题。也就是说，如果社会福利支出具有解决经济增长面临现实制约的效果，必要规模的支出就可以带来GDP增长的分母效应。

中国特色全民共享型福利体系，既是从“七有”着眼的充分覆盖，也遵循尽力而为和量力而行的原则，根据发展阶段要求而逐步提高福利保障水平。相应地，中国模式促进经

---

① Richard Titmuss，Social Policy：An Introduction，London：Allen and Unwin，1974.
② 詹姆斯·米奇利：《社会发展：社会福利视角下的发展观》，苗正民译，格致出版社、上海人民出版社，2009。
③ Joseph Stiglitz，Europe Should Not Return to Pre-pandemic Fiscal Rules，Financial Times，23 September 2021.

济发展的社会政策特征，主要体现在利用社会政策打破制约经济发展的社会短板和发展瓶颈上面。也就是说，以分好蛋糕保持做大蛋糕的可持续性。在人口老龄化条件下，为了保持经济在合理区间增长，供给侧和需求侧都需要打破一系列制约因素，其中诸如劳动力充分就业、人力资本积累、创造性破坏和消费需求扩大等，都与社会保护水平密切相关。社会福利体系的完善可以产生促进增长进而扩大资源总量的分母效应，从而使这一体系是生产性的，并且具有长期可持续性。

第四节　全民共享型福利体系的基本框架

根据党的十九届五中全会确定的到2035年基本公共服务实现均等化的目标，《中华人民共和国国民经济和社会发展第十四个五年规划和2035年远景目标纲要》对社会福利体系建设作出了全面、具体的部署，与“民生福祉”相关的指标，构成经济社会发展主要指标中篇幅最大的板块。同时，政府部门也从各自领域制定了相关的中长期规划，结合国家基本公共服务标准，全面落实政府支出责任、工作机制和重点领域。国家颁布了《国家基本公共服务标准（2021年版）》，从幼有所育、学有所教、劳有所得、病有所医、老有所养、住有所居、弱有所扶，以及优军服务保障和文体服务保障9个方面，分22个大类和80个服务项目，严格界定了基本公共服务范围，为确立支出责任提供了重要依据。其中，在幼有所育方面的服务项目有9项，在学有所教方面有9项，劳有所得方面有12项，病有所医方面有16项，老有所养方面有4项，住有所居方面有3项，弱有所扶方面有14项，优军服务保障方面有4项，文体服务保障方面有9项。

在以“七有”为基准要求的基本公共服务体系中，每个项目均明确受众人群，指明政府必须提供、群众依法享有的服务内容，确定了保障水平、覆盖范围、实现程度等，明确界定了以中央和地方政府为主体的筹资和支出责任。这个对基本公共服务的明确宣示、承诺、界定和实施，构成了具有中国特色的全民共享型福利体系的基本框架。

在幼有所育方面，提出推动实现适度生育水平，明确提出增强生育政策包容性，推动生育政策与经济社会政策配套衔接，减轻家庭在生育、养育、教育上的负担，释放生育政策潜力。完善幼儿养育、青少年发展、老人赡养、病残照料等政策和产假制度，探索实施父母育儿假。改善优生优育全程服务，加强孕前孕产期健康服务，提高出生人口质量。

在学有所教方面，强调建设高质量教育体系，推进基本公共教育均等化，巩固义务教育基本均衡成果，完善办学标准，推动义务教育优质均衡发展和城乡一体化。加快城镇学校扩容增位，保障农业转移人口随迁子女平等享有基本公共教育服务。改善乡村小规模学校和乡镇寄宿制学校条件，加强乡村教师队伍建设。完善留守儿童关爱体系，巩固义务教育控辍保学成果。巩固提升高中阶段教育普及水平。完善普惠性学前教育和特殊教育、专门教育保障机制。

在劳有所得方面，强调结构性就业矛盾将成为就业领域主要矛盾，注重政策协同，实现更加充分、更高质量的就业。把人才培养培训放在更加突出的位置，改善劳动力质量，稳定重点群体就业，改善就业公共服务。完善工资合理增长机制，逐步提高劳动者报酬比重，保障劳动者权益，和谐稳定劳动关系。实现失业保险省级统筹，完善工伤保险。聚焦人口老龄化、人工智能技术应用等对劳动力供需产生较大影响的长期性趋势性问题，强化对大龄劳动者的就业帮扶，改善人口老龄化背景下的劳动力有效供给。

在病有所医方面，强调把保障人民健康放在优先发展的战略位置。坚持预防为主的方针，完善国民健康促进政策，织牢国家公共卫生防护网，改革疾病预防控制体系，为人民提供全方位全周期健康服务。建立稳定的公共卫生事业投入机制，改善疾控基础条件，完善公共卫生服务项目，强化基层公共卫生体系。坚持基本医疗卫生事业公益属性，深化医药卫生体制改革，推进国家组织药品和耗材集中采购使用改革。坚持中西医并重，大力发展中医药事业。提升健康教育、慢性病管理和残疾康复服务质量，重视精神卫生和心理健康。

在老有所养方面，实施积极应对人口老龄化的国家战略，从财富储备、人力资本、科技支撑、产品和服务供给、社会环境等方面着力，使经济社会发展与老龄化进程相适应。逐步延迟法定退休年龄，促进人力资源充分利用。推动实现职工基本养老保险由制度全覆盖到法定人群全覆盖，促进更多人员参加企业职工养老保险，实现企业职工基本养老保险全国统筹，扩大补充养老保险覆盖面。促进城乡居民基本养老保险适龄参保人员应保尽保。全要素构建养老服务体系，优化居家社区机构养老服务网络，壮大养老服务产业，加强养老服务队伍建设，提升综合监管水平。

在住有所居方面，坚持“房子是用来住的，不是用来炒的”定位，加快建立多主体供给、多渠道保障、租购并举的住房制度，让全体人民住有所居、职住平衡。夯实城市政府主体责任，稳定地价、房价和预期。培育和发展住房租赁市场，有效盘活存量住房资源，有力有序扩大城市租赁住房供给，完善长租房政策，逐步使租购住房在享受公共服务上具有同等权利。有效增加保障性住房供给，完善住房保障基础性制度和支持政策，着力解决困难群体、新市民和青年人等群体住房问题。完善住房保障方式，健全保障对象、准入门槛和退出管理等政策。

在弱有所扶方面，部署了巩固拓展脱贫攻坚托底保障成果、改革完善社会救助制度、提升儿童福利保障水平、完善残疾人福利制度、发挥福利彩票支持作用等方面的任务。推动社会组织健康有序发展、完善现代社会工作制度、促进慈善事业健康发展、健全志愿服务体系。提升婚姻收养管理服务，健全未成年人保护体系，加强困境儿童保障、留守儿童和留守妇女关爱，[①] 提高康复辅助器具助老助残能力，完善殡葬公共服务体系等。

第五节　全民共享型福利体系的财政基础

明确承诺和清晰界定政府事权和支出责任，是社会福利体系运转的制度前提，政府财政收支能力是社会福利体系保持可持续性的基础保障。因此，在观察社会福利体系的完善程度时，有必要将社会福利体系与财政支出科目对应起来，以便对社会福利体系的财政支撑进行梳理。中国财政支出功能分类科目，是在国际货币基金组织财政收支统计手册的基础上，结合中国国情推出的。当前中国正在推进基本公共服务标准化与均等化，涉及的相关事务便是社会福利体系的基本内容。

以“七有”为核心的国家基本公共服务标准化体系，与功能分类财政支出科目之间的对应关系比较复杂。这些基本公共服务项目所对应的政府职能，大体上对应着三大类政府功能分类以及社会福利的财政支出。第一是医疗卫生。对应着幼有所育和病有所医，在财政支出口径中就是卫生健康支出，以及社会保险基金中的“居民基本医疗保险基金支出”“职工基本医疗保险基金支出”两类（须扣除一般公共预算中的补贴资金）。第二是教育。对应着学有所教，在财政支出功能分类中就是教育支出。第三是社会保护。对应的范围比较广，包括劳有所得、老有所养、弱有所扶、住有所居。在财政支出分类中为社会保障和就业支出（扣除就业类支出）、住房保障（扣除住房改革支出），以及社会保险基金中的“城乡居民基本养老保险基金支出”“企业职工基本养老保险基金支出”“工伤保险基金支出”“失业保险基金支出”（须扣除一般公共预算中的补贴资金）。

“七有”是对现有社会福利体系建设形象化的总结提炼，侧重从人的全生命周期角度提炼基本需要，而财政支出科目则是侧重事务本身，并且以往并没有特别强调人的全生命周期，所以尚不能将财政支出与“七有”项目完全一一对应。然而，为了加深对社会福利体系财政基础的认识，根据最新的国家基本公共服务标准、政府收支分类科目和全国财政决算等相关信息，我们仍然可以尝试在“七有”确定的基本公共服务内容与财政支出科目之间，建立起大致对应的关系（见表8-1）。

① 本刊编辑部：《聚焦群众关切 回应社会期盼——民政部〈“十四五”民政事业发展规划〉专题新闻发布会摘要》，《中国民政》2021年第12期。

表8-1 基本公共服务标准化建设与财政支出科目对应关系

“七有”	基本公共服务内容	对应的财政支出科目
幼有所育	优孕优生服务、儿童健康服务、儿童关爱服务	主要对应“卫生健康支出”类下的“计划生育事务”款、“公共卫生”款等。社会保险基金中的“居民基本医疗保险基金支出”“职工基本医疗保险基金支出”两类中的生育保险支出。“社会保障和就业支出”类下的“社会福利”款之“儿童福利”项
学有所教	学前教育助学服务、义务教育服务、普通高中助学服务、中等职业教育助学服务	主要对应“教育支出”类下“普通教育”“职业教育”款中以学生为资助对象的支出（不包含其中学校建设、教师薪酬支出以及高等教育、教育管理事务、成人教育、特殊教育等支出）
劳有所得	就业创业服务、工伤失业保险服务	主要对应“社会保障和就业支出”类下的“就业补助”款、“人力资源和社会保障管理事务”款等。社会保险基金中的“工伤保险基金支出”“失业保险基金支出”两大类
病有所医	公共卫生服务、医疗保险服务、计划生育扶助服务	主要对应“卫生健康支出”类下的“公共卫生”款、“计划生育事务”款、“卫生健康管理事务”款等（不包含公立医院、基层卫生机构等支出）。社会保险基金中“居民基本医疗保险基金支出”“职工基本医疗保险基金支出”两类
老有所养	养老助老服务、养老保险服务	主要对应“卫生健康支出”类下的“公共卫生”款之“基本公共卫生服务”项、“社会保障和就业支出”类下的“社会服务”款之“老年福利”项。社会保险基金中的“城乡居民基本养老保险基金支出”“企业职工基本养老保险基金支出”两类
住有所居	公租房服务、住房改造服务	主要对应“住房保障支出”类下的“保障性安居工程支出”款
弱有所扶	社会救助服务、公共法律服务、扶残助残服务	主要对应“社会保障和就业支出”类下的“最低生活保障”“临时救助”“特困人员救助供养”“残疾人事业”“其他生活救助”等款；“卫生健康支出”类下的“医疗救助”款；“灾害防治及应急管理支出”类下的“自然灾害救灾及恢复重建支出”款之“救灾补助”项；“公共安全”类下的“司法”款之“法律援助”项等

资料来源：根据《国家基本公共服务标准2021版》《2021年政府收支分类科目》以及财政部“2019年全国财政决算”相关信息制作，参见汪德华《全民共享型福利体系的财政基础》背景报告。

随着中国综合国力的增强，党的十八大以来，国家坚持在发展中保障和改善民生，在发展中补齐民生短板，增进民生福祉，财政对各项社会福利政策的保障程度得到明显的提高，“七有”得到更充分的保障。如果按照上述口径观察，2015—2019年包含一般公共预算和社会保险基金预算在内的全口径社会福利支出及占GDP比重，均有十分明显的增长。加总的社会福利支出从2015年的8.9万亿元增长到2019年的13万亿元，占GDP的比重稳定在13%左右。社会保护支出始终是大头，占比为49%；教育支出比重占第二位，占比为27%；医疗卫生支出占比为24%。从这一时期的增速来看，医疗卫生支出最快，社会保护支出紧随其后，教育支出相对慢。

我们还可以把社会福利性支出分为教育、医疗卫生、养老保障、困难弱势群体救助及福利事业、住房保障、工伤及失业保险等6类支出，并具体分解其资金来源。按照6类支出的金额大小进行排序，资金来源分为社会保险基金和一般公共预算两大类，一般公共预算中又具体分为中央直接支出、中央对地方转移支付资金和地方支出。如表8-2所示，工伤、失业保险支出以社会保险基金为主，一般公共预算提供的财政补贴非常少。养老保障、医疗卫生支出是社会保险中的主体，一般公共预算分别对其提供39%和53%的资金。一般公共预算资金部分直接投入养老服务、公共卫生、医疗体系中，部分作为养老保险、医疗保险的补贴资金。

如果单独看一般公共预算资金的话，2019年社会福利性支出为77941亿元，占全口径社会福利支出的63%。其中教育支出是大头，占45%，养老保障和医疗卫生分别占24%和21%，其他三类支出规模相对小。从一般公共预算的中央和地方支出责任划分看，各类社会福利项目的资金来源都表现出中央和地方相互交织的局面，中央直接支出比例相对较低，大部分资金以转移支付的方式交付地方支出。比较典型的是养老保障领域，一般公共预算共投入18974亿元，其中地方出资10749亿元，中央出资8225亿元，但中央直接支出仅为921亿元，主要用于中央单位公职人员的支出。在住房保障领域，虽然中央直接支出微乎其微，但在总支出中的占比仍然接近一半。

表8-2　2019年中国各项社会福利性支出资金来源（亿元）

社会福利支出科目	对应“七有”	总支出	一般公共预算			社会保险基金
			中央直接支出	中央对地方转移支付	地方资金	
养老保障支出	老有所养	48374	921	7304	10749	29400
教育支出	学有所教	34797	1836	3214	29747	—
医疗卫生支出	幼有所育 病有所医	31537	248	4839	11579	14872
困难群体救助及福利事业支出	弱有所扶	4236	23	1612	2601	—
住房保障支出	住有所居	3235	11	1550	1674	—
工伤、失业保险支出	劳有所得	2085	—	—	—	2051
合计		124264	3039	18519	56350	46323

资料来源：根据2019年全国财政决算相关数据计算所得，参见汪德华《全民共享型福利体系的财政基础》背景报告。

概言之，分析中国社会福利体系的财政支出，需要考虑到政策话语与财政术语之间的差异。经对比调整后，近些年中国全口径社会福利的财政支出占GDP比重在13%左右，主要支出项目是养老保障、教育和医疗卫生等。社会福利支出的资金来源包括一般公共预算和社会保险基金，其中一般公共预算支出占63%。从一般公共预算的中央和地方支出责任划分来看，虽然总体而言中央直接支出占比相对较低，总计出资占比为28%，但是，中央向地方提供的转移支付规模也不可谓不大。在地方政府中，社会福利性支出的责任主要由市县级政府承担，省级政府的直接支出和总投入均较低。

第六节　打破社会福利体系的财政瓶颈

中国用于社会福利体系的财政投入占GDP比重已经达到13%，同发达国家相比还有较大差距。即便考虑到中国目前所处的新发展阶段，随着人均收入水平提高和国力增强的一般规律，也由于人口老龄化加深加速的特殊需要，中国用于社会福利的财政支出水平和结构都需要进一步提升。在社会福利性支出比重不断升高的进程中，无疑将遭遇种种挑战，需要通过改革打破诸多体制和机制障碍。

一、社会福利体系的财政体制障碍

首先，与区域分割和人群分割相关联的社会福利供给“碎片化”。中国社会福利体系的一个制度特征是区域分割导致的“碎片化”，公共服务和社会保障的筹资和支付，在政策和管理上都是属地化的。例如，医疗保险分为400多个统筹区，各个统筹区的筹资是独立进行的。财税体制和行政管理体制的现状，决定了各级地方政府在规划本地公共服务和社会保障时，基本是按户籍人口来设置的。这种状况导致规模庞大的农民工的公共服务和社会保障，未能在就业地和居住地得到充分供给。特别是农民工在子女入托、入学，就医，参加社保，住房保障和养老等方面，仍然面临体制性障碍。

其次，合理提升保障标准受到不均衡财力承担能力的制约。各类公共服务和社会保障虽然基本上实现了制度全覆盖，但由于采取逐步推进和地方统筹的方式，在城乡之间、地区之间、正规部门与非正规部门就业人员之间存在较大差异。如教育领域的生均公用经费，一线城市与中西部省份的农村地区相差10余倍。消除这些差异无疑需要统一标准，相应会产生标准趋同“就高不就低”与人口的流动“人往高处走”，即从福利标准低的地区向标准高地区流动之间的矛盾。这些都对充足财政提出更高的要求。

再次，社会福利性支出的内部结构尚待优化。人力资本投资性福利项目仍然投入不足，在很多项目和环节上存在短板。例如，贫困家庭儿童的营养健康，尚未实现从怀孕期直至发育期的全面满足；农民工子女缺乏特别的关怀计划；在有利于打破贫困代际传递链条的人力资本投资项目上的投入仍显不足。一些社会福利领域的财政投入绩效不够显著。教育和住房保障虽然财政总投入规模不菲，依然是公众满意度不高的领域。在基础教育方面，地区间和校际投入不均等、质量不平衡现象较为严重；财政投入水平与农村儿童进入县城或城市读书的趋势不相适应，稀释了教育质量；流动儿童获得均等教育仍面临困难；职业教育投入巨大却得不到社会和家长的认可。

最后，财力最为薄弱的市县政府承担社会福利项目的最大支出责任。在已推进的事权划分改革中，大量基本公共服务项目被划分为共同事权，市县政府是相关支出责任的主要承担方，上级政府一般以补贴方式给予一定的支持，只能部分缓解资金拮据的问题。而且，由于市县间的财力差异非常大，社会福利项目实现全民共享和区域均等化存在现实的困难。

二、亟待推进的关键改革领域

建设和完善全民共享型社会福利体系是政府的基本职责，需要得到公共财政的充分保障。遵循尽力而为和量力而行的原则，增加社会福利财政投入要注重统筹需要与可能，实现抓住当前突出问题增加投入与完善体制机制的有机结合。围绕建立全民共享型社会福利体系这个大目标，以下几个方面的改革亟待加快推动。

第一，将非户籍常住人口基本公共服务均等化纳入统计和评估体系。目前在各类公共服务和社会保障统计数据和政策目标体系中，有些采用户籍人口的口径，另一些则采用常住人口的口径，常常界定不清，在实际工作中造成混淆，不利于推进全民共享型福利体系建设。亟待全面梳理现有统计制度和政策目标体系，明确以常住人口为提供各类公共服务和社会保障的基本对象，实事求是地提出政策目标，特别是在进城务工人员子女教育、住房保障等领域，推进公共服务和社会保障均等化。

第二，提升部分社会福利项目特别是社会保险类项目的支出责任承担层级。这是解决社会福利体系“碎片化”问题、减轻市县政府社会福利体系支出负担、实现激励相容的必要举措。提升统筹层级并非简单把支出责任上划，而要通过机制设计解决复杂的历史遗留问题。例如，基本养老保险的全国统筹需要从以下几个方面协同推进。一是合理确定政策参数及其实施范围。全国统筹待遇支付公式中的“社会平均工资”的参数选择，涉及众多参保人的福利；养老保险的可持续性，需要在精算的基础上谨慎决策。二是存量结余资金的处理和潜在资金缺口的分担责任问题。目前不同省份的职工养老保险结余额差异很大。在算清账的基础上，可以把发达地区因大量农民工短期参保又退保等原因形成的基金结余收归中央，允许这些地区保留一定额度结余资金的支配权；对于已存在的资金缺口，需明确各地政府一般公共预算需要分担的补贴支出责任。

第三，加大人力资本投资型福利项目的财政投入，改进财政投入方式与机制。加快发展人力资本投资型的社会福利项目，深化改革推动教育领域开放和均衡发展，延长义务教育年限。特别是向弱势群体倾斜，提高他们的教育水平、健康状况和就业能力，以阻断贫困代际传递，促进社会公平。如贫困家庭儿童营养项目，干预的阶段应逐步突破目前仅限于上学期间午餐营养的状况，向幼儿阶段和孕妇阶段拓展。区分不同的家庭状况，开发若干类成本较低、安全有效的营养补充手段。①改善就业技能培训资金的投入方式和使用效率。

第四，财政教育支出结构和方式要顺应人口流动的新特征，与农民工市民化进程相适应。一是完善流动人员子女教育政策，明确流入地政府承担支出责任。中央政府大幅增加“城乡义务教育补助经费”金额，划定部分专项用于农民工子女教育。同时完善农村留守儿童的教育政策，对其在住宿、心理、课外活动和校内生活等方面给予照顾。②二是适应县城发展和儿童进城上学的现状，在城镇地区加强前瞻性的设施建设。推动基础教育领域的城乡和区域均衡，通过职称评定要求和绩效工资等柔性政策，引导师资在城乡、区域、校际合理流动。三是利用财政支出方式引导提升职业教育针对性和有效性，增强职业教育吸引力并与积极就业政策协调配合。

第五，启动新安居工程，在深化改革的基础上增加公共投入，提高住房保障水平。一是坚持“房住不炒”，采取包括征收房地产税等综合措施继续遏制炒房，抑制热点地区房价过快上涨。二是增加投入，明确住房保障体系建设思路并坚持推进。针对重点区域夹心层实施新安居工程，以保障性租赁住房起步过渡，以最终提供有梯度的共有产权类保障房为重点，完善公共租赁住房制度。三是落实相关配套政策，尽快将基本公共服务领域的租售同权落到实处，推动人地挂钩政策落地。

三、社会福利体系的支出恒等式

中国再分配政策的本质，可以表述为：提供更加充分、公平，并且覆盖全民、全生命周期的基本公共服务，建设全民共享型社会福利体系。按照要求建设这种社会福利体系，或者说，推进中国特色福利国家建设，是当前再分配领域的中心任务。作为一种国家承诺和宣示，国家构建社会福利体系并据此框架提供基本公共服务，确立这种供给的政府责任、范围和标准，这样就规范而准确地界定了政府再分配政策的内涵和实施力度。

①② 汪德华，李琼：《推进中国适度社会福利体系建设的思路研究》，《黑龙江社会科学》2014年第1期。

关于扩大政府公共支出的必要性和财政能力的可持续性，在中国和其他各国的相关政策选择和实践中，都是有必要进行讨论的问题。很显然，从财政收支实务角度回答这个问题，不是本章的任务，但是，从政策承诺和经济发展成果分享的角度，仍然有值得阐述的方面。

尽力而为和量力而行相统一，既需要按照共享发展理念要求，对再分配政策意图达到的目标作出界定，确定该做什么和不该做什么，也需要按照发展阶段的要求，对每一时期的再分配力度作出界定。从理念上说，这个两点论原则的合理切点应该由一个基本公共服务或社会福利供给的恒等式来界定。我们可以采用一个简洁的公式，对如何实现尽力而为和量力而行的有机统一作出形象说明。社会福利支出恒等式可以写作E–B=0，式中E代表社会福利的实际支出水平，B代表社会具有的支出能力。这个恒等式强调的是实际支出与实际财力之差恒等于零。一旦这个恒等关系不成立，则意味着未能做到尽力而为和量力而行的统一，社会福利支出水平便有改善的余地，社会福利政策就有调整的必要。恪守社会福利支出恒等式，既要求秉持理念的决定性，也要求分寸把握的能力和技巧。尽力而为和量力而行，在这个恒等式中分别表现为再分配力度既不能低于，也不能超过资源允许的限度。在特定的发展阶段上，通常可以就一个合意的恒等式形成共识，就其所确定的基本公共服务供给内容和程度来说，增之一分则嫌长，减之一分则嫌短。

社会福利供给的资金保障，归根结底在于经济增长、生产率提高和人均收入增加。瓦格纳定律的一个特征化事实表明，随着人均收入水平的提高，人们对社会保护、反垄断和规制、履约和执法、文化教育和公共福利的需求不断扩大。由于这类公共品通常需要政府承担供给和支出的责任，因此，政府支出占GDP的比重呈现逐步提高的趋势。[①]在瓦格纳定律揭示出的一般趋势中，从跨国数据中还能看到该规律的一个阶段性表现，即在12000～30000美元这个人均GDP水平区间，政府支出占GDP比重和社会支出占政府总支出比重的提高速度都快于其他区间。中国从现在起到2035年恰好处于这样的发展阶段。如果说瓦格纳定律是一个具有普遍性的一般规律的话，我们可以从中国语境出发，把人均GDP从12000美元到30000美元的提高过程，称为“瓦格纳加速期”，其间需要更大幅度提高社会福利支出水平。

对于处于瓦格纳加速期的中国来说，大幅度增加社会福利支出并提高其在GDP中的比重，依靠的是这个时期的潜在增长能力（供给侧）以及实现潜力的保障能力（需求侧）。按照中方案和高方案预测的人均GDP潜在增长率，2021—2035年分别为4.80%和5.15%。根据世界银行数据，2006—2019年，处在“瓦格纳加速期”的国家和地区人均GDP实际增长率

① Magnus Henrekson，1993，Wagner's Law-A Spurious Relationship? Public Finance / Finances Publiques，Vol. 48（2），pp. 406–415. 蔡昉：《基本实现现代化需要补足哪些短板？》，《清华金融评论》2022年第4期。

的算术平均值仅为1.21%。这意味着中国在跨越这个区间时，实现社会福利支出的显著增加有雄厚的物质基础作保障。

根据一般规律、发展理念和国情特点作出社会福利体系的承诺和相应的资源配置，再分配举措就成为国家规范，约束性和规范性均得以增强。可见，在中国式社会福利体系建设过程中，需要在以人民为中心的发展思想引领下改革财政体制和完善财政体系，实现财政理念重塑。

第九章

构建推进共同富裕的政策体系与政策建议

- 构建推进共同富裕的政策体系
- 构建推进共同富裕的政策建议

第一节　构建推进共同富裕的政策体系

图9-1　共同富裕的政策体系框架图

资料来源：作者根据公开资料整理得出。

共同富裕的核心是“富裕+共享”。富裕，通过发展来实现；共享，需要建立有效的机制和全面的政策体系来实现。共同富裕的公共政策大体上可以分为两类（见图9-1）。一类是提高发展水平的政策，即发展型政策。以促进经济社会长期持续健康发展，不断提升全体人们的富裕水平。另一类是促进共享的政策，即共享型政策。例如，旨在促进充分就业的就业优先政策，旨在缩小收入差距的收入再分配政策，旨在保障社会成员生存需要的反贫困政策、全民健康政策、住房保障政策等。这些政策往往具有多重功能，例如，税收政策和财政政策不仅具有促进经济增长的功能，还有促进社会公平正义的功能；劳动就业政策既有促进人的全面发展的功能，又有促进经济发展的功能，还有促进社会公平的功能。这些政策是否具有促发展和促共享的功能主要取决于政策的设计。在共同富裕的目标下，好的公共政策兼顾促发展和促共享的双重功能。本章在梳理这些政策时，尽可能地将这些政策分别归入发展型政策或共享型政策，并分别审视这些政策的实施效果，从实现发展与共享的目标出发，将这些政策分为“有利”的政策和“不利”的政策，对于“有利”的政策，进一步考察其是否“有力”，并在此基础上提出优化政策的建议。

一、发展型政策

发展型政策旨在促进全社会经济发展和全体人民的全面发展，提高社会经济的现代化水平，实现全社会更高的富裕程度。

（一）促进经济发展的政策

经济发展政策具有广泛的内容，这里主要讨论财政政策、货币政策和产业政策及其促进经济发展的作用。首先，财政政策是国家调控宏观经济、促进经济增长的重要工具。从其效果来看，现有的财政政策总体上对于促进共同富裕发挥着积极的作用，尤其在促经济增长方面的作用更加明显，既“有利”又“有力”。其次，货币政策也是国家进行宏观调控和促进经济发展的重要手段。近年来，中国通过货币政策对经济进行有效调控，对经济发展起到了“有利”的促进作用，发挥了“有力”的激励效应，这在稳定金融市场、活化资本市场、调整经济结构等方面均有体现。同时应该看到，金融市场对促共享发挥的作用是有限的，大部分政策是“乏力”的。再次，产业政策是国家制定用于引导产业发展方向、推动产业结构升级的政策。目前，中国在优化产业结构和促增长方面不断改进产业政策，起到了“有利”的作用，但是它能否发挥“有力”的一面，仍取决于产业政策与市场机制的有机结合程度。

（二）促进人的全面发展的政策

促进人的全面发展的政策是一个庞大的政策体系，任何有助于经济发展和社会进步的政策都会直接或间接地影响到人的全面发展，本章主要讨论与人的发展有着紧密关系的教育政策和生态环境政策。其一，实现人的全面发展，需要高质量的教育政策体系来支撑。目前，义务教育政策对形成人力资本积累和促发展基本上是“有利”的，但是由于其在地区之间、城乡之间发展不平衡，因而在促共享方面存在更大的改进余地。职业教育和高等教育政策也是对发展有利的政策，但是目前政策效果相对无力，未来应进一步增强教育体系的创新能力，更好地满足经济社会发展需要。其二，美好的生态环境是全民的财富，与全体人民的身体健康、精神享受密切相关，更是经济社会长期持续健康发展的重要条件。生态环境政策不仅是实现美丽中国建设目标的关键，还在防止环境污染、改善环境质量方面作出了许多贡献，是“有利”的政策。但是，由于环境保护立法体系化程度不高、环境经济政策效率有待提高等问题，目前生态环境政策力度仍显“乏力”，今后应着重提高生态环境政策效果，推动立法体系化，适当提高环境保护税率。

二、共享型政策

促进发展成果的共享是实现共同富裕的两大主题之一。促进共享的政策也是一套政策体系，包括劳动就业政策、收入分配政策、健康政策、反贫困政策、住房保障政策、特殊群体保障政策、城乡融合发展政策、区域协调发展政策等。

（一）劳动就业政策

在中国，促进共享的劳动就业政策主要有就业促进政策、就业质量提升政策、劳动力流动政策和职业社会保险政策等。第一，中国自21世纪以来一直实行积极的就业促进政策，提升了就业水平，促进了劳动力的充分就业。就业促进政策是促进共享的有利政策，但当前政策的效果仍然“乏力”。应当看到，当前中国就业总量压力仍然很大。因此，应将实现劳动力的充分就业放在劳动政策的首位，加大力度实施就业优先战略和积极就业政策。第二，中国在就业质量提升方面的政策均属于对促进共享程度“有利”的政策，但是由于中国的职业培训和服务体系仍然落后，政策效果相对“乏力”。今后应通过建立高质量就业服务体系、促进特殊群体就业、破除体制机制弊端等手段为就业质量提供重要制度保障。第三，劳动力流动政策旨在为劳动力市场保持适当的流动性，使劳动者拥有平等的就业机会。在促进共享方面，劳动力流动政策总体而言是“有利”的，但是仍然“乏力”。当前中国的劳动者在社会保险关系转移上仍然面临着地区间政策差别大、统筹层次低、手续复杂等问题。因此，未来应注重统一各地社会保险政策，提高社会保险统筹层次。第四，中国已经建立了较为完善的职工社会保险政策，为工薪劳动者提供基本的风险保障。这些政策均有利于共享，但政策效果仍然“乏力”，大量的新业态劳动者无法进入职工社会保险体系。因此，职工社会保险必须进行重大改革，逐步改变以劳动关系为基础的社会保险制度原则。

（二）收入分配政策

收入分配政策包括了初次分配政策、再分配政策和第三次分配政策，这里主要讨论最低工资政策、税收政策、社会保障政策和公益慈善政策。首先，制定最低工资标准是政府充当市场规则的制定者和监督者角色时的一项重要职责。此政策对于保障低收入劳动者的合法权益有积极影响，但作用相对有限，主要体现在：部分地区的最低工资标准不能适应经济发展的变化；平台劳动者被排除在保护范围之外；政策的落实和执行监管不严格等。其次，税收是政府进行再分配的重要政策工具，税收调节的重点在于税制设计。对于提高共享程度来说，中国的税收政策总体上是不利的，调节作用非常有限。中国以间接税为主的税收政策无法起到缩小收入差距的作用。当前应通过提高直接税占比等手段对税收政策进行改革，强化税收政策的再分配调节力度。再次，中国已经形成了社会保障、社会救助、社会福利制度组成的社会保障政策体系，总体上覆盖了大多数社会成员，是提高共享水平的有利政策。但是制度设计和执行上的问题使得“乏力”现象仍然存在，甚至有不利的项目存在，例如社会保障制度分割现象明显，社会保障结构失衡严重，个人账户导致制度共享性受限等。因此，应尽快对社会保障项目进行改革，提升其再分配功能。最后，中国政府已经制定了有利于共享的公益慈善政策，但是政策内容单薄、政策对象狭窄、政策层次不丰富等问题使得目前的公益慈善政策仍然无力。因此，公益慈善政策亟待从制定公益慈善组织配套税收激励措施、优化慈善组织的发展环境、加强慈善行业的专业化等方面完善健全。

（三）健康政策

共同富裕的核心要义之一是人的全面发展，而健康是实现人的全面发展的必然要求。长期以来，国家十分重视国民健康问题，国家政策发挥了积极的作用。健康政策主要分为疾病预防政策、医药服务政策和医疗保障政策三大类。首先，中国实施的疾病预防政策使国民身体素质大大增强，公共卫生状况大幅改善。近年来，中国基本公共卫生服务体系逐步建立，总体而言是“有利”的政策。然而，中国城乡之间、区域之间的公共卫生资源配置差距、不同人群的健康水平差距仍然突出，政策对于促进共享稍显“无力”。这就要求持续推进基本公共卫生服务均等化，促进公共卫生资源的公平分配。其次，医疗服务政策是中国健康政策的关键内容。伴随着现代医疗制度改革，医疗服务供给能力大为提高。然而，重复治疗、资源浪费、社会办医程度低等问题的存在限制了医疗服务的供给能力，今后仍应继续大力推进现代医疗制度改革。除此之外，国家基本药物制度和分级诊疗制度也是医疗服务政策的重要组成部分，对于完善医疗服务体系、提高共享程度是“有利”的政策。再次，当前中国形成了职工基本医疗保险、城乡居民基本医疗保险和医疗救助为主体的基本医疗保障体系，实现了医疗保障制度转型和基本医疗保险制度全覆盖，医疗保障及相关服务越来越便捷，这表明中国医疗保障政策总体上是促进共享的“有利”政策。当然，医疗保障领域还存在公平性不足、基金难以实现长期收支平衡、补充性医疗保障发展缓慢等问题，政策的共享效果“乏力”。为此，应当深化医疗保障制度改革，建设更加公平、更可持续、更有效率的医疗保障体系。

（四）反贫困政策

减少乃至消除贫困是实现共同富裕的基础。反贫困政策不仅是保障低收入者基本生活的基础性制度安排，也是实现人的全面发展和共享发展的重要手段。一方面，中国积极推进脱贫攻坚，综合运用多种帮扶方式，确保建档立卡贫困户脱贫。到2020年底，中国全面消除了现行标准下的农村绝对贫困，反贫困事业取得巨大成功。可以说，中国的扶贫脱贫政策对于推动共同富裕目标的实现，是十分“有利”且“有力”的政策。另一方面，以城乡低保制度和各个专项制度为主要内容的社会救助政策，多方位地解决了弱势群体的基本生活问题，是“有利”于整个社会的共享发展的政策。但是，中国依然面临着相对贫困与收入分配差距的挑战，现行社会救助政策对于解决相对贫困问题是比较“无力”的。在共同富裕的理念下，中国未来反贫困政策应该建立缓解相对贫困的长效机制。

（五）住房保障政策

居者有其屋是实现共同富裕的基本要求。目前住房保障政策存在的问题，在住房公积金制度和公共租赁住房制度中最为突出。住房公积金制度在实际运行过程中，存在公平性不足和效率低下的问题。它不仅拉大了不同人群之间的收入差距，还降低了资金使用和投资效率，是一项既不公平也无效率的制度，对于实现共同富裕是一项“不利”政策。公共租赁住房对于提高共享程度是“有利”的。然而，中国公共租赁住房制度建立在户籍制度的基础之上，将非户籍人口排除在外，因而公租房制度促进共享的效果是“乏力”的。未来住房保障政策的保障对象应向非户籍人口和不稳定就业人群等特殊人群延伸覆盖，保证外来务工人员同样能够住有所居。

（六）特殊群体保障政策

特殊群体是指那些社会中更为弱势的人群，主要是指老、幼、残、孕群体，这里主要讨论老年保障政策、妇女生育保障政策、儿童福利政策和残疾人福利政策。第一，当前的老年保障政策是对促进共享“有利”的政策，但政策效果明显“乏力”，主要体现在制度公平性和可持续性较差等方面。因此，老年保障政策应按照国民基本权益均等的原则，逐步统一和规范政策待遇标准。第二，中国现有的生育保障制度有利于保障妇女权益，是对提升共享程度“有利”的政策。但是现行制度主要针对工薪劳动者，没有充分考虑工薪劳动者以外社会成员的生育保障问题，政策的效果是“乏力”的。因此，应推进以“生育津贴制度+基本医疗保险中的生育医疗保障”为目标的生育保障制度改革。第三，当前的儿童福利政策是对促进社会共享“有利”的政策，但是其覆盖人群有限，政策效果相对“乏力”。因此，本章建议单独建立一项普惠型的儿童津贴制度，对全体有儿童的家庭提供一定的现金补助。第四，残疾人就业政策和教育政策是促进残疾人全面发展的“有利”政策。但是由于残疾人就业率偏低，整体受教育水平较差，残疾人政策对促进共享的效果比较“乏力”，今后应当通过加大财政投入，促进残疾人事业更公平更高质量发展。

（七）城乡融合发展政策

城乡发展不平衡和农村发展不充分是中国发展不平衡不充分问题的突出体现，严重阻碍共同富裕目标的实现。农村自身发展水平的提高，需要完善和落实新型城镇化政策和乡村振兴政策。当前的新型城镇化政策清除了部分劳动力市场上阻碍流动的制度障碍，推动了城乡人力资本的流动和对农民工等弱势群体权益的保护。总体而言，城镇化政策是“有利”的，但其力度仍需要加强。在未来，农业转移人口市民化仍是新型城镇化的首要任务，要坚持协同推进户籍制度改革和城镇基本公共服务常住人口全覆盖。同时，中国也通过实施乡村振兴战略，加快乡村经济转型，缩小城乡发展差距。总体而言，乡村振兴政策是“有利”且“有力”的。但也存在部分问题，例如土地要素市场建设不足，农村人口在改变户口后土地权益不确定性强。

（八）区域协调发展政策

为缩小地区差异和促进区域协调发展，中央先后制定了西部大开发、东北振兴等一系列推动区域协调发展、促进共同富裕的政策。首先，西部大开发加快了西部地区经济增长的速度，是“有利”于区域协调发展的政策，但其效果仍然“乏力”。在未来的发展中，西部大开发政策应进一步增强其战略性、系统性和综合性，可以考虑与“一带一路”政策形成合力。其次，中国政府出台了一系列旨在激发东北地区经济活力的政策。部分学者认为这些政策没有实现预期的效果，是“无力”的：政策对基础设施、公共服务和教育的改善并不明显，且没能完成产业转型升级的任务。因此，东北振兴政策应制定长远规划，增加财政支持，加快产业结构调整和产业转型。再次，中国还通过对口支援政策让不同区域或行业之间结对形成支援关系。对口支援政策是“有利”且“有力”的。当然，对口支援政策也存在没有有效的评估机制、政策援助工具和形式单一等问题。在未来的政策设计中，应当增加资金的公开和事务公示制度，建立动态评估机制等。

三、发展型政策和共享型政策之间的平衡与协调

前文梳理了发展型和共享型两大类政策，并分析了这些政策运行的效应。实现共同富裕，不仅需要改进优化部分“不利”或“不力”政策，还要使这两大类政策平衡和协调。因此，需要基于共同富裕的要求，在发展型政策中注入共享的因素，在共享型政策中注入发展的因素。这里我们重点讨论以下问题。一是社会保险的适度保障。事实上，社会保险缴费水平与待遇水平挂钩，近年来大幅提高的基本养老金待遇是造成单位缴费负担加重的重要原因。所以，应按照党的十九大“保障适度”的精神，保持职工社会保险待遇适度。二是就业机会平等与就业结构优化。劳动力流动政策可以减少制度性交易成本，促进劳动力按照市场信号发生流动，进而在全社会范围内形成合适的就业结构。三是兼顾国民健康与健康产业发展，将发展的元素注入以共享为主要导向的健康政策中，让健康产品和服务同时注重经济效益和社会效益。四是反贫困政策要平衡“输血”与“造血”。今后更加注重通过“输血”促进“造血”功能提升，通过发展性保障助力相对贫困人群参与劳动，谋

求发展机会，提高发展能力。五是税收政策取向与精准度。通过优化税收政策设计，实现“调高提低”的效果，对高质量发展进行方向性引导。六是金融业要面对小微企业和弱势群体。金融政策应引导金融机构完善对小微企业的服务，并加强对弱势群体的关注。

第二节　构建推进共同富裕的政策建议

实现共同富裕是中国式现代化的题中之义，是未来30年具有统领性的战略目标。本章认为，扎实推进共同富裕，需要坚持以人民为中心，以满足人民群众日益增长的美好生活需要为目标，以缩小城乡差距、地区差距、收入差距、基本公共服务差距为重点，以创新、协调、绿色、开放、共享的新发展理念为指引，科学把握全体性、全面性、全域性、差异性、共建共享性、长期渐进性的内涵，形成支撑推进共同富裕的制度与政策体系。政策建议可以概括为如下9个方面：

一、建立健全中国经济增长新范式

坚持以经济建设为中心，实施“经济总量和人均国民收入双倍增”计划。以高质量发展为主题，形成以新发展格局为基本框架、结构性改革和创新发展双轮驱动、公平和效率兼容的新增长范式。

加强需求侧和供给侧结构性改革的调适和匹配。坚持让市场在资源配置中发挥决定性作用，下一步供给侧改革的核心在于发展生产要素市场，打破资本、劳动、人才、土地、数据等生产要素在城乡、地区、产业及部门之间配置和流动的结构性障碍。特别注重城乡、地区空间的资源优化配置效率。推动需求结构升级，拓展新型高品质消费场景，积极倡导绿色消费，大力培育新兴消费，壮大数字消费，持续发展改善型消费和品质消费，促进消费与投资、内需与外需协调。

坚定实施创新驱动发展战略。建议每年召开中央创新工作会议，统筹研究创新发展中高水平科技和核心技术供给、民生科技和基础研究支撑、高水平创新人才培养、科技成果转化应用等迫切问题。突出对基础前沿和战略重要性领域关键核心技术的前瞻部署，完善创新生态，形成多元参与、竞争协作的科技创新体制。健全创新主体激励，加大对基础性和战略性研究的公共支持。加强人力资本投资，壮大基础人才队伍，形成合理的不同层次人才梯队，创新人才使用模式和机制，拓宽对国际人才的吸纳使用制度。研究发展转型期的创新需求特征和技术条件，加大对转型创新的投入。

统筹百年未有之大变局下的发展与安全。建议制定《国家经济安全战略纲要》及其实施细则，提升经济体系韧性，守住安全底线。在科学设置红灯的同时，也要设置好绿灯和黄灯，持续巩固和拓展“双创”成果，壮大市场主体，鼓励各类市场主体开展商业模式和技术创新，强化产权保护，明确和稳定政策预期，制定更加公平合理的市场竞争规则，更加注重以人为中心制定和实施产业政策。建立中国特色宏观经济治理体系，完善宏观经济政策协调，提高经济运行的稳健性。

二、理顺初次分配机制

初次分配领域要优先解决市场扭曲和市场不完善的问题，创造公共的竞争环境，完善生产要素按贡献参与分配的机制。

建立和完善公平竞争充分流动的劳动力市场。要深化户籍制度改革，实施全国统一的居住证制度，消除劳动力市场的城乡和地区身份藩篱，减少对户籍身份、性别、年龄、残疾等因素的就业歧视、工资歧视和社会保障方面的歧视。实施就业优先政策，完善就业失业统计，提高稳就业政策的针对性和有效性。大力发展吸纳就业能力强的产业和企业，促进民营中小企业的发展，发挥创新创业的就业带动作用。把提升劳动者教育水平和专业能力作为促进就业的重要手段，建立覆盖全体的终身学习体系，完善职业技能培养机制和技能认证制度，加强职业技能与产业结构的适配性，促进和扶持重点群体就业，提高就业的充分性和质量。

积极推进土地市场化改革。当前具有优先性的是巩固和扩大农村集体经营性建设用地入市改革的成果，促进承包地“三权分置”框架下的土地有偿流转，积极推进农村小产权房和宅基地改革，建立和完善土地升值收益分配的长效机制，增加农民的财产性收入。调整土地扩张和债务驱动的城镇化模式，加强城镇化的集约和内涵式发展，通过城市更新等手段提高城市土地开发利用效率，完善土地相关利益方利益分配机制。在第三次国土资源调查以及空间规划的基础上，划定国土资源开发的边界，守住耕地和生态保护的红线。

建立和完善现代金融体系，加强资本服务实体经济的功能。一方面，要建立和完善公平、有效的资本市场秩序，降低民间资本参与金融市场的门槛，扩大金融服务供给能力、水平和内容，使中小民间资本有正规合法渠道获得公平的收益。另一方面，要强化金融资本服务实体经济的导向，遏制过度的投机行为，有效防范系统性金融风险，打击金融犯罪行为，加强对中小金融机构储户以及投资者的保护。

建立有效的企业内部分配机制。推动建立更加合理的劳动报酬和资本收益之间的分配关系，加强对劳动者合法权益的维护，完善工资协商（谈判）机制，增强工会在员工权益保护中的作用，合理制定最低工资政策并发挥其对劳动力基本工资权益保障和缩小工资差距的作用。

优化宏观分配结构，调整政府、企业、居民三者之间的分配关系，稳步提升居民收入份额。要研究居民收入与国民收入同步增长的机制，稳定企业收入份额，通过降低政府的生产税逐步减少政府收入份额。

三、强化再分配功能

推进个人所得税改革。改变个人所得税主要为工薪税的局面，将个人所得税覆盖所有的高收入人群。扩大综合课征和纳税范围，加强对高收入群体的资本利得征税。建立个税起征点动态调整机制，降低中低收入群众的税负。简化个人所得税税制，将现有的7档简化为5档，拉开每档税率的收入区间。建立以家庭为单位的综合收入的征收制度，完善专项附加扣除制度。

适时推进房产税改革。在现有试点基础上，在“十四五”期间扩大房产税改革试点，总结经验。在此基础上，建议在“十五五”期间适时推进具有统一框架的房产税，同时赋予地方一定的税率选择自主权，以渐进充实地方税基和长期性财政能力，调节居民财政不平等，提高税收结构中直接税的比例。

调整消费税税基、税率和征收范围。根据居民收入水平和消费结构的变化，取消原征收范围中已成为居民日常性消费的税目，增加对奢侈品和奢侈性服务消费的征收。

用好税收优惠政策。合理运用税收优惠政策，提高劳动要素收入份额，促进低收入者就业。扩大健康险税优范围并完善抵扣的流程，降低居民的经济负担。

完善税收征管制度。建设全国自然人一户式归集的税收信息库，利用税收大数据开展申报信息审核，识别税收风险疑点，提升征管效率。加强对高收入行业和高净值人群的纳税监控，防范税收流失。

加大转移支付力度，强化社会保障促进公平分配的作用。优化转移支付结构，调整转移支付项目结构，加大最低生活保障、农村居民养老保险等有利于低收入者收入增长的项目投入，扩大农村低保范围，提升农村低保金水平和养老金水平。健全农村居民社会保障待遇稳定调整机制，建立全国统一、明确的城乡居民养老保险调整机制，渐进缩小城镇职工养老保险和城乡居民养老保险的待遇差异。加强税收政策和社会保障政策的协调。

四、合理发挥第三次分配的补充作用

积极发展慈善事业。推动全社会形成良好的慈善认知和风尚，鼓励个人和各类主体积极投身于慈善事业。完善包括《中华人民共和国慈善法》在内的法律法规，改革束缚慈善资金捐赠的政策与机制，让慈善财产得到较快发展。取消基金会必须保持原始基金的政策，降低基金会支出的门槛，取消基金会投资所得税。

鼓励专业化社会服务的开展。加大政府对老年人、儿童、残疾人服务机构购买服务的力度。建立政府部门和社会部门良好协作的社会工作体系，夯实基层社区慈善服务能力。鼓励更多的从业人员投入公益慈善事业，取消对慈善事业工作人员薪酬水平的限制。

积极开展公益慈善投融资机制创新。建立和完善慈善信托、基金会投资所得的免税制度。鼓励有条件的地方和公益慈善组织发行社会债券，积极探索影响力投资等以市场化手段解决社会问题的新投资模式。

五、缓解相对贫困，促进社会流动

“十四五”时期，要优先巩固脱贫攻坚成果，壮大扶贫产业基础，管护并利用好扶贫资产，拓展建档立卡和贫困边缘户、高风险人群的就业机会，完善贫困识别和监测体系并加强托底保障，稳定扶贫工作队伍并因地制宜调整职能，避免发生规模化返贫。

重视多维相对贫困问题，打造覆盖城乡的扶贫治理体系。中国仍然是一个发展中国家，在解决了绝对贫困问题之后，相对贫困问题依然突出存在。要聚焦能力贫困，特别注重通过教育、医疗卫生、技能培训等手段提升相对贫困人口的发展能力。采取切实措施缓解儿童、老人、妇女、残疾人、农民工等特殊群体的贫困，如提高公共养老金标准，建立普惠的学前教育体系，为贫困家庭提供婴幼儿照护服务和儿童抚养补贴等。要建立城乡一体的相对贫困标准和动态监测体系，及时精准识别相对贫困人口，将脆弱和抵御风险能力低的各类潜在贫困群体纳入扶贫治理体系。建立健全有利于市场机制和社会力量发挥作用的政策体系，加强对相对贫困人口的社会保障，形成覆盖全民、统筹城乡、公平统一、可持续的多层次保障体系。将相对贫困纳入实施乡村振兴战略统筹安排，采取新的区域瞄准措施，在贫困区域内实行特惠措施，在贫困区域外采取普惠办法，个体瞄准与区域瞄准相互补充。针对城镇相对贫困，要特别注重解决农民工的住房、社会保障、就业保险、健康、子女入学等方面的匮乏问题；借鉴精准扶贫思路，建立多部门联合的信息网络和扶贫救助工作小组，对城镇相对贫困人口提供更加精准的扶贫措施。

加大人力资本投入，公平开放机会，提高社会流动性。实施以人的能力发展为基础的公共政策干预，改善弱势人群、不利处境儿童在人力资本积累上的状况，减弱父辈社会经济状况对子女能力发展的影响。加大政府公共教育和公共卫生支出向落后地区和相对贫困人口倾斜的力度，重视贫困人群儿童早期发展并加大投入，将教育均等化理念贯彻到新生儿阶段到学前阶段。完善以机会均等为核心的市场竞争机制，消除各类市场准入壁垒和市场分割，促进要素流动，对微观个体形成正确的激励，充分发挥微观主体的发展潜能。

六、扩大中等收入群体

完善中等收入友好型的政策体系。减少中等收入群体在教育、医疗、住房和养老上的成本，防止其因为负担过重重新降为低收入群体。要关注和改善小微企业经营者、个体商贩等中等收入群体脆弱者，通过改善营商环境、落实税收优惠、资金补贴等财税政策，促进中小企业和个体私营经济的发展。通过完善终身教育和培训体系帮助脆弱中等收入群体提高技能水平，提高其在就业市场的竞争力和创收能力。完善社会保障体系，提高中等收入群体应对不确定性冲击的能力。稳定宏观政策，抑制资产价格泡沫，打击在资本市场和房地产领域的过度投机行为，防止资产价格泡沫化，促进中等收入群体家庭财富的稳健积累。

制定差异化的扩大中等收入群体的策略。对城市白领群体、城镇自营就业的商贩群体、小微创业者、技能人才和科研人员、基层干部队伍、农村中先富起来的新型农民和农民工，“扩中”政策设计需要回应不同的政策诉求。要加快深化户籍制度改革和基本公共服务均等化，促进农民工市民化和社会融合，使之成为“扩中”的重点群体。拓宽农村低收入农民的增收渠道，盘活农村资产资源，增加农民的工资性收入和财产性收入。以职业技能培训和提高技术工人待遇为重点，拓展产业工人进入中等收入群体的空间。为老年群体提供更好的社会保障，建立更为合理的老年就业模式，加强社会和家庭的代际支持，利用科技手段促进老年群体的社会参与和经济参与，使老年中等收入群体享有稳定和有质量的生活水平。

把“扩中”的重心放在“提低”上。未来“扩中”的根本着力点是“提低”，使更多的低收入者进入中等收入群体，识别低收入群体中有潜力成为中等收入群体的人群并给予针对性的扶持。在“扩中”的同时要避免收入差距的进一步拉大。

七、全面推进城乡融合发展

推动形成共建共享共荣的城乡发展共同体，推进城乡要素融合、产业融合、社会融合和生态融合。深化城乡综合配套改革，建立和完善城乡统一的户籍登记制度、土地管理制度、公共就业服务体系、社会保障制度以及其他公共服务体系和社会治理体系。①

高质量推动以人为核心的新型城镇化，促进城乡人员双向流动。加快户籍制度改革，完善基于居住的公共服务供给体系，实现充分的市民化。保障进城务工人员在就业服务、技能培训、劳动报酬、福利待遇等方面享有和城镇职工同等的权益。畅通城乡人口双向流动渠道，在加快推进农民工市民化的同时，扶持农民工回乡创业，引导城市居民进乡创业和养老。进一步完善驻村帮扶、大学生村官、科技特派员、教师轮岗和派驻医师等机制，推动城市各类人才参与乡村振兴。

实行城乡地政统一管理，建立城乡统一的土地市场。统筹城镇国有和农村集体建设用地管理，尽快制定出台《城乡建设用地使用权出让和转让条例》，确定和规范农村集体经营性建设用地入市程序和收益分配制度，完善城乡建设用地使用权出让、转让、出租、抵押交易规则，保障农民公平分享土地增值收益。保障农民宅基地用益物权，探索放开宅基地流转限制，扩大宅基地流转范围，逐步将农民宅基地纳入城乡统一的建设用地市场，完善宅基地各项权能，因地制宜分类探索农村“小产权房”处置办法。鼓励“三权分置”框架下的农村承包地规模化和长期流转，积极扩大承包地经营权的转让和抵押贷款试点，为农业产业化和现代化提供基础支撑。建立和完善进城落户农民土地承包权、宅基地使用权、集体收益分配权的退出机制。

保障农业农村现代化的金融需求，推动城市资本下乡。引导县域金融机构将吸收的存款用于当地，重点支持乡村产业发展和乡村建设，完善农户信用体系建设和农户贷款风险补偿机制，创新农村金融产品和服务方式。消除对城市资本下乡的认识误区，破除资本下乡障碍，通过“支持政策+负面清单”制度来合理引导各类资本参与乡村振兴。

八、实施新的区域均衡发展战略

统筹推进四大地区板块协调发展战略。东部地区要加快推进现代化，发挥示范引领作用，在更高层次上参与国际经济合作和竞争，率先建立全方位开放型经济新体系。西部地区要积极融入“一带一路”，强化开放大通道建设，构建内陆多层次开放平台，加大基础设施投入，实施一批重大生态工程。东北振兴要取得新突破，需要深化国有企业改革，着力优化营商环境，推动传统产业数字化升级改造，加快发展现代农业，打造新竞争优势。开创中部崛起新局面，打造先进制造业基地，在沿长江、黄河中下游以及京广、陇海、京九等铁路沿线打造中高端产业集群，加快发展现代农业，构筑生态安全屏障。

① 魏后凯：《新常态下中国城乡一体化格局及推进战略》，《中国农村经济》2016年第1期。

以城市群和都市圈建设作为新时代区域均衡发展的重要支撑。以城市群为载体，大力推动区域内基础设施联通，加大商事制度衔接和优化营商环境，缩小基本公共服务差距，促进产业合理分工，建立完善城市群和都市圈协调发展的治理机制。将长三角、粤港澳大湾区、京津冀打造成为世界级城市群，推动中原、成渝、山东半岛等重点城市群的发展，形成城市群梯次发展格局。围绕中心枢纽城市构建都市圈，依托都市圈加强县城、中心城镇建设，形成“大集中、小分散”的格局，打造多中心、多层级、多节点的城市网络。

把改革开放作为区域均衡发展的关键抓手。加快西部、中部和东北地区的市场化改革，提高区域市场化程度。赋予地方政府在经济体制改革上更多的自主权和试验空间，转变政府职能，加快国有企业改革，给予国有企业市场竞争中性地位，放宽市场准入门槛。进一步解放思想，放宽市场准入，促进生产要素自由流动，促进企业有序竞争，积极提升软硬环境。加强落后地区的科技创新能力建设，深化科技体制改革和机制创新，健全科技创新服务体系，推动本地产业结构转型升级。

完善纵向和横向的财政转移支付制度，建立健全区域对口支援、对口协作和合作互助机制。财政转移支付重点要瞄准欠发达地区基础设施和公共服务的短板、生态环境建设的薄弱环节、主要农产品主产区和低收入者的基本生存需要。提升转移支付的法治化、规范化水平，纵向转移支付与横向转移支付要有机结合，优化转移支付结构，提高财政转移支付的绩效管理水平。建立健全多元化的生态保护补偿机制，逐步扩大补偿范围，合理提高补偿标准，充分发挥中央、地方和社会多方面的积极性。中央政府应增加对重点生态功能区域的转移支付。各级地方政府也要拓展融资渠道，逐步增加生态保护补偿资金，同时制定激励政策。按照全域性共同富裕的基本要求，鼓励先富起来的地区帮助落后地区加快发展，搭建多领域、多层次的区域合作平台，探索建立共享发展试验区。将绿色发展机制融入区域均衡发展战略。按照主体功能区的定位，针对不同地区的功能定位和资源特点，实施山水林田湖草沙系统治理，提高生态系统自我修复能力和稳定性，完善生态安全屏障体系，强化绿色发展的法律和政策保障体系。加大金融市场服务绿色发展转型的力度，加强区域间减污降碳的协同治理。加强转型过程中成本分担和收益共享的公平性，对转型过程中受损较大的地区、群体和行业给予针对性的财政、金融以及其他各类政策支持，推动实现公正转型。

九、构建全民共享型社会福利体系

构建以“七有”为基本框架的全民共享型社会福利体系。将非户籍常住人口基本公共服务均等化纳入统计和评估体系，明确以常住人口为提供各类公共服务和社会保障的基本对象，实事求是地提出政策目标，特别是在进城务工人员子女教育、住房保障等领域，推进公共服务和社会保障均等化。提升部分社会福利项目特别是社会保险类项目的支出责任承担层级，解决社会福利体系碎片化问题，减轻市县政府社会福利体系支出负担，实现激励相容。

社会福利体系建设要尽力而为和量力而行相统一。作为一种国家承诺和宣示，国家构建社会福利体系并据此框架提供基本公共服务，需要确立这种供给的政府责任、范围和标准。需要在以人民为中心的发展思想引领下改革财政体制和完善财政体系，在新发展理念指导下实现财政理念重塑。

加大人力资本投资型福利项目的财政投入，改进财政投入方式与机制。加快发展人力资本投资型的社会福利项目，深化改革推动教育领域开放和均衡发展，延长义务教育年限。特别是向弱势群体倾斜，提高他们的教育水平、健康状况和就业能力。贫困家庭儿童营养项目干预应逐步向幼儿阶段和孕妇阶段拓展，区分不同的家庭状况，开发若干类成本较低、安全有效的营养补充手段。改善就业技能培训资金的投入方式和使用效率。财政教育支出结构和方式要顺应人口流动的新特征，与农民工市民化进程相适应，明确流入地政府承担支出责任，在城镇地区加强前瞻性的设施建设，推动基础教育领域的城乡和区域均衡，提升职业教育针对性和有效性。

应推进以“生育津贴制度+基本医疗保险中的生育医疗保障”为目标的生育保障制度改革。将现行生育保险制度中的生育医疗保险部分划入职工基本医疗保险制度，其余部分（即生育收入补偿保险）形成生育津贴制度。提高城乡居民生育医疗保障待遇，有计划、有步骤地提高生育医疗保障水平，使各类生育者享有的生育医疗保障待遇逐步接近。[①]创造条件将生育津贴制度扩展到全体城乡居民，确定合理的生育津贴标准和生育医疗保障水平，形成城乡一体化的生育津贴制度。

建立普惠型的儿童津贴制度，通过政府财政预算筹集资金，对全体有儿童的家庭提供一定的现金补助，通过现金转移的方式降低家庭的儿童抚育费用。在发放对象上，要立足于补助全体儿童，短期内应优先保障0～3岁儿童，中长期内将覆盖范围逐步扩展到0～15岁儿童。同时，政府应适度发展儿童税收抵免，实施教育维持津贴和儿童日间照料服务等儿童福利政策。

老年收入保障政策应从促进发展和共享出发，按照国民基本权益均等的原则，逐步统一和规范政策待遇标准。建立合理的基本养老金确定和调节机制，稳步提高城乡居民基本养老金给付标准，控制和缩小群体间的基本养老金待遇差距。明确基本养老保险制度职责

① 何文炯，杨一心，王璐莎，徐琳：《中国生育保障制度改革研究》，《浙江大学学报（人文社会科学版）》2014年第4期。

定位，注重代际均衡，优化制度设计，增强互助共济性，稳步推进基本养老保险全国统筹，确保基本养老保险制度和政策全国统一。通过深化改革实现体制机制创新，明确政府职责，加强居家养老服务，积极推动养老服务专业化，增强养老服务供给能力，提升养老服务供给政策的共享性。加快长期照护保障制度建设，当前的重点是以原有的老年人养老服务补贴制度为基础，尽快建立并普遍实施长期照护服务补助制度。要加强政策统筹，将高龄津贴、残疾人护理补贴等资源集中使用，把残疾人和失能老人的问题统一考虑。

在就业领域，要积极采取措施切实保障残疾人就业权利。一方面，提高残疾人就业能力，大力开展适合市场需求、适合残疾人特点的教育和培训。另一方面，认真落实残疾人按比例就业制度，通过开发适宜残疾人就业岗位，加大对福利企业、盲人按摩机构等残疾人集中就业单位的管理和扶持力度等措施，为有劳动能力的残疾人增加就业机会。

启动新安居工程，在深化改革的基础上增加公共投入，提高住房保障水平。一是坚持“房住不炒”，采取包括征收房地产税等综合措施继续遏制炒房，抑制热点地区房价过快上涨。二是增加投入，明确住房保障体系建设思路并坚持推进。针对重点区域夹心层①实施新安居工程，以保障性租赁住房起步过渡，以最终提供有梯度的共有产权类保障房为重点，完善公共租赁住房制度。三是落实相关配套政策，尽快将基本公共服务领域的租售同权落到实处，推动人地挂钩政策落地。

① “夹心层”，是游离在保障与市场之外的无能力购房群体的代名词。这群人中，有的够不着廉租房条件，又没钱买经适房；有的没资格买经适房，又买不起商品房。中等及中低收入家庭、新就业职工等“夹心层”群体置身于市场和政府保障之间的空白地带，其住房难题已日益显现。

参考文献

[1] W.W.罗斯托. 经济增长的阶段：非共产党宣言[M]. 郭熙保，王松茂，译. 北京：中国社会科学出版社，2001.

[2] 埃德蒙·费尔普斯. 大繁荣：大众创新如何带来国家繁荣[M]. 北京：中信出版社，2013.

[3] 迈克尔·波特. 国家竞争优势[M]. 李明轩，邱如美，译. 北京：华夏出版社，2002.

[4] 约翰·肯尼思·加尔布雷思. 富裕社会[M]. 赵勇，周定瑛，舒小昀，译. 南京：凤凰出版传媒集团、江苏人民出版社，2009.

[5] 邓小平.《邓小平文选》第二卷[M]. 北京：人民出版社，1994.

[6] 邓小平.《邓小平文选》第三卷[M]. 北京：人民出版社，1993.

[7] 江泽民.《江泽民文选》第一卷[M]. 北京：人民出版社，2006.

[8] 毛泽东.《毛泽东文集》第六卷[M]. 北京：人民出版社，1999.

[9] 中共中央文献研究室.《十八大以来重要文献选编》（上）[M]. 北京：中央文献出版社，2014.

[10] 中共中央文献研究室.《十六大以来重要文献选编》（上）[M]. 北京：中央文献出版社，2009.

[11] 蔡萌，岳希明. 我国居民收入不平等的主要原因：市场还是政府政策?[J]. 财经研究，2016，42（4）：4–14.

[12] 曹晖，罗楚亮. 为了机会公平而流动——收入代际传递对劳动力流入的影响[J]. 劳动经济研究，2021，9（1）：3–26.

[13] 陈杰，苏群，周宁. 农村居民代际收入流动性及传递机制分析[J]. 中国农村经济，2016（3）：36–53.

[14] 陈杰.中国住房公积金的制度困境与改革出路分析[J].公共行政评论，2010，3（3）：91–119，204.

[15] 陈琳，袁志刚. 授之以鱼不如授之以渔?——财富资本、社会资本、人力资本与中国代际收入流动[J]. 复旦学报（社会科学版），2012a（4）：99–113，124.

[16] 陈琳，袁志刚. 中国代际收入流动性的趋势与内在传递机制[J]. 世界经济，2012b，35（6）：115–131.

[17] 陈琳. 促进代际收入流动：我们需要怎样的公共教育——基于CHNS和CFPS数据的实证分析[J]. 中南财经政法大学学报，2015（3）：27–33，159.

[18] 陈琳. 中国城镇代际收入弹性研究：测量误差的纠正和收入影响的识别[J]. 经济学（季刊），2016，15（1）：33–52.

[19] 陈阳. 我国保障性住房的发展现状、趋势与对策[J].财经问题研究，2014（S2）：42–46.

[20] 陈钊，陆铭，佐藤宏. 谁进入了高收入行业?——关系、户籍与生产率的作用[J]. 经济研究，2009，44（10）：121–132.

[21] 崔军. 基于“调高”“提低”目标的我国直接税体系建设[J].财贸经济，2011（6）：38–43.

[22] 邓国胜. 第三次分配的价值与政策选择[J]. 人民论坛，2021（24）：42–45.

[23] 邸玉娜. 代际流动、教育收益与机会平等——基于微观调查数据的研究[J]. 经济科学，2014（1）：65–74.

[24] 方创琳.改革开放40年来中国城镇化与城市群取得的重要进展与展望[J]. 经济地理，2018，38（9）：1–9.

[25] 方勇 译注.《墨子》[M]. 北京：中华书局，2021.
[26] 甘犁. 中国有多少中产阶层?[N]. 第一财经日报，2015-11-18.
[27] 甘犁，赵乃宝，孙永智. 收入不平等、流动性约束与中国家庭储蓄率[J]. 经济研究，2018.
[28] 高和荣. 健康治理与中国分级诊疗制度[J]. 公共管理学报，2017，14（2）：139-144，159.
[29] 顾澄龙，周应恒，严斌剑.住房公积金制度、房价与住房福利[J]. 经济学（季刊），2016，15（1）：109-124.
[30] 郭丛斌，闵维方. 中国城镇居民教育与收入代际流动的关系研究[J]. 教育研究，2007（5）：3-14.
[31] 国家全国重大自然灾害综合研究组. 中国重大自然灾害及减灾对策[M]. 北京：科学出版社，1994.
[32] 郭庆旺，吕冰洋，岳希明. 税收对国民收入分配调控作用研究[M]. 北京：经济科学出版社，2014.
[33] 郭之天，陆汉文. 相对贫困的界定：国际经验与启示[J].南京农业大学学报（社会科学版），2020，20（4）：100-111.
[34] 国家发改委就业和收入分配司，中国收入分配研究院. 中国居民收入分配年度报告 2017[M]. 北京：社会科学文献出版社，2017.
[35] 国家发改委社会所课题组. 扩大中等收入者比重的实证分析和政策建议[J]. 经济学动态，2012.
[36] 国家统计局. 中国民政统计年鉴2021[M]. 北京：中国社会出版社，2022.
[37] 国家信息中心. 中国共享经济发展报告（2021）[R]，2021.
[38] 韩军辉，龙志和. 基于多重计量偏误的农村代际收入流动分位回归研究[J]. 中国人口科学，2011（5）：26-35，111.
[39] 韩俊. 加快发展农业生产托管 推进社会化服务高质量发展[J]. 农村工作通讯，2020.
[40] 韩秀兰，陈星霖.我国新个人所得税的收入再分配效应研究[J].统计与决策，2020，36（9）：134-137.
[41] 郝春旭，董战峰，葛察忠，程翠云，龙凤，李晓亮.国家环境经济政策进展评估报告2020[J].中国环境管理，2021，13（2）：10-15.
[42] 何立新，佐藤宏. 不同视角下的中国城镇社会保障制度与收入再分配——基于年度收入和终生收入的经验分析[J]. 世界经济文汇，2008.
[43] 何仁伟. 城乡融合与乡村振兴：理论探讨、机理阐释与实现路径[J]. 地理研究，2018，37（11）：2127-2140.
[44] 何石军，黄桂田. 中国社会的代际收入流动性趋势：2000～2009 [J]. 金融研究，2013（2）：19-32.
[45] 何文炯，潘旭华. 基于共同富裕的社会保障制度深化改革[J]. 江淮论坛，2021（3）：133-140.
[46] 侯鹏，高吉喜，陈妍，翟俊，肖如林，张文国，孙晨曦，王永财，侯静.中国生态保护政策发展历程及其演进特征[J].生态学报，2021，41（4）：1656-1667.
[47] 胡平生，张萌. 礼记（上）[M]. 北京：中华书局，2017.
[48] 胡棋智，王朝明. 收入流动性与居民经济地位动态演化的实证研究[J]. 数量经济技术经济研究，2009，26（3）：66-80.
[49] 纪宏，陈云. 我国中等收入者比重及其变动的测度研究[J]. 经济学动态，2009.
[50] 江亚洲，郁建兴. 第三次分配推动共同富裕的作用与机制[J]. 浙江社会科学，2021（9）：76-83，157-158.
[51] 解垩. 与收入相关的健康及医疗服务利用不平等研究.[J] 经济研究，2009，44（2）.
[52] 康有为. 大同书[M]. 上海：上海古籍出版社，2005.
[53] 克劳斯・彼得森. 北欧国家经济发展和社会保障之间的动态关系——为福利而增长还是为增长而福利?[M]//郑功成，沃尔夫冈・舒尔茨. 全球社会保障与经济发展关系：回顾与展望. 北京：中国劳动社会保障出版社，2019：230-238.

[54] 孔艺颖. 我国医疗卫生体制历史沿革、问题根源与对策建议[J]. 发展研究，2018（10）：40-45.
[55] 贝弗里奇报告——社会保险和相关服务[M]. 劳动和社会保障部社会保险研究所，译. 北京：中国劳动社会保障出版社，2004.
[56] 李春玲. 中国当代中产阶层的构成及比例[J]. 中国人口科学，2003.
[57] 李春玲. 如何定义中国中产阶级，划分中国中产阶级的三个标准[J]. 学海，2013.
[58] 李春玲. 中等收入群体成长的个体因素分析[J]. 社会科学辑刊，2018.
[59] 李春玲. 迈向共同富裕阶段：我国中等收入群体成长和政策设计[J]. 北京工业大学学报：社会科学版，2022.
[60] 李建军，冯黎明，尧艳. 论健全税收再分配调节机制[J]. 税务研究，2020（3）：29-36.
[61] 李洁. 从“制度”到“生活”：新中国70年来公共卫生政策演变[J]. 中国公共卫生，2019，35（10）：1281-1284.
[62] 李黎明，李卫东. 阶层背景对本科毕业生职业地位获得的影响 市场转型与分割的阶层再生产[J]. 社会，2009，29（5）：114-131，226.
[63] 李力行，周广肃. 家庭借贷约束、公共教育支出与社会流动性[J]. 经济学（季刊），2015，14（1）：65-82.
[64] 李龙杰，李梦玲，李嘉楠. 子代受教育程度与代际收入流动性——基于中国家庭居民收入的实证研究[J]. 经济资料译丛，2018（1）：40-50.
[65] 李明，邵挺，刘守英. 城乡一体化的国际经验及其对中国的启示[J]. 中国农村经济，2014.
[66] 李培林，陈光金，张翼. 社会蓝皮书：2016年中国社会形势分析与预测[M]，北京：社会科学文献出版社，2015.
[67] 李培林，张翼. 消费分层：启动经济的一个重要视点[J]. 中国社会科学，2000.
[68] 李培林，张翼. 中国中产阶级的规模、认同和社会态度[J]. 社会，2008.
[69] 李培林，朱迪. 努力形成橄榄型分配格局——基于2006—2013年中国社会状况调查数据的分析[J]. 中国社会科学，2015.
[70] 李强. 关于中产阶级的理论与现状[J]. 社会，2005.
[71] 李强. 中国离橄榄型社会还有多远——对于中产阶层发展的社会学分析[J]. 探索与争鸣，2016.
[72] 李强. 社会分层、中产阶层与中等收入群体[J]. 中央社会主义学院学报，2018.
[73] 李强、徐玲. 怎样界定中等收入群体?[J]. 北京社会科学，2017.
[74] 李任玉，陈悉榕，甘犁. 代际流动性趋势及其分解：增长、排序与离散效应[J]. 经济研究，2017，52（9）：165-181.
[75] 李任玉，杜在超，龚强，何勤英.经济增长、结构优化与中国代际收入流动[J].经济学（季刊），2018，17（3）：995-1012.
[76] 李实，沈扬扬. 儿童减贫政策：探讨与建议[R]. UNICEF委托课题，2021.
[77] 李实，沈扬扬. 中国的减贫经验与展望[J]. 农业经济问题，2021（5）：12-19.
[78] 李实，吴珊珊，邢春冰. 中国城镇居民工资差距的演变：1988—2018 [D]. 浙江大学工作论文.
[79] 李实，杨穗. 中国城市低保政策对收入分配和贫困的影响作用[J]. 中国人口科学，2009（5）.
[80] 李实，岳希明，史泰丽，佐藤宏等. 中国收入分配格局的最新变化——中国居民收入分配研究[M]. 北京：中国财政经济出版社，2017.
[81] 李实，詹鹏，杨灿. 中国农村公共转移收入的减贫效果[J]. 中国农业大学学报：社会科学版，2016.
[82] 李实，朱梦冰. 推进收入分配制度改革促进共同富裕实现[J]. 管理世界，2022.
[83] 李实，朱梦冰，詹鹏. 中国社会保障制度的收入再分配效应[J]. 社会保障评论，2017，1（4）.

[84] 李伟，王少国. 收入增长和收入分配对中等收入者比重变化的影响[J]. 统计研究，2014.
[85] 李逸飞. 面向共同富裕的我国中等收入群体提质扩容探究[J]. 改革，2021.
[86] 李逸飞，王盈斐. 迈向共同富裕视角下中国中等收入群体收入结构研究[J]. 金融经济学研究，2022.
[87] 李永友，郑春荣. 我国公共医疗服务受益归宿及其收入分配效应——基于入户调查数据的微观分析[J]. 经济研究，2016，51（7）.
[88] 李中建，袁璐璐. 体制内就业的职业代际流动：家庭背景与学历[J].南方经济，2019（9）：69–83.
[89] 厉以宁. 关于经济伦理的几个问题[J]. 哲学研究，1997（6）：13–17.
[90] 林闽钢. 我国社会救助体系发展四十年：回顾与前瞻[J]. 北京行政学院学报，2018（5）：1–6.
[91] 刘成龙，牛晓艳. 增值税税率简并的价格效应与收入分配效应[J]. 税务研究，2018（8）：36–42.
[92] 刘荣，刘植才. 开征遗产税——我国经济社会发展的历史选择[J]. 税务研究，2013（3）：34–39.
[93] 刘欣. 中国城市的阶层结构与中产阶层的定位[J]. 社会学研究，2007.
[94] 刘怡，李智慧，耿志祥. 婚姻匹配、代际流动与家庭模式的个税改革[J]. 管理世界，2017（9）：60–72.
[95] 刘渝琳，许新哲. 我国中等收入群体的界定标准与测度[J]. 统计研究，2017.
[96] 刘志国，刘慧哲. 收入流动与扩大中等收入群体的路径：基于CFPS数据的分析[J]. 经济学家，2021.
[97] 刘佐. 关于目前中国开征遗产税问题的一些不同看法[J]. 财贸经济，2003（10）：74–77.
[98] 龙莹. 中等收入群体比重变动的因素分解——基于收入极化指数的经验证据[J]. 统计研究，2015.
[99] 楼继伟. 深化财税体制改革 建立现代财政制度[J]. 求是，2014（20）：24–27.
[100] 陆旸，蔡昉. 从人口红利到改革红利：基于中国潜在增长率的模拟[J]. 世界经济，2016.
[101] 罗楚亮，李实，岳希明. 中国居民收入差距变动分析（2013—2018）[J]. 中国社会科学，2021.
[102] 罗楚亮. 城乡居民的收入流动性研究[J]. 财经科学，2009（1）：35–44.
[103] 吕鹏，范晓光.中国精英地位代际再生产的双轨路径（1978—2010）[J].社会学研究，2016，31（5）：114–138，243–244.
[104] 马晓河. 转型中国（跨越中等收入陷阱）[M]. 北京：中国社会科学出版社，2020.
[105] 詹姆斯・米奇利. 社会发展：社会福利视角下的发展观[M]. 苗正民，译. 上海：格致出版社、上海人民出版社，2009.
[106] 美团研究院. 2020年上半年骑手就业报告[R]. 2020.
[107] 倪红福，龚六堂，王茜萌. “营改增”的价格效应和收入分配效应[J]. 中国工业经济，2016（12）：23–39.
[108] 聂海峰，刘怡. 增值税转型对收入分配的影响[J]. 税务研究，2009（8）：44–47.
[109] 宁光杰，雒蕾，齐伟. 我国转型期居民财产性收入不平等成因分析[J]. 经济研究，2016.
[110] 潘星宇，卢盛峰. 阻断居民贫困代际传递：基层政府支出政策更有效吗?[J]. 上海财经大学学报，2018，20（1）：57–71.
[111] 彭森，陈立等. 中国经济体制改革重大事件（上）[M]. 北京：中国人民大学出版社，2008.
[112] 亓寿伟. 中国代际收入传递趋势及教育在传递中的作用[J]. 统计研究，2016，33（5）：77–86.
[113] 祁占勇，李莹. 改革开放40年来我国高等教育政策的演进逻辑与理性选择[J]. 高等教育研究，2018，39（4）：16–22.
[114] 邵挺，王瑞民，王微. 中国社会流动性的测度和影响机制——基于高校毕业生就业数据的实证研究[J]. 管理世界，2017（2）：24–29.
[115] 申曙光，曾望峰. 健康中国建设的理念、框架与路径[J]. 中山大学学报：社会科学版，2020，60（1）：168–178.
[116] 沈扬扬，Sabina Alkire，詹鹏. 中国多维贫困的测度与分解[J]. 南开经济研究，2018，4（5）：3–18.

[117] 沈扬扬，李实. 如何确定相对贫困标准?——兼论“城乡统筹”相对贫困的可行方案[J]. 华南师范大学学报：社会科学版，2020，244（2）：91-101，191.

[118] 沈扬扬，詹鹏，李实. 扶贫政策演进下的中国农村多维贫困[J]. 经济学动态，2018.

[119] 史新杰，卫龙宝，方师乐，高叙文. 中国收入分配中的机会不平等[J]. 管理世界，2018.

[120] 宋锦，史泰丽，岳希明. 2002年和2007年CHIP调查：样本、权重以及城镇、农村和流动人口综合样本[M]// 李实，佐藤宏，史泰丽. 中国收入差距变动分析——中国居民收入分配Ⅳ. 北京：人民出版社，2013.

[121] 宋旭光，何宗樾. 义务教育财政支出对代际收入流动性的影响[J]. 财政研究，2018，420（2）：64-76.

[122] 苏海南. 我国中等收入群体的产生、发展和现状[J]. 人事天地，2016.

[123] 苏红键，魏后凯. 改革开放40年中国城镇化历程、启示与展望[J]. 改革，2018（11）：49-59.

[124] 孙久文，苏玺鉴，闫昊生. 东北振兴政策效果评价——基于Oaxaca-Blinder回归的实证分析[J]. 吉林大学社会科学学报，2020，60（2）：75-84，220.

[125] 孙三百，黄薇，洪俊杰. 劳动力自由迁移为何如此重要?——基于代际收入流动的视角[J]. 经济研究，2012，47（5）：147-159.

[126] 孙文凯，路江涌，白重恩. 中国农村收入流动分析[J]. 经济研究，2007（8）：43-57.

[127] 田志伟，胡怡建，朱王林. 个人所得税、企业所得税、个人社保支出与收入分配[J]. 财经论丛，2014（11）：18-24.

[128] 托马斯.皮凯蒂. 21世纪资本论[M]. 巴曙松，译. 北京：中信出版社，2014.

[129] 万莹，陈恒. 2019年我国增值税减税改革的政策效应：基于CGE模型的分析[J]. 当代财经，2020（4）：27-37.

[130] 汪晨，万广华，吴万宗. 中国减贫战略转型及其面临的挑战[J]. 中国工业经济，2020（1）：5-23.

[131] 汪昊. “营改增”减税的收入分配效应[J]. 财政研究，2016（10）：85-100.

[132] 汪小芹，邵宜航. 我们是否比父辈过得更好：中国代际收入向上流动研究[J]. 世界经济，2021，44（3）：157-183.

[133] 王朝明，李梦凡. 极化效应下我国中等收入者群体的发展问题[J]. 数量经济技术经济研究，2013.

[134] 王海港. 中国居民收入分配的代际流动[J]. 经济科学，2005（2）：18-25.

[135] 王洪亮，刘志彪，孙文华等. 中国居民获取收入的机会是否公平：基于收入流动性的微观计量[J]. 世界经济，2012，35（1）：114-143.

[136] 王君，董长瑞. 对外开放能力与收入代际流动性——基于CHNS调研数据的实证研究[J]. 经济问题探索，2018.

[137] 王天平，闫君子. 新中国70年基础教育教学改革政策的发展历程与未来展望[J]. 海南师范大学学报：社会科学版，2019，32（6）：64-71.

[138] 王伟同，谢佳松，张玲. 人口迁移的地区代际流动偏好：微观证据与影响机制[J]. 管理世界，2019，35（7）：89-103，135.

[139] 王小林，冯贺霞. 2020年后中国多维相对贫困标准：国际经验与政策取向[J]. 中国农村经济，2020，4（3）：2-21.

[140] 王小鲁，樊纲，胡李鹏. 中国分省份市场化指数报告（2018）[M]. 北京：中国社会科学出版社，2020.

[141] 王秀峰，张毓辉，万泉，王昊，王荣荣，郭锋. 厘清健康产业发展的若干重要关系[J]. 卫生经济研究，2019，36（6）：3-5，8.

[142] 王学龙，杨文. 精英主义教育体系对代际流动的消极影响[J]. 经济经纬，2016，33（4）：115-120.

[143] 王学龙，袁易明. 中国社会代际流动性之变迁：趋势与原因[J]. 经济研究，2015，50（9）：58-71.

[144] 王振耀. 新中国民政事业丛书 社会福利和慈善事业[M]. 北京：中国社会出版社，2009.
[145] 王中华，岳希明. 收入增长、收入差距与农村减贫[J]. 中国工业经济，2021（9）：25-42.
[146] 魏后凯，崔凯. 正确理解和科学看待我国粮食缺口[N]. 中国社会科学报，2020-8-24（2）.
[147] 魏后凯，杜志雄. 中国农村发展报告2021[M]. 北京：中国社会科学出版社，2021.
[148] 魏后凯. 新常态下中国城乡一体化格局及推进战略[J]. 中国农村经济，2016.
[149] 吴鹏，常远. 中等收入群体的测算与现状研究——基于CHNS与CHIP数据[J]. 社会科学研究，2018.
[150] 西蒙·库兹涅茨. 各国的经济增长：总产值和生产结构[M]. 北京：商务印书馆，1985.
[151] 习近平. 在庆祝改革开放40周年大会上的讲话[N]. 人民日报，2018-12-19（002）.
[152] 习近平. 扎实推进共同富裕[J]. 求是，2021.
[153] 向德平，华汛子. 改革开放四十年中国贫困治理的历程、经验与前瞻[J]. 新疆师范大学学报：哲学社会科学版，2019，40（2）：59-69.
[154] 向晶，王永洁. 高校毕业生落户城镇研究[M]. 北京：中国社会保障出版社，2019.
[155] 谢伏瞻，迈上新征程的中国经济社会发展[M]. 北京：中国社会科学出版社，2020.
[156] 邢春冰，屈小博，杨鹏. 农民工与城镇职工工资差距演变及原因分析[J]. 经济学动态，2021，4（5）：64-78.
[157] 邢春冰，屈小博，杨鹏. 农民工与城镇职工工资差距演变及原因分析[J]. 经济学动态，2021.
[158] 徐静，蔡萌，岳希明. 政府补贴的收入再分配效应[J]. 中国社会科学，2018（10）：39-58，205.
[159] 徐俊武，易祥瑞. 增加公共教育支出能够缓解“二代”现象吗?——基于CHNS的代际收入流动性分析[J]. 财经研究，2014，40（11）：18-29.
[160] 徐俊武，张月. 子代受教育程度是如何影响代际收入流动性的?——基于中国家庭收入调查的经验分析[J]. 上海经济研究，2015，121-128.
[161] 徐丽，杨澄宇，吴丹萍. 教育投资结构对居民收入代际流动的影响分析——基于OLG模型的政策实验[J]. 教育经济评论，2017，2（4）：36-62.
[162] 徐晓红. 中国城乡居民收入差距代际传递变动趋势：2002—2012[J]. 中国工业经济，2015（3）：7-19.
[163] 严斌剑，周应恒，于晓华. 中国农村人均家庭收入流动性研究：1986—2010年[J]. 经济学（季刊），2014，13（3）：939-968.
[164] 阳义南，连玉君. 中国社会代际流动性的动态解析——CGSS与CLDS混合横截面数据的经验证据[J]. 管理世界，2015（4）：79-91.
[165] 阳义南. 市场化进程对中国代际流动的贡献[J]. 财经研究，2018，44（1）：129-142.
[166] 杨娟，赖德胜，邱牧远. 如何通过教育缓解收入不平等?[J]. 经济研究，2015，50（9）：86-99.
[167] 杨娟，周青. 增加公共教育经费有助于改善教育的代际流动性吗?[J]. 北京师范大学学报：社会科学版，2013，236（2）：116-125.
[168] 杨俊，黄潇. 中国收入流动性再探讨[J]. 统计研究，2010，27（11）：24-33.
[169] 杨开忠. 全面建设现代化国家的西部大开发战略[J]. China Economist，2021，16（3）：62-83.
[170] 杨沫，王岩. 中国居民代际收入流动性的变化趋势及影响机制研究[J]. 管理世界，2020，36（3）：60-76.
[171] 杨汝岱，刘伟. 市场化与中国代际收入流动[J]. 湘潭大学学报：哲学社会科学版，2019，43（1）：112-118.
[172] 杨瑞龙，王宇锋，刘和旺. 父亲政治身份、政治关系和子女收入[J]. 经济学（季刊），2010，9（3）：871-890.
[173] 杨穗，高琴，李实. 中国城市低保政策的瞄准有效性和反贫困效果[J]. 劳动经济研究，2015.

[174] 杨穗，李实. 中国城镇家庭的收入流动性[J]. 中国人口科学，2016（5）：78–89，127–128.

[175] 杨穗，李实. 转型时期中国居民家庭收入流动性的演变[J]. 世界经济，2017，40（11）：3–22.

[176] 杨修娜，万海远，李实. 我国中等收入群体比重及其特征[J]. 北京工商大学学报：社会科学版，2018.

[177] 杨玉萍，郭小东. 营改增如何影响居民间接税负担和收入再分配[J]. 财贸经济，2017，38（8）：5–19.

[178] 姚先国，赵丽秋. 中国代际收入流动与传递路经研究：1989–2000 [D]. 浙江大学经济学院工作论文，2006.

[179] 易纲. 货币政策回顾与展望[J]. 中国金融，2018（3）：9–11.

[180] 尹恒，李实，邓曲恒. 中国城镇个人收入流动性研究[J]. 经济研究，2006（10）：30–43.

[181] 袁传明. 创新生态系统下美国高等教育政策的走势[J]. 高教探索，2019（4）：68–73.

[182] 岳树民，杨鹏展，徐从超. 居民住房房地产税免税扣除方式的效应分析——基于中国家庭收入调查数据的微观模拟[J]. 财贸经济，2019，40（1）：36–52.

[183] 岳希明，徐静，刘谦，丁胜，董莉娟. 2011年个人所得税改革的收入再分配效应[J]. 经济研究，2012，47（9）：113–124.

[184] 岳希明，张斌，徐静. 中国税制的收入分配效应测度[J]. 中国社会科学，2014（6）：96–117.

[185] 岳希明，张玄. 强化我国税制的收入分配功能：途径、效果与对策[J]. 税务研究，2020（3）：13–21.

[186] 岳希明，张玄. 优化税收收入分配效应的思考[J]. 税务研究，2021（4）：11–18.

[187] 岳希明，史泰丽，蔡萌.CHIP权重构建（2007年和2013年）[M]// 李实，岳希明，史泰丽，佐藤宏. 中国收入分配格局的最新变化——中国居民收入分配研究Ⅴ. 北京：中国财政经济出版社，2017.

[188] 岳希明，周慧，徐静. 政府对居民转移支付的再分配效率研究[J]. 经济研究，2021.

[189] 詹鹏，李实. 我国居民房产税与收入不平等[J]. 经济学动态，2015.

[190] 张景，张松辉 译著. 道德经[M]. 北京：中华书局，2021.

[191] 张奇林，张东旺. 残疾人权益保障：现状、问题与对策[J]. 社会保障研究，2014（2）：66–72.

[192] 张琦，沈扬扬. 不同相对贫困标准的国际比较及对中国的启示[J]. 南京农业大学学报：社会科学版，2020，20（4）：91–99.

[193] 张小筠，刘戒骄. 改革开放40年产业结构政策回顾与展望[J]. 改革，2018（9）：42–54.

[194] 张新民. 中国现代高等职业教育的发展分期和问题反思[J]. 高教发展与评估，2020，36（1）：28–35.

[195] 张新平，蔡菲，赵圣文，方鹏骞. 我国药品供应保障制度的现状、问题及对策[J]. 中国医院管理，2016，36（11）：11–14.

[196] 张翼. 当前中国中产阶层的政治态度[J]. 中国社会科学，2008.

[197] 章奇，米建伟，黄季焜. 收入流动性和收入分配：来自中国农村的经验证据[J]. 经济研究，2007（11）：123–138.

[198] 郑秉文，史寒冰. 试论东亚地区福利国家的“国家中心主义”特征[J]. 中国社会科学院研究生院学报，2002.

[199] 郑功成等. 从饥寒交迫走向美好生活：中国民生70年[M]. 长沙：湖南教育出版社，2019.

[200] 中共中央文献研究室. 习近平关于社会主义经济建设论述摘编[M]. 北京：中央文献出版社，2017.

[201] 中国人民大学国家发展与战略研究院. 灵工时代：抖音平台促进就业研究报告[R]. 2020.

[202] 中国人民大学劳动人事学院. 阿里巴巴零售平台就业机会测算与平台就业体系研究报告[R]. 2019a.

[203] 中国人民大学劳动人事学院. 滴滴平台就业体系与就业数量测算[R]. 2019b.

[204] 中国人民银行调查统计司. 2019年城镇居民家庭资产负债情况调查[J]. 中国金融，2020.

[205] 中国社会科学院农村发展研究所课题组. 农村全面建成小康社会及后小康时期乡村振兴研究[J]. 经济研究参考，2020.

[206] 中华人民共和国国民经济和社会发展第十四个五年规划和2035年远景目标纲要[N]. 人民日报，2021-03-13.
[207] 钟开斌. 对口支援：起源、形成及其演化[J]. 甘肃行政学院学报，2013（4）：14-24，125-126.
[208] 周波，苏佳. 财政教育支出与代际收入流动性[J]. 世界经济，2012，35（12）：41-61.
[209] 周明海，徐杨云涛.高校扩招与中国代际收入流动[J].教育经济评论，2017，2（6）：83-97，114.
[210] 周小川. 建立符合国情的金融宏观调控体系[J]. 中国金融，2011（13）：9-13.
[211] 周兴，王芳. 中国城乡居民的收入流动、收入差距与社会福利[J]. 管理世界，2010（5）：65-74.
[212] 周兴，张鹏. 代际间的职业流动与收入流动——来自中国城乡家庭的经验研究[J]. 经济学（季刊），2015，14（1）：351-372.
[213] 朱凤梅. 1985—2015年我国医疗卫生体制改革逻辑评述[J]. 中国卫生经济，2016，35（1）：5-9.
[214] 朱诗娥，杨汝岱，吴比. 中国农村家庭收入流动：1986～2017年[J]. 管理世界，2018，34（10）：63-72.
[215] 朱亚鹏. 中国住房保障政策分析——社会政策视角[J]. 公共行政评论，2008（4）：84-109，199.
[216] 卓玛草，孔祥利. 农民工代际职业流动：代际差异与代际传递的双重嵌套[J]. 财经科学，2016（6）：84-96.
[217] 卓贤，杨修娜. 返乡、睡村与家庭城镇化——农民工回流本地的近忧与远虑[J]. 财经，2021.
[218] 邹劲松. 公共租赁住房社区治理机制研究[J]. 管理评论，2017，29（3）：231-241.
[219] 黄承伟，覃志敏.我国农村贫困治理体系演进与精准扶贫[J].开发研究，2015（2）：56-59.
[220] 胡鞍钢，周绍杰. 2035中国——共建共同富裕社会[M]. 北京：东方出版社，2022.
[221] 李金昌，余卫.共同富裕统计监测评价探讨[J].统计研究，2022，39（2）：3-17.
[222] 李天健. 新中国缩小区域经济差距的初次尝试及其长期影响——对156项工程的再审视[J]. 当代经济研究，2021（6）：103-112.
[223] 刘培林，钱滔，黄先海，董雪兵.共同富裕的内涵、实现路径与测度方法[J].管理世界，2021，37（8）：117-129.
[224] 刘元春等. 读懂共同富裕[M].北京：中信出版社，2022.
[225] 美国施惠基金会. Giving USA 2021：2020年度美国慈善捐赠报告[R].
[226] OECD.在压力之下：被挤压的中产阶层[R]，2019.
[227] 孙豪，曹肖烨.中国省域共同富裕的测度与评价[J].浙江社会科学，2022（6）：4-18，155.
[228] 汤铎铎，刘学良，倪红福，杨耀武，黄群慧，张晓晶.全球经济大变局——中国潜在增长率与后疫情时期高质量发展[J]. 经济研究，2020（8）.
[229] 万海远，陈基平. 共同富裕的理论内涵与量化方法[J].财贸经济，2021，42（12）：18-33.
[230] 浙江大学，浙江工商大学. 2021中国共同富裕指数模型[EB/OL]. http：//www.news.zju.edu.cn/2021/0531/c24344a2380920/page.htm.
[231] 浙江省政府的共同富裕指标体系[EB/OL]. https：//baijiahao.baidu.com/s?id=1733340013894188465&wfr=spider&for=pc.2022-5-20.
[232] 中国发展研究基金会. 中国城市群一体化研究[M]. 北京：中国发展出版社，2022.
[233] 朱佳木. 进一步认识三线建设史研究的意义与任务[J]. 当代中国史研究，2022，29（3）：15-22，156.
[234] Aaberge R，Atkinson A B，Modalsli J[J]. The ins and outs of top income mobility. Statistics Norway. 2013.
[235] Ahsan R N & Chatterjee A. Trade liberalization and intergenerational occupational mobility in urban India[J]. Journal of International Economics，2017，109，138-152.
[236] Ahsan R N，Chatterjee A & Emran S. Is Better Access to Markets a Substitute for Educated Parents? Evidence from Rural India. 2019.

[237] Alkire S and J Foster. Counting and Multidimensional Poverty Measurement [J]. Journal of Public Economics, 2011, 95（7）: 476–487.

[238] Arthur M. Okun. Equality and Efficiency: The Big Tradeoff[M]. Washington, D.C.: Brookings Institution Press, 2015.

[239] Assaad R & Saleh M. Does improved local supply of schooling enhance intergenerational mobility in education? evidence from Jordan[J]. The World Bank Economic Review, 2018, 32（3）: 633–655.

[240] Atkinson A B Rainwater L. Smeeding T. Income Distribution in OECD Countries [R]. Paris: OECD, 1995.

[241] Atkinson A B. The measurement of economic mobility. In: Atkinson, A.B.（Ed.）, Social Justice and Public Policy. MIT Press, Cambridge, MA, 1983: 61–76（Chapter 3）.

[242] Auten G, Gee G, Turner N. Income inequality, mobility, and turnover at the top in the US, 1987–2010[J]. American Economic Review, 2014, 103: 168–172.

[243] Bailey M, Timpe B, Sun S. Prep School for Poor Kids: The Long–Run Impacts of Head Start on Human Capital and Economic Self–Sufficiency[J]. American Economic Review, 2021, 12: 111.

[244] Barton Dominic, Yougang Chen and Amy Jin. Mapping China' s middle class[J]. The McKinsey Quarterly, 2013, June.

[245] Bauer P, Riphahn R T. Timing of school tracking as a determinant of intergenerational transmission of education[J]. Economics Letters, 2006, 91（1）: 90–97.

[246] Becker G S, Tomes N. Human Capital and the Rise and Fall of Families[J]. Journal of Labor Economics, 1986, 4（3, Part 2）: S1–S39.

[247] Blau P M, Duncan O D. The American occupational structure[M]. New York: John Wiley and Sons, Inc., 1967.

[248] Brezis E S, Hellier J. Social mobility at the top: Why are elites self–reproducing?[R]. Working Paper, 2013.

[249] Cai, Fang and Yang Lu. The End of China' s Demographic Dividend: The Perspective of Potential GDP Growth, in Ross Garnaut, Cai Fang and Ligang Song, eds., China: A New Model for Growth and Development, Canberra: ANU E Press, 2013: 55–74.

[250] Card D, Domnisoru C, Taylor L. The intergenerational transmission of human capital: Evidence from the golden age of upward mobility[R]. National Bureau of Economic Research, 2018.

[251] Carroll R. Income mobility and the persistence of millionaires, 1999 to 2007. Tax Foundation, 2010.

[252] Chakravarty S R, Dutta B, Weymark J A. Ethical indices of income mobility[J]. Social Choice and Welfare, 1985, 2（1）: 1–21.

[253] Chen, Chen and Bo Qin. The emergence of China's middle class: Social mobility in a rapidly urbanizing economy[J]. Habitat International, 2014, 44: 528–535.

[254] Chusseau N, Hellier J. Educational systems, intergenerational mobility and social segmentation[J]. European Journal of Comparative Economics, 2010, 8: 255–286.

[255] Clement M. Income Mobility and Income Inequality in Rural China[J]. Frontiers of Economics in China, 2016, 11（4）.

[256] Credit Suisse Research Institute. "Global Wealth Report 2015", 2015. Available at: http: //publications.credit–suisse.com/index.cfm/publikationen–shop/research–institute/global–wealth–report–2015–en/.

[257] Cunha F, Heckman J J, Schennach S M. Estimating The Technology of Cognitive and Noncognitive Skill Formation[J], Econometrica, 2010, 78（3）: 883–931.

[258] Deaton A. Price Indexes, Inequality, and the Measurement of World Poverty [J] American Economic Review, 2010, 100（1）: 5–34.

[259] Deng Q，Gustafsson B，Li S. Intergenerational Income Persistence in Urban China[J]. Review of Income and Wealth，2013，59（3）：416-436.

[260] Eide E R，Showalter M H. Factors affecting the transmission of earnings across generations：A quantile regression approach[J]. Journal of Human Resources，1999：253-267.

[261] Emran S，Sun Y. Magical transition? intergenerational educational and occupational mobility in rural China：1988? 2002[J]. Intergenerational Educational and Occupational Mobility in Rural China，1988，2002.

[262] Emran M S，and F J. Shilpi . Estimating Intergenerational Mobility with Incomplete Data：Coresidency and Truncation Bias in Rank-Based Relative and Absolute Mobility Measures. Policy Research Working Paper 8414. Washington，DC：World Bank，2018.

[263] Erikson R，Goldthorpe J H. The Constant Flux：A Study of Class Mobility in Industrial Societies[M]. Oxford：Clarendon Press，1992.

[264] Erikson，Robert，Goldthorpe John H. The Constant Flux：A Study of Class Mobility in Industrial Societies，Oxford：Clarendon Press，1992.

[265] Ermisch J，Francesconi M，Siedler T. Intergenerational Mobility and Marital Sorting[J]. The Economic Journal，2006，116（513）：659-679.

[266] Fan Y，Yi J，Zhang J. Rising Intergenerational Income Persistence in China[J]. American Economic Journal：Economic Policy，2021，13（1）：202-230.

[267] Fan Y. Intergenerational Income Persistence and Transmission Mechanism：Evidence from Urban China[J]. China Economic Review，2016，41：299-314.

[268] Farrell，Diana，Ulrich A Gersch and Elizabeth Stephenson. The value of China's emerging middle class[J]. The McKinsey Quarterly，2006，60-69.

[269] Felfe C，Lalive R. Does Early Child Care Affect Children's Development?[J]. Journal of Public Economics，2018，159：33-53.

[270] Fields G S. Does Income Mobility Equalize Longer-Term Incomes? New Measures of an Old Concept [J]. The Journal of Economic Inequality，2010，8（4）：409-427.

[271] Fields G S，OK E A. The meaning and measurement of income mobility[J] Journal of Economic Theory，1996，71（2）：349-377.

[272] Food and Agriculture Organization of the United Nations，2000 World Census of Agriculture：Main Results and Metadata by Country（1996-2005），Food and Agriculture Organization of the United Nations，Rome，2010.

[273] Francisco Ferreira and Carolina Sanchez. A Richer Array of International Poverty Lines，Let's Talk Development，October 13，2017[2018-08-29]. http：//blogs.worldbank.org/developmenttalk.

[274] Fredrik Heyman，Pehr-Johan Norbäck and Lars Persson. The Turnaround of Swedish Industry：Reforms，Firm Diversity and Job and Productivity Dynamics，IFN Working Paper，No. 1079，Research Institute of Industrial Economics，2015.

[275] Fuchs V. Redefining Poverty and Redistributing Income [J]. The Public Interest，1967，8：88-95.

[276] Fullman N，Yearwood J，Abay S M，et al. Measuring performance on the Healthcare Access and Quality Index for 195 countries and territories and selected subnational locations：a systematic analysis from the Global Burden of Disease Study 2016[J]. The Lancet，2018，391（10136）：2236-2271.

[277] Gao，Qin，Sui Yang，Shi Li. The Chinese Welfare State in Transition：1988-2007[J]. Journal of Social Policy，2013，42：743-762.

[278] Gong H, Leigh A, Meng X. Intergenerational Income Mobility in Urban China[J]. Review of Income and Wealth, 2012, 58（3）: 481-503.

[279] Greenwood J, Guner N, Kocharkov G, et al. Marry Your Like: Assortative Mating and Income Inequality[J]. American Economic Review, 2014, 104（5）: 348-353.

[280] Güell M, Rodríguez Mora J V, Telmer C I. The Informational Content of Surnames, the Evolution of Intergenerational Mobility, and Assortative Mating[J]. The Review of Economic Studies, 2015, 82（2）: 693-735.

[281] Gustafsson, Björn, Terry Sicular and Xiuna Yang. "China's emerging global middle class," in Changing Trends in China's Inequality: Evidence, Analysis, and Prospects, edited by Terry Sicular, Shi Li, Ximing Yue and Hiroshi Sato, New York: Oxford University Press, 2019.

[282] Hagenaars A, De Vos K and Zaidi A. Poverty Statistics in the Late 1980s [R]. EUROSTAT, Luxembourg, 1994.

[283] Heckman J, Karapakula G. Intergenerational and Intragenerational Externalities of the Perry Preschool Project [R/OL]. Cambridge, MA: National Bureau of Economic Research: w25889, 2019b.

[284] Heckman J, Karapakula G. The Perry Preschoolers at Late Midlife: A Study in Design-Specific Inference[R/OL]. Cambridge, MA: National Bureau of Economic Research: w25888, 2019a.

[285] Heckman J, Liu B, Lu M, et al. Treatment Effects and the Measurement of Skills in a Prototypical Home Visiting Program [R/OL]. Cambridge, MA: National Bureau of Economic Research: w27356, 2020.

[286] Heckman J J & Mosso S. The Economics of Human Development and Social Mobility[J]. Annual Review of Economics, 2014, 6（1）: 689-733.

[287] Hertz T, Jayasundera T, Piraino P. The Inheritance of Educational Inequality: International Comparisons and Fifty-Year Trends[J/OL]. The B.E. Journal of Economic Analysis & Policy, 2008, 7（2）.

[288] Hirvonen L H. Intergenerational earnings mobility among daughters and sons: Evidence from Sweden and a comparison with the United States[J]. American Journal of Economics and Sociology, 2008, 67（5）: 777-826.

[289] International Labour Office, World Social Protection Report 2017-19: Universal Social Protection to Achieve the Sustainable Development Goals. Geneva: ILO, 2017, p. 6.

[290] International Labour Office, World Social Protection Report 2017-19: Universal Social Protection to Achieve the Sustainable Development Goals. Geneva: ILO, 2017, p. 4.

[291] Joseph Stiglitz. Europe Should Not Return to Pre-pandemic Fiscal Rules, Financial Times, 23 September 2021.

[292] Kharas, Homi. The Emerging Middle Class in Developing Countries, Paris, OECD Development Centre Working Paper No 285, 2010, accessible at: http: //www.oecd- ilibrary org/docserver/download/5kmmp8lncrns.pdf?expires=1457359363&id=id&accname=guest&checksum=A97EAD32ECEC2A90B975468F6CC53CE8.

[293] Kharas, Homi. The unprecedented expansion of the global middle class: An update, Global Economy and Development Working Paper 100, Brookings Institution, Washington, D.C, 2017.

[294] Khor N, Pencavel J. Income mobility of individuals in China and the United States[J]. Economics of Transition, 2006, 14（3）: 417-458.

[295] King M A. An Index of Inequality: With Applications to Horizontal Equity and Social Mobility[J]. Econometrica, 1983, 51（1）: 99-115.

[296] Kristj á nsson A S. Income redistribution in Iceland: Development and European comparisons[J]. European Journal of Social Security, 2011, 13（4）: 392-423.

[297] Li Z, Liu L, Wang M. Intergenerational income mobility and public education spending: Evidence from China[J]. Children and Youth Services Review, 2014, 40: 89-97.

[298] Magnus Henrekson. Wagner's Law – A Spurious Relationship?[J]. Public Finance / Finances Publiques，1993，48（2）：406–415.

[299] Mahler V A and D K Jesuit. Fiscal redistribution in the developed countries：New insights from the Luxembourg income study[J]. Socio–Economic Review，2006，4（3）：483–511.

[300] Mayer S E，Lopoo L M. Government spending and intergenerational mobility[J]. Journal of Public Economics，2008，92（1–2）：139–158.

[301] Mervis J. Tracking who climbs up – and who falls down – the ladder[J]. Science，2014，344：836–837.

[302] Milanovic B. The median–voter hypothesis，income inequality，and income redistribution：An empirical test with the required data[J]. European Journal of Political Economy，2000，16：367–410.

[303] Milanovic，Branko and Shlomo Yitzhaki. Decomposing world income inequality：Does the world have a middle class[J]. Review of Income and Wealth，2002，48（2）：155–178.

[304] Milanovic，Branko. Global Inequality：A New Approach for the Age of Globalization[M].Harvard University Press，2018.

[305] Milton Friedman. Capitalism and Freedom，Chicago · London：The University of Chicago Press，1962：161–162.

[306] Nakamura T，Murayama Y. Education Cost，Intergenerational Mobility，and Income Inequality[J]. Economics Letters，2011，112（3）：266–269.

[307] Okamura，Yoshifumi. Presentation at a side event to the High Level Political Forum "Mainstreaming Gender and Aging in the SDGs"，2016.

[308] Pew Research Center. "The Lost Decade of the Middle Class"，Washington，D.C.：Pew Research Center，2012. https：//www.pewsocialtrends.org/2012/08/22/the–lost–decade–of–the–middle–class/.

[309] Pew Research Center. "The American Middle Class Is Losing Ground：No Longer the Majority and Falling behind Financially"，Washington，D.C.：Pew Research Center，2015. http：//www.pewsocialtrends.org/2015/12/09/the–american–middle–class–is–losing–ground/.

[310] Pew Research Center. "America's Shrinking Middle Class：A Close Look at Changes Within Metropolitan Areas"，Washington，D.C.：Pew Research Center，2016. http：//www.pewsocialtrends.org/2016/05/11/americas–shrinking–middle–class–a–close–look–at–changes–within–metropolitan–areas/.

[311] Ravallion M. The economics of poverty：History，measurement，and policy[M]. Oxford University Press，2015.

[312] Richard Titmuss. Social Policy：An Introduction，London[M]. Allen and Unwin，1974.

[313] Schwartz C R. Earnings inequality and the changing association between spouses' earnings[J]. American journal of sociology，2010，115（5）：1524–1557.

[314] Shi X，Liu X，Nuetah A，et al. Determinants of household income mobility in rural China[J]. China & World Economy，2010，18（2）：41–59.

[315] Shi X，Nuetah J A，Xin X. Household income mobility in rural China：1989–2006[J]. Economic Modelling，2010，27（5）：1090–1096.

[316] Shoichiro Tanaka and Masato Shikata. The Middle Class in Japan，1994–2009：Trends and Characteristics，Keio–IES Discussion Paper DP2019–001，Tokyo，2019. https：//ies.keio.ac.jp/en/publications/10666/.

[317] Solon G. A model of intergenerational mobility variation over time and place[M]. //Corak M. Generational income mobility in North America and Europe，Cambridge：Cambridge University Press，2004.

[318] Szelenyi Ivan and Bill Martin.The Three Waves of New Class Theories[J]. Theory and Society，1988，17：645–667.

[319] Thomas Blanchet, Lucas Chancel, Amory Gethin. Why Is Europe More Equal Than the United States? WID.world Working Paper, No. 2020/19, 2020.

[320] Thomas Piketty, Li Yang, Gabriel Zucman. Capital Accumulation, Private Property, and Rising Inequality in China, 1978–2015[J]. American Economic Review, 2019, 109（7）: 2469–2496.

[321] Thompson William and Hickey Joseph. Society in Focus[M]. Boston, MA: Pearson, 2005.

[322] United Nations, Department of Economic and Social Affairs（UNDESA）, The Aging of Populations and Its Economic and Social Implications, Population Studies, No. 26, United Nations, Department of Economic and Social Affairs, New York, 1956.

[323] Woff. Edward N. "Recent Trends in Household Wealth in the United States: Rising Debt and the Middle–Class Squeeze–An Update to 2007", Levy Economics Institute of Bard College Working Paper No. 589, 2010, available at: http: //ssrn.com/abstract=1585409.

[324] World Bank. Global Economic Prospects 2007: Managing the Next Wave of Globalization, World Bank, Washington, DC, 2007.

[325] World Economic Forum, The Global Social Mobility Report 2020: Equality, Opportunity and a New Economic Imperative, January 2020: 23[2021–11–08]: /www3.weforum.org/docs/Global_Social_Mobility_Report.pdf.

[326] Wright Erik Olin, Classes, London: Verso, 1985.

[327] Xing, Chunbing. The changing nature of work and earnings inequality in China, WIDER Working Paper, 2021.

[328] Yoshida N, Katayama R, Singh S. Poverty Measurement: International Experiences [R]. Washington DC: World Bank, 2013.

[329] Yuan Z, Chen L. The trend and mechanism of intergenerational income mobility in China: an analysis from the perspective of human capital, social capital and wealth[J]. The World Economy, 2013, 36（7）: 880–898.

[330] Yuan, Zhang, Guanghua Wan and Niny Khor. The Rise of Middle Class in Rural China. China Agricultural Economic Review, 2012, 4（1）: 36–51.

[331] Yue X and Chong C. Effects of Social Security Spending on Income Distribution and Poverty Reduction in China. China Economist, 2020, 15（4）.

[332] Zhu, Mengbing, Chunbing Xing, Yi Li. Husbands' Wages and Married Women's Labor Supply in Urban China, Working Paper, 2021.

[333] Zou . One Child Policy and Intergenerational mobility in China. Working paper, 2019.

本书背景报告

城乡融合发展新体制	张琦
促进充分就业提高就业质量	邢春冰
发挥收入再分配政策的调节力度	岳希明、蔡萌
福利体系建设的国际经验	郑秉文、杨洋
共同富裕的度量	王明姬
共同富裕政策体系研究	何文炯
全民共享型福利体系的财政基础	汪德华
释放改革红利——靠改革开放促进和保持增长位于合理区间	李雪松、陆旸
收入流动性与代际传承的研究	罗楚亮、邹先强
缩小区域差距与对策研究	卞靖
我国第三次分配的现状及其政策建议	王振耀
制约共同富裕的关键挑战因素	周云波
中等收入群体研究	杨修娜
中国全要素生产率测算	纪志宏
中国乡村振兴的进程、挑战与展望	魏后凯
中国相对贫困的现状及其缓解措施	沈扬扬